정진반

上

[프롤로그]

이 책은 홍익TV에 동영상으로 방송되고 있는 박청화 선생의 '정진반' 강의 내용을 바탕으로 제작되었다.

정진반 강의는 갑신년 2004년부터 2005년까지 1년에 걸쳐 강의한 내용으로 일반적인 역학 이론만으로 한계성을 느끼는 분이나 현업을 하면서 실전에서 현실과의 왜곡 등으로 좀 더 나은 원리 중심이나 폭넓은 이해를 원하는 강의생들을 대상으로 하였던 강좌이다.

이 책은 첫 1강부터 기존의 서적에서 보지 못한 독특한 관점으로 접근되어 있어 기존이론의 식상함에 지치거나 새로운 이론, 참신한 이론을 갈망하는 역학인들에게 새로운 시각과 접근 방법을 열어주는 책이라 자부할 수 있다.

이 책은 홍익TV 강의 순서에 맞추어 출간되다 보니 정진반 동영상 강의 上 19강 강의를 '정진반 上'으로, 정진반 강의 下 30강 강의를 '정진반 下'로 제목을 붙여 출간하였다.

또한, 동영상 강의의 현장감을 최대한 살리고, 설명의 내용에 왜곡이 없도록 하기 위하여 '문어체'만 고집하기보다는 강의 중 '구어체'를 어느 정도 현장감을 살려 제작되었다.

명리의 기본 용어는 가급적 한자로만 표기하였고 일반 단어는 '한글(漢字)'로 병용 표기하였다. 아울러 '年月日時'의 한글표기는 한글문법과 관계없이 '년월일시'로 표기하였고 명리용어와 함께 문장에 따라 한글과 한자를 각기 병용하였다.

　본 서적을 출간할 수 있도록 물심양면으로 도와준 홍익TV 직원들과 아이샨 문경시 사장님 그리고 교정 및 편집을 도와주신 이유경님, 신민형 교수님께 감사의 말씀을 전하며 또한 출판제안에 흔쾌히 허락하여 주신 박청화 선생님께 감사의 마음을 전한다.

홍익TV 대표 박 청 현

[서문]

易의 원리는 다양한 기준으로 접근 해석할 수 있다. 陰陽, 五行, 周易 八卦, 干支, 九星 등 다양한 기준으로 접근하여 볼 수 있는데 어떤 기준을 사용하든 궁극의 변화 원리를 파악할 수 있어야하고 미래 예측이 가능한 수준의 수단이 되어야한다. 많은 사람들이 다양한 방식이나 기준을 접하면서도 원리에 달통하지 못하여 자유를 얻지 못한 것을 보면서 안타까움을 자주 겪었다. 세월이 마구 흐른다고 얻어지는 것이 아니라 깊은 궁리를 통하여 깨달음을 얻듯이 알게 되는 것이 각자마다 있을 것이다. 강의한 본인 또한 젊은 날부터 역의 세계에 입문하여 수많은 고뇌와 궁리의 세월을 보내었다.

글로만 이해가 되지 않을 때에는 참선과 같은 과정을 통하여 여러가지 답을 얻었고 비몽사몽 중에 異人을 만나 원리에 관한 담론도 들었다. 필자가 경험하였던 것이 원리의 전부라 말하기 힘들지만 이치와 경험이 일치하였던 것들을 후학들에게 밝혀 두는 것은 상당한 도움이 될 것이라 생각하였다. 이에 학문적으로 상당한 수준에 이른 분들을 위하여 하였던 강의가 '정진반(精進班)' 강의였다. 경험한 모든 것을 다 밝혀 말할 수는 없었지만 원리의 확장이나 道學의 입문을 위한 키워드들을 밝혀 두었으니 연구에 상당한 도움이 될 것이라 확신한다.

변화의 깊은 원리나 현상적 요소 등을 다루면서 자신만의 기준이나 원리를 창신(創新)할 수 있음을 느낄 수 있으리라 기대한다. 주로 사주 명리학의 원리에 음양이나 그 분화, 현상적 양상 등을 다루고 있지만 사실 자연의 변화 원리를 바탕에 두면서 설명하고 있다는 사실을 알 수 있을 것이다. 결국 음양의 큰 의미를 바탕에 두고 자유롭게 기준 삼아 해석할 수 있는 능력을 갖추게 하는 것이 목적이었으므로 이런 측면을 염두에 두고 읽어 나간다면 뛰어난 역술가를 넘어서 진짜 도사의 길을 맛보게 될 것이라 생각된다.

　필자가 강의한 내용이라 필자가 직접 원고를 다듬고 탈고하는 것이 당연한 일이지만 필자의 게으름 때문에 많은 분들의 도움을 통하여 책의 형태가 되었으니 송구한 마음 가득하다. 독자분들께 예의가 아닌 줄 알지만 하루라도 빠른 학문적 습득을 바라는 경우, 잃는 것보다 얻는 것이 훨씬 많을 것이라 생각하여 용기를 낸 것이다. 행간의 의미나 원리의 설명에서 부족한 부분이나 의미의 왜곡이 있다면 주저 말고 문의하여 주시길 바란다.

　역의 원리를 넘어서 도학의 이치를 터득하시길 간절히 빈다. 그리하여 독자마다 이 큰 학문으로 세상의 큰 빛이 되시기를 간절히 기원한다.

　이 책이 나올 수 있도록 애를 써 주신 이유경 님, 박청현 대표, 문경시 사장님 그리고 도움을 주신 많은 분들께 감사의 말씀을 전한다.

2012. 8. 29
박청화 근배

[목차]

프롤로그 ··· 2
서문 ··· 4

정진반 1강

제1강좌 : 직업론 총론 – 분석 도구들(1) ··· 12
직업론이 팔자 분석의 절반을 차지한다

   1. 陰陽 ·· 13
   2. 五行 ·· 16
   3. 干支 ·· 29

제2강좌 : 직업론 총론 – 분석 도구들(2) ··· 49
地支만 가지고 팔자를 따져 본다

   1. 六親 ·· 68

정진반 2강

제 3강좌 : 陰陽에 의한 직업론(1) ··· 88
조후적인 요소로서 팔자를 분석한다

제4강좌 : 陰陽에 의한 직업론(2) ·· 99

제5강좌 : 陰陽에 의한 직업론(3) ·· 111

제6강좌 : 陰陽에 의한 직업론(4) ·· 124

제7강좌 : 陰陽에 의한 직업론(5) ·· 137

정진반 3강

제 8강좌 : 五行에 의한 직업론(1) ———————————————— 152
음양과 오행이 매칭되어 六親이 된다

    1. 五行 ———————————————————————— 152
    2. 木 ————————————————————————— 166
    3. 火 ————————————————————————— 168
    4. 土 ————————————————————————— 169
    5. 金 ————————————————————————— 170
    6. 水 ————————————————————————— 172

제 9강좌 : 五行에 의한 직업론(2) ———————————————— 176

    1. 木 ————————————————————————— 177
    2. 火 ————————————————————————— 177
    3. 土 ————————————————————————— 178
    4. 金 ————————————————————————— 179
    5. 水 ————————————————————————— 179

제10강좌 : 五行에 의한 직업론 (3) ——————————————— 203

정진반 4강

제11강좌 : 天干에 의한 직업론(1) ———————————————— 210
일간에서 사주를 바로 보는 방법을 고안해 본다.

제 12강좌 : 天干에 의한 직업론(2) ——————————————— 238

제 13강좌 : 天干에 의한 직업론(3) ········· 267

   1. 甲 ········· 270
   2. 乙 ········· 272
   3. 丙 ········· 274
   4. 丁 ········· 276
   5. 戊 ········· 279
   6. 己 ········· 280
   7. 庚 ········· 281
   8. 辛 ········· 283
   9. 壬 ········· 285
   10. 癸 ········· 286

정진반 5강

제 14강좌 : 地支에 의한 직업론(1) ········· 290
대자연은 거짓과 진실, 선과 악의 구별이 없다

   1. 子 ········· 294
   2. 丑 ········· 295
   3. 寅 ········· 296
   4. 卯 ········· 299

제15강좌 : 地支에 의한 직업론(2) ········· 303

   1. 辰 ········· 303
   2. 巳 ········· 305
   3. 午 ········· 306
   4. 未 ········· 307
   5. 申 ········· 308

제 16강좌 : 地支에 의한 직업론(3) ——————————— 310

   1. 酉 ——————————————————————— 310
   2. 戌 ——————————————————————— 312
   3. 亥 ——————————————————————— 313

제 17강좌 : 地支에 의한 직업론(4) ——————————— 325

정진반 6강

제18강좌 : 地支에 의한 직업론 분석 실습(1) ——————— 342
이 학문은 五行學이 아니라 干支로 배우고 연습해야 한다

제 19강좌 : 地支에 의한 직업론 분석 실습(2) ——————— 364

   1. 개 戌자의 운동 ———————————————————— 365
   2. 용 辰자의 운동 ———————————————————— 368
   3. 子午의 변화 양상 ——————————————————— 373

10 · 정진반 上

제1강

제1강좌 : 직업론 총론 – 분석 도구들(1)
직업론이 팔자분석의 절반을 차지한다

　직업론이 팔자의 절반입니다. 무엇을 해먹고 사느냐?
　이것이 무엇이 문제냐 하면 생사의 문제가 있는 것이죠. 생과 사의 문제를 다루는 것이기 때문에 직업론이 팔자를 분석하는데 절반을 차지하는 것이에요. 그러면 직업론을 접근해 보기 위한 논리로 여러 가지를 생각할 수 있는데 그 전에 사느냐 죽느냐, 살아 있느냐 죽어있느냐? 이 문제를 먼저 생각해 봅시다. 생명이 살아 움직이기 위한 조건이 무엇이냐?
　제일 먼저 陰陽論的으로 생각해 볼 필요가 있고 그 다음에 五行的인 측면에서, 세 번째가 干支, 네 번째가 六親이죠. 그 다음에 기타 神殺이 되겠죠.
　제일 먼저 陰陽이라는 것이 크게 무엇이냐? 살고 죽고 차이가 뭐라고 했습니까? 제가 강조한 것이 뭡니까? 살아 있는 것과 죽어 있는 것의 엄밀한 차이는 바로 스피드(Speed)입니다.
　토끼에게는 거북이가 죽은 것처럼 보인다는 겁니다. 원래는 천지만물에 죽은 것이 없죠? 존재하는 것만으로도 모든 것이 에너지가 존재를 하죠. 에너지가 존재하는데 결국 이것이 역동적인 운동성을 가지고 움직이느냐 움직이지 않느냐가 결국은 살아 있느냐 죽어 있느냐의 기준점이 된다는 것이죠. 살아 움직이게 하는 조건이 무엇이냐를 잘 생각해 보면 크게 陰陽的인 개념에서 직업이 무엇이면 좋겠다는 것이 나온다는 겁니다.

1. 陰陽

얼음을 움직이게 하려면 어떻게 하면 됩니까? 햇볕을 비춰주면 되죠! 신기한 것입니다. 이게 안 신기하면 도 닦을 자격이 없는 겁니다. 누가 저 얼음을 저 지경을 만들어 놨을지 생각해 보시라는 것이에요.

누가 이 얼음을 옮겨 놨느냐 이거예요. 또 누가 저 얼음을 물로 만들어 놓았느냐 이거예요. 얼음에 맞으면 죽어요? 안 죽어요? 큰 얼음에 맞으면 죽죠? 물로 맞으면 안 죽죠?

물과 얼음의 관계를 생각해 보자 이거죠. 얼음이 물이 된 다음에 물이 또 가열되고 나면 증기가 됩니다. 그러면 여기서 죽은 상태라고 하는 것은 陰陽의 극단에 가 있다는 것이죠. 스피드가 약화되어 있다는 것은 陰의 기운에 갇혀 있는 것이죠. 陰의 극단에 와 있을 때 꼼짝도 안하고 죽어 있다는 겁니다. 陰陽에 가린 것이죠.

그래서 활동성을 크게 잃어버리고 있는 상태입니다. 그다음에 물이라고 하는 기운이 적당히 더운 기운하고 차가운 기운이 섞여서 움직이기 시작했다 이거죠. 〈동(動)〉 움직임이 있다는 거죠.

움직임이 결국 살아 있다는 것이죠. 더 빨리 움직이는 것이 증기가 되어 피어 오른다. 올라가서 陽의 극단에 이르면 무엇에 이르느냐? 사라지는 것이 아니고 유용성을 잃는다는 것이죠.

 그러니까 모든 만물은 다 陰陽이 섞여 있을 때에 유용성을 가진다는 것입니다. 그 다음에 극단에 이르면 유용이 아니라 독성이 되지요. 즉 독이 되는 것입니다.

 우리가 사물을 분석할 때도 '어떤 기운으로 구성되어 있느냐' 이런 것을 가릴 때 항상 우리가 쓰는 사물들은 전부다 陰陽이 적당히 섞여 있다는 겁니다. 그러니까 선풍기가 돌아간다 이거죠. 그러면 이 선풍기 자체는 뭐예요?

 선풍기 자체를 五行的으로 쪼개 본다면 소재적으로 보면 金으로 볼 수 있겠죠? 金의 인자가 많겠죠? 그런데 이것을 움직이게 하는 것은 火에 의한 압력이죠. 金이 통제를 하는 것은 木이죠.

 즉 '바람의 성질을 제어한다'라고 하는 것이죠. 그러니까 선풍기 하나가 움직이는 것도 이렇게 살아 움직이는 것은 전부 다 반대의 것이 섞여 있다는 것이죠. '유용', 즉 쓰이고 있다는 것은 반대 것이 섞여 있다는 것입니다.

 '살아 있다'라고 하는 것은 결국 반대 것과의 끝없는 관계 속에서 자기 존재 양식을 찾을 수 밖에 없다 이거예요. 그래서 陰陽的인 측면에서 직업론을 가리는데 왜 陰陽的인 측면을 필요로 하느냐?

 팔자에 제일 큰 조건이 調候죠. 調候的으로 기울어져 있다는 것, 또는 調候가 고르게 잘 맞다는 것은 조화롭다 「和」, 조화롭지 못하다 「不和」를 판별하는 기준이 되는 것이죠. 「和」하여 있다는 것은 전체적으로 팔자 干支 내에 차지하고 있는 글자들이 유용성을 얻고 있다는 것을 의미합니다.

 그 다음에 불화 「不和」라는 것은 火나 水에 극단적으로 가 있다는 것이죠. 극단에 가 있으니까 제한적으로 쓰여질 수밖에 없다는 것은 편협하게 제한적으로 쓴다는 것이죠.

얼음은 언제 많이 쓰이죠? 여름에 많이 쓰이죠. 여름에 무엇을 얻었음일까요? 陰陽의 뜻을 얻어 채웠기 때문입니다. 陰陽의 뜻을 채웠으므로 여름에 유용성이 발생을 하는 겁니다. 초등학교에 가면 이런 게 있어요. 급훈 〈항상 필요한 사람이 되자.〉 이 말이 그 말이죠. 그렇죠?

그런데 이렇게 陰陽의 극단에 있어서 水나 火의 극단으로 가 있으면 유용성이 제한적이고 짧다 이거죠. 그래서 제일 먼저 직업론을 볼 때 調候的인 측면에서 유용성이 많이 펼쳐져 있는 것이냐 아니면 유용성이 약한 것이냐? 이것을 먼저 가려 주어야 된다는 겁니다. 水나 火에 가 있으면 유용성에 제한성이 따른다 이거죠.

그래서 조후(調候)가 기울어져 있다면 기울어진 직업군으로 먼저 생각을 해 주어야 합니다.

그래서 액션이 거의 별 필요가 없는 것, 즉 연구직 이런 것 있죠? 가만히 앉아 연구하는 이런 것이 陰陽의 운동성에서 유용성보다는 기울어져 있는 형태의 기운을 그대로 취하는 것입니다.

그래서 먼저 陰陽的으로 調候를 살펴서 분류해야 된다는 것이죠. 만일 그대로 쓴다고 하더라도, 계곡에도 더위가 온다? 오지 않는다? 시간이 흐르면서 여름이 오면 계곡에도 더위가 오죠. 유용성이 발생을 하게 되겠죠? 그래서 사회적인 어떤 번영이나 활동성이 강화되는 것이 언제라고요? 자기 팔자에 기울어진 것을 陰陽的으로 채워 줄때라고 하는 것이죠. 이것을 제일 먼저 전제해 두어야 된다는 거죠.

강약[1] 개념으로 생각을 하면 안 됩니다. 큰 얼음이기 때문에 이것이 身强이고 작은 얼음이기 때문에 身弱이다. 이런 식의 이론이 문제가 있다는 것이에요.

강약이라는 것 자체가 상대적인 개념 툴(Tool)이지만 우리는 이 공부를 할 때 강약의 개념으로 큰 얼음 덩어리는 木을 쓰고 작은 얼음 덩어리는 불「火」을 쓴다. 이런 식으로 자꾸 분리 한다는 것이에요. 큰 얼음 덩어리나 작은 얼음 덩어리나 기본적으로 무엇을 짝을 짓는다? 水는 火를 짝을 짓는다 이거예요.

얼음은 火를 만남으로써 유용성의 세계로 나아가고 이것이 살아서 움직여 살아나가게 하는 양식을 모색하는 패턴이라는 것이죠. 그래서 제일 먼저 이것을 염두에 두자 이겁니다. 제일 먼저 陰陽的으로 調候가 기울어져 있느냐 기울어져 있지 않느냐 하는 것이죠.

2. 五行

五行論으로 직업론을 분류할 때 그 유용성이 굉장히 큽니다.

그러니까 단순하게 干支術은 본래 22行이라 이거죠. 天 10行, 地 12行으로 이렇게 구간을 정해서 자연의 운동을 나누어 볼 수가 있는데 이것을 조금 더 단순화시킨 형태의 패턴이 五行이죠.

行은 다닌다는 뜻이죠. 木운동을 이룸으로써 마땅히 발산을 이루고 펼친 다음에는 더 이상 펼쳐내지 못하고 陰陽의 중립적 위치까지 발산되었다가 다시 내려가고 수렴하고 하는 것이 五行이죠.

---

1) 강약 - 格局 用神론에서 말하는 강약개념을 이야기 한다.

그래서 결국은 서로가 서로의 무엇이 되어? 짝이 된다는 것이죠. 陰陽으로 말입니다. 그래서 木은 土나 金으로 짝을 삼는데 크게 보면 陰陽으로 짝을 삼는 것입니다.

그렇다면 木일주를 봤을 때 유용성이 발생을 하는 것은 먼저 土나 金이 팔자에 드러나 있느냐를 봐야 됩니다.

格局이니 用神이니 하지 말고 木이 아무리 강하고 약하고를 떠나서 활동성을 얻게 되는 인자는 土나 金이라는 인자를 통합니다. 그러니까 팔자를 볼 때 土나 金을 제일 먼저 찾아 봐야 합니다. 즉 土財, 金官을 제일 먼저 찾아 보아야 되요.

제가 그것을 수없이 했잖아요. 팔자를 봤을 때 財官이 어디에 있느냐! 예를 들어서 財官에서 財官의 五行的인 강약이 지나치게 기울어져 있다면 어떻게 하면 된다고요?

이것을 항상 일주(日主)라고 하는 개념에서 생각하는 것 자체가 큰 오류라는 것이에요. 日主가 아니라 일빈(日賓)²⁾이 너무나 많다는 것이죠. 빈(賓), 손 빈(賓)자 있죠?

木 日主를 생각하면 木인 내가 주인공이고 土財와 金官을 내가 극복해야 되는 대상이나 내가 제어해야 할 것으로 생각을 하는데 거꾸로 100명 중에 80명은 일빈(日賓) 팔자, 즉 주인공이 아닌 손님이라는 말이에요. 내가 뭔가 이 세상을 위해서 공여(供與), 즉 같이 더불어 하는 것입니다.

오히려 내가 가지고 있는 기운이 공여되고 이용되니까 밥 먹고 살 길이 생기는 겁니다.

---

2) 일빈(日賓) – 기존 역학의 개념에서는 나오지 않는 용어이다. 박청화 선생이 설명을 위하여 만든 용어다. 춘하추동 신사주학 강의에서 자세히 설명되어 있다.

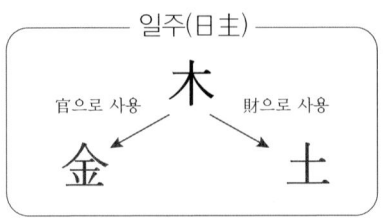

밥 먹고 살 길이 무슨 작용 때문에 생기는 겁니까? 크게 봐서 陰陽의 운동성 때문이죠.

일빈(日賓)이 된다고 해도 결국은 土나 金이 나를 죽이려고 하는 것이 아니라 내게 생명력과 움직임을 주기 위한 환경이라는 것이에요.

그런데 세상은 일반(日賓)사회에서 자꾸 日主의 사회로 자꾸 넘어가려 합니다. 다른 책에서는 「일주」 이렇게 해 놨거든요. 딱 이렇게 해 놨죠. 단 「身弱」 이런 식으로 접근한다는 것이에요. 이것은 일주만이 있다고 생각을 해서 그렇거든요. '日賓'이 더 많다 이거예요. 일주가 될 만한 것은 100개 중에 단 20개 밖에 해당되지 않습니다.

그러면 일주. 일빈이 타고났느냐? 그게 아니라 상황 따라 사용자가 되었다가 노동자가 되었다가 하는 것이죠. 즉, 내가 주동적으로 일을 만들 수도 있고 피동적으로 따라갈 수도 있다는 것이에요.

이렇게 가변적인 것이다 생각해 놓고 팔자를 접근해야 되는데 여기에서 「일주」 해 놓고, 단 「身弱」 해 놓고 金氣가 강하므로 '殺重用印이다' 이렇게 배우면 이게 꽝 되는 것이에요.

'殺이 重하여 用印한다. 그래서 水운에 발복을 한다.' 이렇게 하면 안된다는 것입니다. 그런 공식에 너무나 길들여져 있는 것이죠.

그러나 약한 놈이나 강한 놈이나 주인이나 印星을 기뻐하는 것은 거의 없다는 것이에요. 印星이라는 것은 못 움직이게 하는 것이죠. 활동성을 오히려 억제하는 존재잖아요.

그것을 아이나 어른이나 좋아하는 사람이 없다 이거예요. 단, 印星이 없으면 문제가 되는데 印星이 없으면 잠도 안자고 계속 일한다. 그대로 일한다. 그러면 번영이라든지 陰陽 운동의 결과물이 빨리 나와요 늦게 나와요? 빨리 나오겠지만 유한하다는 것입니다.

그래서 財, 官과의 陰陽운동을 극단으로 가지 않게 하는 조절력으로서 印星이 중요하기도 하고 또 필요하기도 하지만 이것이 나를 살리는 존재는 아니라는 거죠.

印星이 陰陽운동을 활발하게 하는 것은 아닙니다. 그래서 주(主)와 빈(賓)은 왕래하는 것이기도 한데 때로는 빈(賓)이 되었다가 때로는 주(主)가 되기도 한다. 즉, 왔다 갔다 한다 이렇게 개념부터 바꾸어야 되는 것이죠.

그럴 때는 어떻게 되느냐, 명조를 볼 때 내가 빈(賓)이 될 때는 官을 더 쓰고, 내가 주(主)가 될 때는 통제하고 제어하는 존재로서 財를 더 쓴다는 것이죠. 그래서 강약으로 접근해서는 안 된다는 거예요.

볍씨가 많은 들판을 참새는 기뻐하지 두려워하지 않아요. 이것은 강약의 개념이 아니라니까요. 이것이 한없이 약하잖아요. 천지만물이 결실을 하여 金氣에 에워싸여 있어도 이것을 먹이로 삼는 존재는 이것을 꺼리는 법이 없다 이거예요.

단지 비참한 경우는 볍씨 인줄 알고 왔는데 전부 쭉정이 뿐일때만 해당된다 이거죠.

뒤에 干支나 神殺로 공부를 확대했을 때는 財가 空亡하거나 官

이 空亡하는 등, 이렇게 財를 財답지 못하게 하고 官을 官답지 못하게 할 때의 경우가 내 삶을 제한하고 왜곡한다는 겁니다. 절대로 새는 볍씨를 먹지 겁내지 않는다 이거예요.

이렇게 설계 되었다 이거예요. 그래서 이제 기본적으로 그 사람이 태어난 五行, 木이나 火는 강약에 의하여 조화를 취하는 방법으로서의 喜忌가 아니라 이미 태어날 때부터 木이나 火의 財官이 이미 정해져있다는 것이 핵심입니다.

예를 들어서 木일주다 하면 土와 金을 財와 官으로 삼으므로써, 土가 가색(稼穡) - 심고 뽑고[3]라는 심고 거두어 들이는 동작이 들어가는 것이 地支에서는 辰, 戌이죠. 그런데 가장 일반적인 운동성 자체에서는 陰陽의 극단을 중화시키고 중매하는 작용을 합니다.

그 다음에 거두었다가 또 펼쳤다 한단 말이죠. 그러니까 稼穡之物의 동작이 들어간 것으로 건축, 농사가 심고 거두어 들이고의 동작입니다.

木일주 사람의 동작은 이런 쪽에 관련된 일로서 경제적 성취를 한다고 할 수 있겠다? 없겠다? 있겠지요. 내가 쓸 수 없어서 남의 밭을 갈아준다 하더라도, 즉 내가 소작을 해서 활동한다 하더라도 밭을 갈고 있다면 이 사람은 먹을 것이 생긴다 이 말이죠.

그러니까 木일주 보는 순간부터 벌써 財, 官을 생각해야 된다니까요. 그 다음에 財星을 낳기 위한 재원이 되는 것이 食傷이죠.

이렇게 財를 1번으로 官을 2번으로 그 다음에 食傷을 3번으로 해서 일주 자체가 木일주 일 때는 土와 金과 火, 이 순서대로 해서

---

[3] 심고 뽑고 - 辰과 戌이 같이 있을 때 '심고 뽑고' 라는 말로 辰戌의 작용을 설명하고 있다. 이 용어도 박청화 선생이 辰戌의 작용력을 설명하기 위하여 쓰는 용어다. '심고 뽑고'의 동작이 들어가는 일은 이빨을 심고 뽑는 일은 치의예, 건물을 심고 뽑는 일은 건축, 옷을 벗고 하는 일은 목욕탕, 숙박 등 이런 형태의 동작이 들어가는 것을 이른다.

어디에 이 사람이 걸려 있느냐? 드러나 있는 것이 있다면 빨리 쓸 수 있다 이말이죠. 팔자 내에 드러나 있다는 것은 빨리 쓸 수 있다는 것이고 빨리 쓸 수 있다는 것을 먼저 챙기면 되는 것입니다. 거기에 해당이 되면 그냥 그대로 하라는 것이고 그것이 陰陽 운동의 대상이라는 것이예요.

그래서 그 사람의 강약에 의해서 그 사람의 직업이 정해지는 것이 아니고 내가 비록 소작을 하여 농사를 짓는다 하더라도 심고 뽑고, 입히고 벗기고 하는 동작이 팔자에 생긴 모양대로 취하고 있는 것이면 이것과 길게 인연이 이루어 질 것이다. 이렇게 보시라는 겁니다.

그러니까 팔자에 생긴 모양이나 설계 모양대로 동작을 그대로 하고 있는가 살펴보고 그 다음에 예를 들어서 金을 官으로 쓰고 있는데 財官을 빨리 쓸 수 없어서 金을 그대로 쓴다 이거예요. 금융, 시비, 판단, 분리, 결실 이런 것들이 金의 속성을 의미하는 것이니까. 남의 것과 내 것을 가르는 것을 금융이라 합니다. 木일주가 금융기관에 근무하고 있다면 또는 금속을 다루는 곳에서 조직 생활이든 하고 있다면 또는 금속을 다루는 곳에서 조직 생활이든 하고 있다면 이것은 인연이 길 것이다, 짧을 것이다? '인연이 길것이다'이고 이 결과물이 어디서 오는 것인가 하면 木이 '강할때나 약할때 나'가 아니라 金이 어떻게 되느냐 일 때이죠. 金이 흔들릴 때 덩달아서 자기는 陰陽운동을 할 수 있는 공간을 잃어 버리게 되는 것이죠.

IMF 때가 丁丑년이죠. 丁丑, 戊寅년을 보는 순간 무엇을 생각하라고 했지요? 丑과 寅의 글자를 볼 때 五行的으로 따져 볼 수 있겠지만 金의 入庫와 絶處[4]의 작용이 있는 자리임을 보아야 합니다.

사주팔자에 金을 財星으로 쓰는 사람은 丙, 丁일주이고 金을 官으로 쓰는 사람이 甲, 乙입니다. 丙이 丑을 보면 일반적으로 「야!~~傷官이다.」생각하는데 그 순간에 꽝 되어 버리는 것이죠.

丁일주가 丑을 만나면 食神이니까 食神運에 '좋다!' 하면 이게 완전 남의 인생을 망치는 겁니다. 金의 入庫작용이 이루어짐으로써 결국 丙, 丁일주가 도리어 丑년에 골병이 들더라 이거예요.

조금 더 확장을 하면 癸未년, 甲申년을 빠져 나갈 때 먼저 생각을 해야 되는 것이 癸水다. 甲木이다, 未土다, 申金이다 생각을 하겠지만 未하고 申에서 甲木의 入墓, 絶地작용을 일으키죠? 그 다음에 癸水의 入墓작용이 동시에 따라 옵니다.

이 앞의 辰, 巳, 午, 未에서는 水의 絶地 작용이었고 未와 申에서 가장 활발한 것은 甲木의 入庫 작용과 絶地작용이고 木을 五行적으로 따져 金일주는 財로, 土일주는 官으로 쓰지요.

甲이나 乙을 財星으로 쓰는 사람은 庚, 辛일주이고 木을 食傷으로 쓰는 사람은 壬, 癸일주인데 특히 甲을 食神으로 쓰고 있는 壬일주가 작년 가을부터 골병이 드는 것입니다. 작년가을부터 올해 10월달까지 개구리 되는 것이죠.「팔딱 팔딱 개구리 됐네~♪.」불가사리 전법으로 살고 있죠.

食神이 墓地로 들어갈 때 활동성에 제약이 발생하여 굉장한 고달픔이 발생합니다. 그렇죠?

그래서 庚, 辛, 戊, 己, 壬, 癸 중에 요놈들이 골고루 보러 오겠구나! 미리 알고 있어야 되요. 와서 문점하는 사람들의 90%가 이

---

4) 入庫와 絶處 - 현재 역학서적 대부분이 '12運星' 이론을 취용하지 않거나 설명이 없어 '入庫, 絶處'라는 용어를 처음 듣는 사람들이 있으리라 생각되어 주석을 달았다. '12運星'에 대한 이론이 상세하게 나온 것은 〈박청화 역학 기초〉, 〈춘하추동 신사주학 시리즈 중 12운성으로 본 생극제화〉 등 홍익TV 강의 다수에 이론과 활용에 대한 것이 상세하게 설명되어 있다.

일주란말이에요. 우리가 干支하고 연결해서 확장해 보기도 하지만 五行的으로 이것을 12運星으로 확장을 해 본 모양이죠.

이것을 五行的으로 단순화 시킨다면 申, 酉, 戌을 통으로 묶어서 金이라고 한다면 金의 작용력은 木의 작용력을 억제하는 것이고 그다음에 火의 작용력을 서서히 누그려 트리는 것이죠. 특히 이 木을 중히 쓰는 일주, 木을 중히 쓴다는 것은 金일주와 土일주가 木을 財나 官으로 삼는다는 말이죠.

金이나 土에 해당하는 五行的인 요소를 가진 사람들이 있다고 칩시다. 물론 이것이 比劫이다. 이렇게도 해석을 할 수도 있지만 항상 이것을 생각해야 됩니다. 財, 官이라는 것은 해석에 있어서 「그러므로」라고 하는 프로세스가 되는 것이에요.

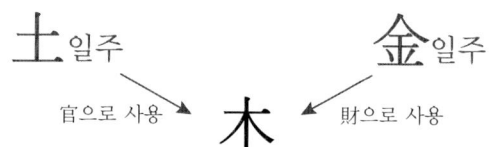

金일주, 土일주의 경우 木을 財나 官으로 쓰고 水일주가 木을 食傷으로 씁니다. 그래서 이것을 확장해서 申, 酉, 戌 이 시기에 이 글자가 '比肩을 만났기 때문에, 傷官을 만났기 때문에 또는 印星을 만났기 때문에 나쁘다'라고 보지 말고 '財星이나 官星이나 食傷으로 중히 쓰는 놈이 그 역할을 제대로 하지 못함으로써' '이 일주들이(金, 土, 水) 고달픔을 겪게 된다'라고 보는 것은 五行 자체에서 이미 고정인자가 주어지기 때문입니다.

실제로 한해의 날짜에 일주를 비교해 보세요. 10명 중의 9명이 이 원리에 해당되게 되어 있습니다. 그래서 五行이라고 하는 것이 이미 財官을 제한한다는 것을 미리 생각해 두어야 합니다.

막 맞추려고 애쓸 필요는 없습니다. "뭐하요?" 하고 물어보면 됩니다. 木일주가 "농사짓습니다."고 응답하면 "잘한다. 계속해라."고 하면 됩니다.

그러니까 가색(稼穡), 심고 거두는 土운동의 무대 위에서 자기가 있다고 하는 것은 陰陽운동을 가장 활발하게 할 수 있는 환경 속에 조성되어 있다는 것이잖아요. 그래서 팔자에 五行的인 제일 큰 틀을 이미 잘 짜 놓았다는 것이죠.

그래서 이것도 처음에 습관적으로 다른 強弱을 통해서 喜忌的인 측면으로 접근한다면 머리가 아픈 것입니다.

時	日	月	年	命
	木			
土	土	土	土	

그러니까 기존의 역학들은 '木이 약한데 土가 많으면 이것이 病이다'며 가르칩니다. 이것이 문제입니다. 病이 아니란 말이에요.

인간이 제일 하고 싶은 짓거리가 병이거든요. 틈만 나면 오락을 한다. 공 차러 나간다 하면 "저 사람 병이다." 하는데 그것도 병이에요. 결국 병이라는 것이 활동무대라는 것이죠. 물론 순수하게 格局, 用神에서 말하는 病藥의 개념과는 다르지만, 팔자 내에 財星

의 인자를 그대로 짝을 지어 쓰고 있다면 그것은 항상 무대로서 가치가 있습니다. 군인은 전쟁터에서 죽습니다. 전쟁터는 다 忌神이다? 일단 전쟁터에서 죽으니까 喜神이 아니면 그냥 忌神도 아니고 大忌神입니다. 그러나 전쟁터가 없으면, 나의 존재 양식이 없다는 것이죠.

喜忌는 동소(同所)입니다. 기쁨과 죽음이 한자리에서 일어나고 한자리에서 사라집니다. 이 喜忌, 同所의 모양을 그대로 취하고 있느냐 없느냐 그것이 중요한 것이에요. 그 모양을 그대로 취하고 있다면 陰陽의 운동성을 잃지 않습니다.

어부는 바다에서 먹고 살지만, 바다로 인해 죽습니다. 군인은 존재 양식인 전쟁터에서 죽습니다. 그래서 한 인간을 너무 원망해서는 안됩니다. 내가 아주 원망하는 놈이 뒷날에 나에게 은혜를 베풉니다. '害生于恩[5]하고', 즉 해로움은 바로 은혜로움에서 나옵니다. 또 은혜로움은 해로움 속에 있는 것이거든요.

五行도 마찬가지입니다. 土를 病이다, 아니다, 강약이다. 이렇게 쓸 것이 아니라 木일주가 土를 활동무대로 쓰고 있다면 이것은 그 글자 생긴 모양의 분(分)을 잘 따르고 있으니 木 운동의 속성을 그대로 써서 건강하게 陰陽운동을 일으키고 있다는 것이고 내게 강화되어 있는 인자를 陰陽과 짝지어 잘 쓰고 있다는 것이에요.

이 공부를 많이 한 옛 분들이 써 준 글을 보면 원리가 간단합니다. 다음과 같이 해석을 해요.

---

[5] 恩生于害 害生于恩 '은혜로움은 해로움에서 나오고, 해로움은 은혜로움에서 나오는 것이니' 란 뜻으로 黃帝陰符經의 한 구절이다.

〈 대가의 사주감정풀이 〉

① 일주는 木
② 金이 官이다.
③ 고로 금속 회사다
④ 水가 약하여 고관(高官)이 아니다. 그러니까 높은 감투가 아니다.
⑤ 丑, 寅, 卯년에 金이 꺾이니 전직한다.

제산 선생님이 초기에 '일주는 木이고 金은 官이다. 고로 금속 회사다'라고 써놓은 글들이 있습니다.

대가 논법이라는 것이 겨우 이 정도냐? 라고 할 것입니다.

그 양반들이 원래 이런 숨은 기전을 가지고 문자를 쓴 것뿐입니다.

그런데 대부분의 초학자나 뭔가 대가의 논법을 배우려고 하는 사람들에게는 이게 다 죽은 글들입니다.

陰陽운동의 대상이 잘 짜여 있다는 것을 먼저 알아야 합니다. 앞의 글만 보면 易學 공부를 많이 한 사람에게는 참 유치한 말입니다.

그러나 '일주가 木이다'라고 하는 한마디에 엄청난 의미가 함축되어 있는 것입니다. 그런데 대충 흉내를 내어서 썼던 사람들은 이 단계에서는 이해 못하거나 모르니까 '丑, 寅, 卯년에 전직(轉職)한다'는 부분을 '야~! 이거 또 무슨 개구리[6]냐?' 하는 거예요. 기존 책대로 공부를 하면 傷官 년인 巳나 午에 전직, 파직하는 것이 맞

---

6) 무슨 개구리냐? – '이것은 무슨 의미이냐?' 경상도식 표현이다.

잖아요.

그런데 이때 파직하는 것이 아니라 丑, 寅, 卯년에 전직한다고 되어 있어요. 金이 뭐하여 入庫, 絶地하여 전직한다고 한거예요?

여기서 부터 알송달송 단계로 들어가는 거예요. 사실은 더 중요한 것이 〈일주는 木이다〉라는 부분이에요. 그러니까 그런 양반들이 감정지를 쓸 때는 항상 이 공부를 하는 사람들이 아는 만큼 소화할 수밖에 없지만 거짓말도 예쁘게 써 주는 겁니다. 이론적으로 너무 다른 것은 아예 결론부터 써 주는 것이죠. (丑, 寅, 卯년에 전직한다.) 처음에 공부하는 사람들은 ①, ②, ③은 다 알겠는데 ④와 ⑤에서부터는 왜 그럴까?

"정말 그렇게 되었습니까?"

"예! 맞아요"

"야~! 이게 뭐가 있기는 있구나!" ⑤의 답이 나온 것도 엄청난 과정이 있지만 앞에 있는 '일주는 木이다'는 부분에 더 많은 것이 담겨 있다니까요. ⑤ '丑, 寅, 卯년에 金이 꺾이니 전직한다'는 부분을 설명할 것이 몇 구절이라면 ① '일주는 木이다' 하는 부분을 설명하려면 몇 장은 될 겁니다.

木일주이기 때문에 이미 제한적으로 사용하고, 쓰게 되는 것이 정해져 있더라는 거죠. '印星을 用하여 喜한다.', 이런 말을 하면 안된다니까요. '印星을 用神으로 삼아서 이럴 때 대발한다.'

단지 印星運에 발달하는 사람들은 뭐냐? 그것은 印星을 재산의 형태로 바꾸어 쓰고 있다는 말이에요. 印星은 저장성(貯藏性)이고 고착화(No action)된, 튜닝된 부동산이고 문서죠. 문서나 부동산 형태의 재산으로 취했기 때문에 이때가 좋은 것이지 印綬라고 하는 운동성 자체가 喜神이 되거나 用神이 되지 않는다는 것이죠. 이

운에 안정한다는 것이거든요.

그다음으로 직업론에서 五行的인 것이라면 제일 큰 것이 調候라고 했죠. 陰陽 관계 그다음으로는 五行이라는 일주의 속성이죠. 일주는 干支하고 연결되어 있습니다만 기본 속성은 五行으로 결정됩니다. 木일주는 金이나 土를 財官으로 삼고, 火일주는 水나 金을 財官으로 삼는다는 겁니다. 土일주는 水나 木을 財나 官으로 삼는다. 사용할 財官의 속성이 이미 고정이 되어 있다는 것입니다.

土일주가 水나 木의 운동이 활발할 때를 재물의 씨앗으로 삼는다면 이 土일주의 사람은 낮 장사가 좋겠다. 밤 장사가 좋겠다? 水는 밤중이잖아요. 木은 아침이니 밤과 아침을 財星과 官星으로 삼는다면 陰陽운동이 가장 활발해지는 야중(夜中)이 좋다는 것입니다.

만약 야간에는 일을 못 한다면 '물에 있다. 해중(海中)이다.' 이거죠. 그 다음에 밖에 표(表)에 있다. 리(裏)에 있다? 여름에 짱짱하게 펼쳐진 여름의 기운이 무더위와 같다 이거에요. 모래 속에 파묻힌 물까지 다 파내잖아요. 숨어있는 암중(暗中)이 좋다는 것입니다.

이것을 주로 금전활동의 대상으로 삼고 있다면 이 양반은 기본적으로 태어난 일주 자체에서 陰陽운동을 제대로 짝 짓고 있다는 것이에요. 기본적으로 자신의 가장 두드러진 속성을 陰陽的으로 잘 결합시켰기 때문에 직업으로 충실하게 쓸 수 있다고 하는 것입니다. 이해되시죠?

그래서 이제 이미 陰陽이 잘 짝지어져 있는 것인가를 보고 五行의 속성을 財星이나 무대로 쓰고 있는가를 점검해 보라는 거죠. 그러면 그것이 잘 점검되어 있는 사람이 그 팔자 그대로 따르고 있다면 가장 바람직한 운동성을 갖는 형태의 직업을 가진 것이라고 할 수 있습니다. 간단하죠? 이것만 가지고도 10명 중에 7명은 다 소화 할 수 있습니다.

　일반적으로 우리가 단순하게 팔자에 水가 없다고 '물장사다' 적어놓거나 水가 없는 것으로 취해 놓고 '水가 財다' 풀이해 놓은 것을 보면 결국 '水가 財星이다. 그래서 물장사다' 라는 말인데 이런 게 다 土 일주를 설명한 것입니다. '財星인 水가 財다' 라는 말인데 水가 없어도 결국 土일주를 가지고 그렇게 설명하더라는 거예요.

　水, 火가 지나치게 기울어져 있는 경우에는 강약 이런 개념으로 보는 것이 아니고 큰 陰陽의 뜻을 水나 火로서 열었다 닫았다 하는 것을 본다는 것입니다.

　만약에 金일주라면 金일주는 木으로서 財를 삼는데 木은 陰의 운동에서 陽의 운동으로 전환하여 밖으로 솟아 오르는 놈이죠. 솟아 오르게 하고, 입히고, 움직이게 하는 것이 옷, 건축, 장식이다. 그쪽에 관련된 일을 한다면 그 사람이 五行에 의해 부여된 인자를 그대로 따르고 있는 것이다고 할 수 있습니다.

3. 干支

　일주의 五行의 속성을 干支的으로 봤을 때 甲일주이기 때문에 財星으로 삼는 것은 天干으로 戊, 己, 地支에는 辰, 戌, 丑, 未를 財星으로 삼습니다.

　이러한 제한이 바로 이미 고정되어 있는 요소라는 것입니다. 팔자를 볼 때 순간적으로 이러한 요소를 보라는 거예요.

　甲일주인 것을 알았는데 이 글자 중에 무엇이 있느냐 辰이 있어 辰을 財로 삼고 있는 모양입니다.

時	日	月	年	命
	甲			
		辰		

 같은 財라도 辰과 戌의 위치가 다르죠? 辰을 財로 쓰고 있는 사람과 戌을 財로 쓰고 있는 사람의 팔자를 보았을 때 그 모양을 지키고 있느냐를 관찰하는 거예요. 辰은 寅, 卯, 辰에서 木운동이 강화되어 있는 공간이고 陽氣가 5陽의 단계로 펼쳐져 있어 木운동이 충실하게 솟구치는 모양입니다.

 乙木(卯)의 단계를 지났기 때문에 옆으로 번지고 있는 놈이죠? 위의 그림처럼 陽氣가 펼쳐져 있는 상태가 辰입니다.

 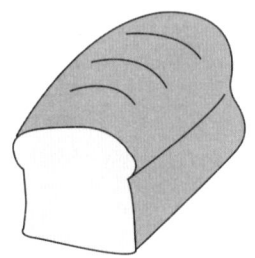

그런데 戌의 모양은 밖으로 펼쳐진 것 같은데 안으로 구멍이 송송 뚫어져 있는 것이에요. '마를 건(乾)', 말라서 속에 구멍이 뽕뽕 나있는 모양으로 비스킷을 생각하면 됩니다. 비스킷은 밖으로 부풀려져 있으나 안으로는 없는 것이죠. 그러니까 甲이 辰을 財星으로 삼는 것과 戌을 財星으로 삼는 것은 다른 것입니다.

그러면 辰을 가진 사람과 戌을 가진 사람 중 어느 사람이 큰 것을 좋아하겠습니까? 戌을 財星으로 삼는 사람은 입만 떼면 수백억이 어떻고, 수십 억이면 된다는 등 입만 떼면 억(億)이고 와이셔츠 때 씻을 시간도 없는 사람입니다.

이 戌이 밖은 土의 속성이 드러나 있는데 金의 속성, 金氣에 의하여 乾하여 있는 것입니다. 戌의 자리가 乾하여 있죠. 마른자리에 있는 겁니다. 안이 메워져 있는 것이 아니고 말라 버린 구조로 되어 있습니다.

辰은 안으로는 꽉 들어차 있는데 밖으로 얼마나 펼쳐지느냐는 것이겠죠? 단지 木氣의 모양에 노출되니까 土로서의 작용이 한 번씩 허물어집니다. 그래서 팔자 내에 甲일주를 보는 순간에 땅바닥에 辰, 戌, 丑, 未, 天干에 戊, 己가 財이고 그다음으로 官星은 天干에 庚, 辛, 地支에 申, 酉 그다음 食傷으로 丙, 丁, 巳, 午 이 중에 몇 개가 튀어나와 있는가 보면 됩니다.

뒤에 神殺을 다룰 것인데 여기서 神殺의 급수를 매겨 가지고 未를 취한 것과 丑을 취한 것이 다르고 己를 취한 것과 辛을 취한 것이 다르고 그리고 地支 申을 취한 것이 다르다는 것입니다. 요렇게 급수를 딱딱 매겨놓고 팔자를 펼쳐 보면 2초 안에 끝이 납니다. 그래서 2초예요. 2초 이상 걸리면 계속 틀리는 것이에요. 이놈이 저놈을 물고 있고 저놈이 이놈을 물고 있고 하니까 더 헷갈리게 됩니다.

　甲日主의 陰陽 운동을 그대로 계승하고 있는 財星은 午 중의 己土 밖에 없다는 것입니다. 甲日主에 午가 있다면 午중의 己土[7]로 財根이 뚜렷하다는 것입니다. 이것이 刑, 沖, 破, 害, 空亡을 만나지 않은 사람은 자신이 부자가 아니더라도 삼촌이라도 부자일 것이요 서방이라도 부자일 것이요, 자식이라도 부자일 것이라고 할 수 있습니다.

　그래서 이미 팔자에 어느 것이 두드러져서 財가 되고, 어느 것이 두드러져서 官이 되고 하는 것을 머릿속에 두었다가 "甲일주 왔네!" 하는 순간부터 머릿속에 쫙 그려내야 된다는 거죠.

　그런 훈련을 해 놓으면 甲일주가 오면 "午 있네! 점수 50점", "丙있네! 마이너스 10점"을 하게 됩니다.

　보태고 빼고 해서 그것만 합계로 계산을 하면 돼요. 특별히 복잡하게 계산할 것도 없습니다. 사실은 좋은 것도 몇 개 되지 않습니다. 좋은 글자가 별로 없어요. '좋다' 싶으면 바로 沖 때리고 있고, 空亡이 때려 버리고, 바로 비빔밥[8]으로 때려 버리는 겁니다. 비빔밥 분석법으로 들어가서 그냥 財오면 財 좀 오고, 官 좀 오고 印綬 오면 '피곤하게 그냥 살아라' 하고 이야기해 주면 되요.

　이런 범부필부는 팔자에 부귀빈천을 크게 논할 바가 없다 이거예요. 그래서 甲일주이기 때문에 이미 닭 酉자를 官星으로만 쓸 수 있는 제한성을 가지고 고정되어 있잖아요.

---

7) 午중의 己土 - 역학서적 중 午중의 己土를 취용하지 않는 학자들도 있다. '박청화 선생' 은 甲이 짝 짓는 土를 등급을 나누어 辰, 戌, 丑, 未 네 개의 土와 寅, 申, 巳, 亥 중의 戊土 그리고 午 중의 己土 중 가장 순수한 土로서의 의미와 작용력을 가진 것은 午 중의 己土 뿐이라고 하였다.

8) 비빔밥 - 팔자가 복잡하게 沖, 合, 刑, 破 등 여러 가지 神殺로 뒤섞여 格用設에서 破格으로 보는 팔자를 지칭하는 것으로 '박청화 선생' 이 설명을 위하여 만든 용어이다.

그래서 2초 이상이 걸릴 것도 없다는 것입니다. 확장을 하면 財星으로 쓰느냐? 官星으로 쓰느냐? 팔자에 드러났느냐? 드러나지 않았느냐? 乙일주도 마찬가지입니다.

時	日	月	年	命
	甲			
午	寅	亥	卯	

예를 들어 甲일주 팔자에 地支에 卯가 들어있고, 亥 있고, 寅 있고, 태어난 시에 午가 들어가 있으면 '합격!' 적는 순간에 格局 用神이 필요가 없다는 것입니다. 이것은 偏印格이 되든지 戊가 투출하면 뭐 어쩌고저쩌고 할 필요가 없이 그냥 '午가 있네!' 라고 하면 됩니다.

그러니까 陰陽운동을 가장 매끄럽게 열고 닫아 줄 수 있는 그것이 바로 대중가요 가사에 있습니다. "♬그대 있음에 ♪내가 삶의 뜻을 얻었고…♬" 그대가 가니까 나도 같이 간다 이런 겁니다. "♬보고 있어도 보고 싶은 ♪", 그렇죠? 왜냐하면 정답이니까! 보고 있어도 보고 싶다는 말은 陰陽이 딱 꼽혔다는 것이에요. 그놈은 행복한 놈이라는 겁니다.

학생 질문 – 午가 아니라 子가 되면 어떻습니까?

時	日	月	年	命
	甲			
子	寅	亥	卯	

선생님 답변 - 子를 넣으면 그때부터는 피곤해 지는 것이죠. 財星을 찾아 봅시다. 亥 중에 戊土냐? 寅중의 戊土냐? 차라리 寅중의 丙火를 쓸 것이냐?를 고민해야 합니다.

학생 질문 - 甲子 일주에 午가 있다면 어떻게 해석을 해야 됩니까?

命

時	日	月	年
	甲		
午	子	亥	卯

선생님 답변 - 이것은 '안에서는 못 쓰고 밖에서만 쓰는구나! 빨리 못 쓰고 늦게 쓰는구나! 그래도 없는 놈보다는 100배 낫구나!'로 해석합니다.

그러니까 그 표를 만들어야 된다니까요. 집에 가면 甲일주 해 놓고 1-正財는 무엇, 무엇 그다음 正官은 무엇, 무엇을 딱딱 써 놓아요. 이렇게 무리를 지어 가지고 급수를 매길 수 있을 것입니다. 辰, 戌, 丑, 未 중에서도 강조 많이 했습니다. 戌하고 丑에서는 우리가 순수하게 말하는 五行的인 土[9]의 속성이 거의 없다고 했죠? 단지 金운동이나 火운동을 닫고 열어 주는 중매자로서의 역할 때문에 土의 속성을 취하는 것이지 五行的인 土는 없다고 했습니다.

---

9) 五行的인 土 - 土의 개념에 대해 박청화선생은 강의 중 土의 변화에 대해 설명을 많이 하였는데 좀 더 이론적인 측면으로 접근하고 싶다면 〈우주변화의 원리/한동석 저〉 p214~p229에 나와 있는 '제1절 토화작용(土化作用)'을 읽으면 이해에 많은 도움이 되리라 본다.

그러니까 辰, 戌, 丑, 未중에서도 급수가 있고 財星도 급수가 있더라는 겁니다. 미팅을 나가 보니까 이런 여자가 있고 저런 여자도 있더라는 겁니다. 戌를 보면 밖으로 빼어난 기운이 드러나 있으니 상모가 반반하겠죠. 財의 모양을 취하고 있으니까요. 그런데 이것이 주로 정신적인 측면, 추상적인 측면에서만 주로 작용합니다. 생각은 잘 통하던데 다른 것은 잘 안 통하더라 이런 겁니다. 그래서 天干에 있는 것은 정신적인 측면이나 추상적인 측면에서 가장 높은 점수를 줄 수도 있고 기본 점수를 줄 수도 있는 것이에요.

그다음에 땅바닥(地支)에 있는 것들은 巳, 午, 未와 무리지은 未가 1등, 그다음에 辰이 2등 입니다. 그런데 그다음인 3등과 4등이 문제입니다.

우선순위를 매길 수 없을 정도로 모양이 흔들리는데 대충 껍데기라도 戌은 土의 모양을 가지고 있는 것이고 丑은 야중(夜中)에 가려져 있는 모양이니 戌은 3등, 丑은 4등이라 정해봅니다.

중매자로서의 土만 있고 작용이 별로 없습니다. 그러면서 팔자를 쫙 펼쳐 봤을 때 '未를 취하고 있다', '辰을 財로 취하고 있다', '戌을 財로 취하고 있다'는 것 하나만 가지고도 '나는 財의 실체를 다 알았다!'며 대답을 바로 내놔야 됩니다.

팔자에 억지로라도 그것을 짝지어 쓰고 있다면 陰陽 운동이 이루어지고 있는 것이고, 그 모양을 저버리고 있다면 결국은 무직(無職)이라는 겁니다.

辰과 未의 차이점은 辰은 地藏干 운동을 했을 때 속성이 水운동도 하고 木운동도 하며 土로서 작용하는데 子부터 丑, 寅, 卯, 辰, 巳, 午, 未, 申, 酉, 戌, 亥 돌아갈 때 이 辰은 水의 入庫를 유도합니다. 寅, 卯, 辰이 오면 晚春, 즉 봄이 무르익어서 晚春의 모양을 취합니다. 辰의 마지막까지, 그다음에 申에 이르러서 水 운동이 시작하면 어디로요?

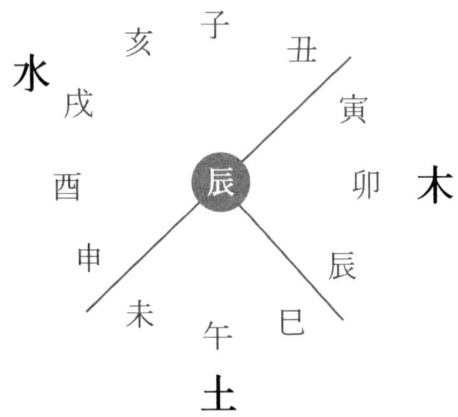

申부터 丑까지가 水운동에 의하여 土운동이 크게 제한됩니다.

이때는 대충 무늬는 土인데 土의 작용력이 거의 작용하지 않습니다. 그래서 辰의 중간 부분이나 끝에서부터 未까지만 水를 숨겨 주는 작용을 합니다. 土로서 水를 에워싸는 것이죠. 辰 중간이나 끝 부분부터 未의 끝까지만 土의 고유 작용이 어느 때보다 강합니다. 水를 뺏기지 않기 위해 水의 入庫를 유도해 그것을 火에 의하여 발산되지 않도록 에워싸고 잡아 주도록 하는 작용이 土의 고유 작용이며 이때가 대단한 土라는 겁니다. 그런데 申부터 土의 작용이 허물어지기 시작을 하고 亥에 이르면(亥, 子, 丑) 水의 작용으로 넘어갑니다.

이렇게 형성해서 辰을 土로서 짝지어 쓰고 있다면 이 사람은 18번 중에 "♬~ 얄밉게 떠난 님아~♪"란 노래가 있겠죠? 巳, 午, 未 여름에 무엇을 맹세하고? '내가 당신의 財星으로 반드시 일할 것이다.' 맹세했는데 申부터 丑까지는 "♬~얄밉게 떠난 님아~♬"인 것이죠. 그것 말고 또 있는데 "♬~ 너도 여자였더냐?!!♬"(土가 아니고 水였더냐)는 맹세를 해 놓고 가 버렸다는 것이죠.

결국, 土로서의 작용력도 그대로 오랫동안 유지하는 것도 주변 글자의 간섭에 의해서 왜곡됩니다. 그렇다면 甲일주에게 未는 급수가 높다고 했는데 이를 살펴보면

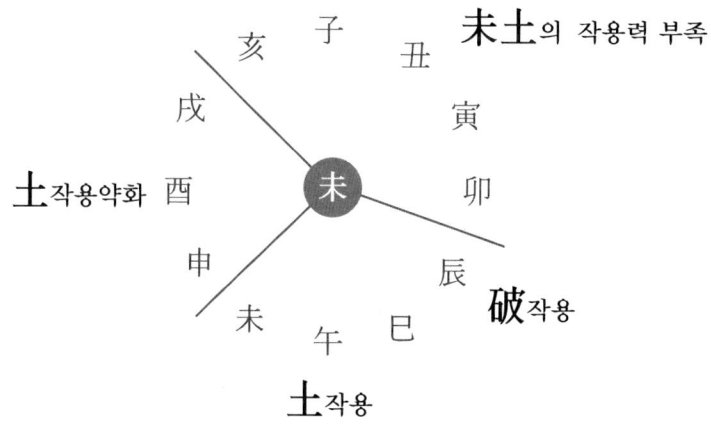

未는 亥에 의해 허물어지기 전까지 未의 모양을 많이 가지고 갑니다. 그런데 卯에 들어가면 未의 운동이 잘 안 되고 있을 때죠? 그다음에 酉의 자리부터 서서히 세력이 약해지는데 亥의 자리에서 확고하게 세력이 약해지면서 亥에서부터 卯까지 未土의 작용이 제대로 된다, 안된다? 잘 안되겠죠.

辰부터는 土로써 작용력이 활발하냐 못하냐 뿐이지 그래도 비교적 원활한데 辰에 가서 골병이 드는 것이거든요. 이때는 辰이 土인지 木인지 왔다 갔다 합니다. 그래서 辰과 未 사이에는 묘한 神殺 작용이 있는 것입니다. 이 未도 辰이 木의 무리냐 아니냐 헷갈립니다. 자기도 주고받고, 삭감하고 조절하는 동작이 들어온다는 말입

니다.

 이것이 破의 작용입니다. 破가 들어오는데 未는 그래도 辰에서 戌까지 土로서의 작용력이 비교적 강하게 드러납니다. 물론 이런 申, 酉, 戌 구간은 약해질 것입니다. 그래도 하루 24시간 중에 12시간 이상입니다. 12시간 이상 마누라 역할 해 줬으면 되었잖아요. 24시간 마누라 역할을 하면 안 되죠. 마누라도 자야 되죠. 잠도 안자면 안 되겠죠.

 甲일주가 未가 있다고 하는 것은 가장 오랫동안 활용할 수 있는 財星의 財根이 이미 팔자에 펼쳐져 있으므로 단지 선후, 완급(緩急)의 차이에 있다 하더라도 그것을 陰陽으로 짝지을 수 있는 것은 쓰고 갑니다.
 이렇게 한 눈으로 척 보면서 팔자에 '기본 환경이 좋으냐, 안 좋으냐'를 格用으로 따지지 말고 판단해 보라는 것입니다. 그다음에 寅, 卯도 있고 亥, 子도 있고 쫙 있겠죠.

 학생 질문 – 午가 두 개 있으면 어떻게 됩니까?

 선생님 답변 – 午가 두 개 있어도 괜찮습니다. 단지 두 개가 있으니 어지럽게 쓰겠죠. 그래서 세상이 공평하지 않은 겁니다. 없는 놈은 없어서 지랄병하고 있는 놈은 이것저것 다 당긴다고 지랄병 하지만 그래도 없는 것보다는 있는 것이 낫습니다. 그런데 이것을 어지럽게 사용해 일찍 그것을 취하여 안정하려고 한다면 방해를 줍니다. 그래서 많아서 생기는 문제가 발생하는 겁니다. 그런 원리로 甲~~~癸를 쭉 만들어 놓고 순서를 매겨 보시라니까요.

辛일주다 하면 먼저 財星이 甲, 乙, 寅, 卯이며 官星은 丙, 丁, 巳, 午이고 食傷은 亥, 子, 壬, 癸입니다. 팔자를 보는 순간에 이 글자가 있다면 일단 살아야 할 이유가 있다, 없다? 살아야할 이유가 있잖아요. 陰陽 운동의 대상이 이미 팔자 안에 이미 노출되어 있기 때문입니다.

단지 陰陽 운동을 좀 더 자세하게 설명하자니까 '正財를 쓰니 어떠하고, 天干을 쓰니 어떠하다', '地支를 쓰니 어떠하고 地支 正財를 쓰니 어떠하다'만 따져 주면 된다는 것입니다. 아시겠죠?

학생 질문 – 辛에서 1등은 뭡니까?

선생님 답변 – 당연히 寅木이죠. 寅木은 이 자체로서 貴人입니다. 天乙貴人이에요. 그러면서 이놈이 官星과 무리짓죠(寅, 午) 그래서 자식 생산의 용도가 충실하게 갖추어져 있는 것이 寅木입니다. 그다음에 甲木이 正財로서 세력이 있으면 2등, 乙木, 卯木은 다 3등, 이것이 다 없으면 일단 1등 그룹은 없는 것입니다.

甲, 乙은 地支에 세력이 있느냐, 없느냐를 보아야 합니다. 심하게 없으면 치마까지 다 입었는데 발이 없으니 유령이잖아요. 地支에 세력이 아예 없으면 미처(美妻)인데 운이 나쁠 때 상처(喪妻)한다는 말입니다. 또 정신적으로 조화력을 가졌는데 부인으로서의 역할을 오래 지키지 못한단 말이에요. 이처럼 天干에 있는 것은 반드시 地支의 세력을 따져야 됩니다. 地支 세력이 있다면 역시 정신적, 현실적으로 처의 역할을 잘 수행하더라고 따질 수 있는 것입니다.

각 干支의 세력 여부 순위

	木	火	土	金	水
1	甲, 乙	丙, 丁	戊, 己	庚, 辛	壬, 癸
2	寅, 卯	巳, 午	午중己	申, 酉	亥, 子
3	辰중乙	未중丁	未	戌중辛	申중壬
4	亥중甲	寅중丙	辰	巳중庚	丑중癸
5	未중乙	戌중丁	戌	丑중辛	辰중癸
6			丑		
7			巳중戊		
8			寅중戊		
9			申중戊		
10			亥중戊		

- 天干은 순수성 때문에 우선적으로 1등에 넣어 놨으나 地支세력의 유무를 따져야 된다. 地支세력의 유무는 ㉠ 오행적 세력 ㉡ 12운성적 세력 등을 따져 보아야 된다.

- 天干은 세력여부를 보아 관은 드러난 것이 좋은데 地支세력이 없어도 명으로 쓴다. 財로 쓴다면 숨어 있는 것이 좋으니 地藏干에 숨어도 세력 있는 자리에 숨는 것이 좋음을 감안해야 한다.

- 地支는 實力의 인자로 보기 때문에 실속 위주는 地支가 좋은 것으로 현실적 상황을 관찰하여 본다

- 글자의 冲, 合, 刑, 破, 害, 空亡 등으로 다시 등급을 나누어 보아야 된다.

그래서 이 표를 만들어 보세요. 그러면 '財星을, 官星을 무엇으로 삼기 때문에 이러한 직업이다'는 것이 보입니다.

그다음에 五行으로 묶어 봐야 합니다. 土의 속성에 관한 직업, 火에 관한 직업들은 기존의 책에 다 있는 것들이니까 이러한 정리

를 통해 이제 빨리 직업론으로 실전에서 사용할 때 어떤 방식으로 접근하느냐의 중요한 기초 개념이고 도구가 됩니다.

그래서 甲~~~癸까지 이것이 팔자에 짝 지울 수 있는 財나 官, 食의 우선순위를 매겨놓고 동그라미 쳐 보세요. 이 팔자는 '좋다, 안좋다'가 바로 2초 안에 끝내는 이유가 바로 그겁니다. 그러니까 짝 지울 陰陽이 팔자 안에 드러나 있다면 무조건 좋은 것입니다. 살아야 할 이유가 있는 것입니다.

남자는 財星을 우선으로 보고 여자는 財星과 官星을 동시에 봐 주어야 됩니다. 자연운동이라고 하는 것은 누구든지 자기가 제어하기를 원합니다. 그래서 "사랑해요 진심이에요!"하면서 서방보다 '돈님'을 더 좋아 한다니까요.

학생 질문 – 많이 있는 것과 적당히 있는 것은 차이가 있습니까?

선생님 답변 – 차이가 있습니다. 앞에서 예로 든 午가 甲일주로 볼 때는 최고로 좋은 財를 취하고 있는 것이거든요. 밖으로 삐져나오지도 않고 午라고 하는 장막을 살짝 쳐 놓고 안에서는 午중의 己土가 正財로 자리 잡고 있으니까요. 그런데 이것이 두 개가 되니 어지럽게 쓰고, 셋이 되니 더더욱 어지러워집니다. 그래서 '제대로 쓰지 못한다'로 연결되는 것이에요. 또는 순서를 바꾸어 가면서 억지로 쓴다는 것이지요.

이것은 나중에 나오는 六親 편에서 일종의 직업론 해석에서 필요합니다. 格局 用神이 필요 없는 것이 아닙니다. 우리가 주로 취해 보는 것은 格이라는 것입니다. 그래서 成格과 破格으로 구분하는 것인데 地支에 똑같이 생긴 마누라가 둘이니 破格이고 하나 더 왔으니 더 破格이라는 겁니다.

時	日	月	年	命
	甲			
午	午	午		

이런 팔자가 財를 쓰는 것 하고

時	日	月	年	命
乙	甲			
亥	寅	卯	寅	

財根이 하나 없이 財를 쓰는 것과는 다릅니다. 아예 財根이 없다면 위의 팔자와 아래 팔자는 분명히 다를 것입니다. 이것도 財星을 바로 쓸 수 없어서 '하는 수없이', '무엇으로 대용하고' 하는 식으로 되는 것입니다.

위의 것은 좋은 것이 있는데도 닮은 것이 있으니 그것을 또 취하려고 합니다. 이것이 결국 그 사람이 살아가면서 그것이 삶의 내용을 서로 왜곡하게 하는 것으로 그것이 좋다는 말이 아닙니다.

그것을 가지고 훈련을 잘해 보셔야 된다는 것이죠. 일주를 적는 순간에 戊, 己, 庚, 辛, 壬, 癸 어느 글자가 어디에 있는지 보고 '庚, 辛이 있다', '庚, 辛, 申, 酉가 있다', '이것이 안정되어 있다면…' 하는 식으로 훈련해야 합니다.

破格, 成格을 따질 때도 쓸 수 있는 논리지만 팔자 자체에 財星이 어디에 있든 안정이 되어 있다면 여인이 도망을 안 가고 해피앤드가 된다는 겁니다. "나 잡아봐라." 하고 도망을 가고 잡힐 듯 잡히지 않으면 피곤하죠. 도망가지 않고 '불러만 주세요, 나 거기 서 있을게요'라고 하면 복 많은 놈이죠. '이름만 불러 주면 거기에 서 있는다'고 하면 팔자 안에 안정되어 있다는 것입니다. 그러니까 財星으로 취할 것이 있으니 조금 破格이 되어도 큰 陰陽이 되는 財官이 안정되어 있음으로써 결국 그 사람의 생활환경이 생(生)하고 활(活)하는데 어려움이 없더라는 겁니다.

좋은 팔자 나오기가 힘든 것이 이런 것 때문입니다.

첫 번째 陰陽的인 측면에서 調候的인 측면으로 접근되어 있느냐? 그다음에 五行的인 측면의 일주 속성에서, 예를 들어 똑같이 正官을 쓴다는 것에서도

時	日	月	年	命
	甲			
		酉		

時	日	月	年	命
	己			
		寅		

위 두 개는 다릅니다. 속성을 취할 수는 있지만, 財는 무겁고 탁한 것입니다. 돈을 머리에 이고 다니는 사람이 있습니까? 그러니까 남의 눈에 뜨이지 않게 陰하고 습한 곳에 돈을 숨깁니다.

그다음에 남의 눈에 뜨이지 않는 곳에, 돈이라는 것은 숨어 있어

야 자기 것이 되잖아요. 계급장은 호주머니에 있는 것보다 이마에 있어야 맛이 납니다. 財는 그 성질이 무겁고 탁한 것이고 官은 그 성질이 밝고 가벼운 것입니다.

닭 酉자와 범 寅자가 다 官星이 뚜렷하면 둘 다 貴格으로 치는데 寅木은 三陽으로 위로 솟구쳐 올라 木운동 같다고 했습니다. 그다음에 卯는 벌어지기 시작을 하는 겁니다. 벌어진 그 성질 자체가 밝고 가벼운 쪽으로 가니까 깃발 官을 쓴다는 것이에요. 그 위에 甲木까지 와 있으면 확실하겠죠.

時	日	月	年	命
	己	甲		
		寅		

그러니까 깃발 관(官)입니다. 쭉 솟구쳐 올라와 있어서, '높은 깃발 아래 서 있다' 함은 태극기 앞에 서 있는 사람이거나 높은 명예 밑에 자기가 경례하는 사람입니다.

時	日	月	年	命
	甲			
		酉		

이 팔자는 무엇을 하는 사람이겠습니까? 어떻게 보면 거울이고 어떻게 보면 도끼이며 만물의 초목을 떨어뜨리는 수갑입니다. 거

울로 비추니 심판하는 곳이요, 도끼(수갑)로 다루니 법무입니다. 이것저것 내 것을 가리는 것이므로 금융이고 이런 쪽의 官星으로 쓸 것입니다.

정신적인 뜻이 강하거나 높은 깃발 아래 서 있는 것은 甲寅월을 더 평가해 준다는 거예요. 그런 地支속성을 가지고 다른 것을 보면 水를 官으로 삼는 사람은 丙, 丁 일주입니다.

이 사람은 외교관이 좋겠어요? 내무관이 좋겠어요? 물의 속성을 쫓아서 이것은 해(海)중이나 해외라는 겁니다. 그 丙, 丁일주는 그 속성만으로 벌써 내무가 아니라 외교로 가는 것이 좋겠구나 하는 것이 이미 태어난 일주 자체에서 고정된 것입니다.

壬, 癸일주는 土를 官으로 씀으로 중앙이 좋겠어요? 변두리가 좋겠어요? '土는 중앙이다. 본부다', '중앙이나 본부를 官으로 쓰는 것이 좋겠구나!' 라는 해석에 따라 외무가 아니라 내무인 것입니다. 이런 일주들이 외무를 보는 경우는 壬일주가 己未월이라는 인자를 봤는데 丑이 옆에서 흔들고 있습니다.

命

時	日	月	年
	壬	己	
		未	丑

이것은 '본부파견 내무'다 라고 할 수 있습니다. 未라고 하는 것은 사통팔달의 중앙인데 이것을 丑이 와서 들고 차니까 본부에서 파견 나온 지점이나 예하에서 활동하더라는 겁니다.

丑이 건드릴 때도 있고 약화될 때도 있는데 丑이 약화되거나 하는 酉년에 이르면 본부로 복귀합니다. 丑이 '내가 언제 金이었느냐, 土다' 하면서 들고 차면 또 未가 왔다 갔다 한다는 거죠. 그래서 驛馬속성10)을 가지고 본부에서 지점으로 자꾸 왔다 갔다 하는 경우는 이 속성 그대로 취하게 되더라는 겁니다.

財星을 취하는 방법도 마찬가지입니다. 丙, 丁일주는 金을 財星으로 戊, 己일주는 金을 食傷으로 씁니다. 丙, 丁, 戊, 己일주가 금속을 다룬다는 것은 결국 자기 활동무대를 버리지 않고 있는 것이므로 길게 인연합니다.

甲, 乙일주가 금속을 다루면 반드시 官星의 속성을 띠게 되므로 큰 조직과 손을 잡은 납품, 대리점 사업, 임가공의 속성을 취합니다.

庚, 辛일주가 金을 취한다는 것은 자기 일주를 취하여 있으므로 반드시 가공이나 기술성을 따르게 됩니다. 比肩, 劫財는 比肩, 劫財를 財星으로 삼지 않는다는 것입니다.

庚, 辛일주가 금속분야에 일을 하고 있다는 말은 '뭔가 제조, 가공, 수술의 인자가 있기 때문에 하겠구나!' 라고 즉시 알아야 합니다.

壬, 癸일주가 印星을 다루어서 돈을 취한다 함은 印星 속성이니까 허가권 등이고 偏印속성은 금속에 관한 기술요소에요. 壬, 癸일주 자체가 금속 자체를 財로 삼지 않는다는 것입니다.

偏印의 속성을 따오든지 아니면 인허가가 됩니다. 이런 것을 통해서 활동무대를 삼을 뿐이지 바람직한 형태로 이루어진 것은 아니라는 겁니다. 이것이 조금씩 확장이 잘 되면, 庚, 辛일주가 금속

---

10) 驛馬속성 – 일반적으로 말하는 역마살의 개념이 직업적으로 연결되면 주로 발령 따라 움직이는 조직이나 항공, 무역, 외교, 통신, 관광, 언론방송 등 먼 곳과 교류하는 상을 말하는 것으로 주로 이동만을 이야기하는 것이 아니라 직업적으로는 상기와 같은 형태로 쓰게 된다.

을 다루고 있을 때 거기에서는 금속의 속성을 취하고 있는 것이 아니더라는 거예요. 깎든지 붙이든지 끼우든지 이런 가공성 중심으로서 금속물을 다루고 있을 뿐이라는 것입니다.

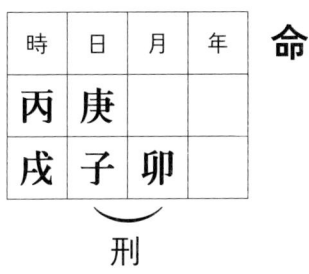

팔자 안에 이런 식으로 刑이 되었든 傷官이 되었든 傷官 자체가 전문기술이 되죠. 그다음에 偏印의 속성을 따라서 기술성 요소를 가지고 금속을 다루고 있더라는 것이죠.

학생 질문 – 사주를 볼 때 偏印을 가지고 자기가 전문기술을 쓰는 사람은 食傷을 건드릴 때가 위험합니까, 偏印을 건드릴 때가 위험합니까?

선생님 답변 – 食傷을 건드릴 때가 위험합니다. 어떤 소재적인 인자에서 논하는 것은 관계를 말하는 것이지 고유의 팔자에 있어서 食傷이라고 하는 것은 더 중요한 것입니다. 그러니까 木을 제한할 때 더 큰 위험인자인 것입니다.

그런데 자세히 보면 偏印이 안정되어 있으면 기술도 순도높은 기술, 고급 기술이란 말이에요. 偏印이 冲맞고 刑맞아서 안정되지 않은 모양이면 고급기술이 아닙니다. 그러나 팔자 안에서 자기가

食傷을 억제할 때는 당연히 食傷을 억제하는 고충이 발생합니다.

　偏印을 다시 冲했을 때는 신기술로 넘어가요. 冲이면 新生으로 넘어간다는 거예요. 옛말에 '偏印을 버리고'라는 말이 있거든요. '새로 만들어진다'는 뜻입니다. 그 반발로서 신(新) 偏印이 올라와 신기술로 넘어가는 것이죠. 이것이 뭐냐면 食傷이 올 때로, 壬일주가 申 偏印을 쓰고 있어 종업원 2~3명 놓고, 가공만 해주고 있다가 寅木이 와서 冲해 주니까 새로운 기술의 개발과 함께 밥그릇의 확장이 동시에 온다는 말이죠.

제2강좌 : 직업론 총론– 분석도구들(2)
地支만 가지고 팔자를 따져 본다

   地支만 가지고 그 사람의 직업환경을 따져 보는 것은 매우 중요합니다. 사주첩경(四柱捷徑 / 이석영 선생 著)에 보면 地支 자체의 글자나 인자만으로 직업을 제한해 놓은 것들이 있어요.
   '卯, 酉, 戌 중에 2자 봉(逢) 하면 活人業, 醫業'이라고 해놨죠. '醫業 인연하여 보고 또는 직업이 그쪽에 해당한다' 라고 표현한 것들이 있습니다. 卯, 酉, 戌 글자는 무엇입니까? 토끼 '卯' 라고 하는 것은 陽이 陰을 뚫고 나온 '四陽之處'입니다. '밖으로 일으켜 놓는다', '펼쳐 놓는다'는 뜻이고 酉나 戌은 '잠재운다'는 뜻이지요. 밖으로 벌어져 있던 일들을 잠재우는 운동이나 동작을 하는 것으로서 地支에 있는 것만으로도 직업환경에 제한을 받고 있는데 이것을 잘 확장해 보십시오.

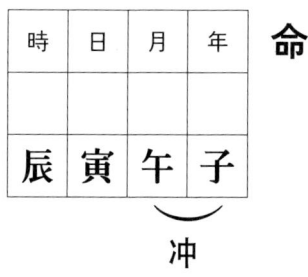

팔자 내에 이것만 가지고도 '직업이 뭐겠다'는 것을 훈련해야 돼요. 그러면 "에~~이! 정말?" 한다니까요?

이 형태만 보며 天干을 지워 버리고 '여기 冲이 있구나!'를 관찰해 보세요. 이것이 食神인지 官인지 印星인지 모르지만, 이것 둘이서 같이 쓸 수 없는 冲의 인자일 수밖에 없겠구나, 冲으로 써야 되겠구나, 만약에 午가 食神이라면 冲 맞고 있는 食神이므로 서있지 말고 밥그릇을 들고 뛰어야 된다. 한 자리에 주저앉아서 돈벌이 하지는 않을 것이라는 겁니다.

驛馬에 준하여 쓰든지 아니면 冲이라고 하는 자체가 아주 고급의 가공성을 준다는 것입니다. 가공하는 물건이거나 驛馬에 관련된 물건, 午가 食神이었을때 그렇고 財星이라면 무대나 상품이 되는 모양이니까 마찬가지로 가공성이나 驛馬의 속성에 자기 활동무대나 시장을 삼아야 된다는 뜻이 되니 필시 국내 시장이 아니라 무역 시장일 것입니다.

이것을 官으로 쓴다면 발령 따라 움직이는 官이 되므로 발령에 따라 움직이거나 발령에 의해 이동이 있는 조직이거나 아니면 가공성을 써서 기술성이 매우 강한 분야 조직일 것입니다.

이것이 알고 보면 압력입니다. 밥솥을 만들어도 압력밥솥을 만드는 사람입니다. 그러면 무엇이 내재되어 있습니까? 압력밥솥은 잘못하면 폭발할 수 있으니 驛馬속성을 취해서 그대로 驛馬가 되든지 하는 것일 겁니다.

그다음에 말 午자가 있다는 것은 暗보다는 명입니다. 그래서 대체로 말이 있음은 쥐 子자 마저도 파헤쳐 버리고 반대로 쥐 子자는 모든 것을 다 함축해 작은 공간에 정보를 집약해 놓은 것입니다. 정보를 집약해 놓은 것을 전부 풀어헤치니 午 자체의 속성은 사적인 것이 아니라 공적인 것입니다.

'子午相冲'이라는 것이 무엇입니까? 子의 운동이라는 것은 정보와 가치를 전부다 쭈그러뜨려서 집어넣어 놓은 것이고 午자는 펼친 것이니까, 펼쳤다 꾸부렸다 하는 물건도 되는 것입니다.

우산을 펼치면 커 보이고 꾸부리면 작아 보입니다. 텐트도 펼치면 커지고 꾸부리면 작아집니다. 우산을 펼치니 午와 비슷합니다. 陽氣가 '빵빵'하게 펼쳐져 있는 상태가 되는 것이죠. 子는 쪼글쪼글하게 쪼그라져 있는 것이니까 넣고 빼는 동작이 됩니다. 가장 작은 공간으로 넣었다가 빼고 하는 동작으로 '컴퓨터와 같은 정보의 저장이나 검색이 있구나!'라고 확장해 볼 수 있겠죠.

일주를 보면 편할 것인데 왜 이것을 해봅니까? 이것을 많이 해 보면 天干을 집어넣고 '이놈이 장사판으로 간다면 무역이 될 것이고 물건을 다룬다면 이런 물건을 다룰 것이다' 라는 것이 팔자의 地支에 차지하고 있는 인자의 모양새에 의해서 바로 연결되기 때문입니다.

그다음에 옆에서 合을 만나고 있다고 하는 것은 合에 의해서 변색이 될 수 있다는 것입니다. 색상적으로 변색이 될 수 있는 것 또는 조건부나 제한부로 쓸 수 있는 것, 색깔이 바뀌는 것입니다. 그래서 화(化)하거나 변(變)한다는 것이죠. 식품으로 치면 '상하는 물건이다, 안 상하는 물건이다' '술이다, 과일이다' '캔이다, 봉지다'가 이 글자를 보고 답할 수 있는 것입니다.

팔자에 合에 의해서 화(化)할 요소가 있는 놈이어서 이것이 직장이라면 이 사람이 다니는 회사는 '화학 회사', 거기에 木의 曲直이 있으니 어떻게 보면 뻣뻣하고 어떻게 보면 꾸부러져 있고 이 사람의 직장은 '가죽 공장', 가죽은 속가 밖으로 보이려고 하는 것이니 가죽옷, 가방인 것입니다. 가죽옷에만 국한하는 것은 아니지만 이런 식으로 접근해 보세요.

寅午가 화학은 화학 공장인데 피혁 공장인 줄 알겠다면 화학이 丙辛도 있을 것입니다.

時	日	月	年	命
	庚	丙	辛	

예를 들어, 官이 화(化)했으니 화학 회사, 그런데 天干에 있으니 실물을 다루고 정신적 사물을 다루어서 화학 회사는 화학 회사인데 사무실에 앉아 업무를 보는 화학이 되는 것입니다.

時	日	月	年	命
	庚		辛	
	申		巳	

땅바닥에 있으면 巳가 申을 당기니까 官星을 합하여 그 색깔을 변하게 합니다. 변색되고 화(化)하니 이것은 실제 화학제품을 만드는데 쇳가루가 붙어 보이고 불도 한 번씩 땐다 함이니 도장이란 말입니다. 자동차 열처리하는 것을 보면 쇳가루가 더 많이 붙어 있습니다.

天干的인 요소든 地支的인 요소든 이렇게 놓고 '글자 자체의 속성을 가지고 어떤 물건을 다루겠구나!' 하는 것을 동시에 계속 확장할 수 있어야 합니다.

판금은 화학은 아니고 때려 패는 것입니다. 속성을 바꾸는 것이니까 冲에 의해서 그런 요소가 발생할 수가 있겠죠. 때려 패는 동작이 들어가는 것, 펼치고 접고 하는 것입니다.

時	日	月	年
辰	寅	午	子

命

그다음에 辰이라는 글자 자체도 용 비늘을 입혀 놓은 것, 밖으로 5陽, 陽氣가 다섯 개 펼쳐져서 비늘이 찬란합니다. 그러므로 이 사람이 머무르는 공간은 寅, 卯, 辰, 巳, 午 이니까 많은 사람들의 시선이 집중되는 환한 공간이라는 것을 알 수가 있습니다.

대체로 사적인 일보다 공적인 속성을 가지고 있거나 남들 눈에 뜨이는 무대에서 이런 속성 속에 있는 일들을 하고 있겠구나 하는 것입니다. 이렇게 해 놓고 일주를 보면 2초 안에 답이 나옵니다.

"너 어디에서 무엇하고 있지? 가방공장 다니지"

이 자체로서 寅木이 驛馬입니다. 子에서 보면 驛馬죠. 그래서 이것이 먼 곳에 가는 피혁이다. 가방 아니면 신발이다. 하는 식으로 地支를 가지고 많은 훈련을 해 볼 필요가 있습니다. 그러니까 辰이나 戌을 봤을 때 "심고 뽑고"라고 많이 강조를 했었죠.

子하고 午는 '넣고 빼고' 입니다. 子는 저 밑에 파고 들어가는 것이고 午는 쭉 위로 올라와 펼쳐지는 놈이죠. 이렇게 펼치고 접고 하는 것이 영판 우산이란 말입니다.

辰, 戌은 '입히고 벗기고'의 동작이 되는데 辰은 모든 것이 드러나서 폼을 잡아야 되고 戌은 전부다 박탈시키는 것이죠. 辰은 봄에 심겨서 확실하게 모양을 갖추게 하고 가을에는 전부 다 엎어서 베어 없어지게 하죠. 그런 속성의 직업을 가지고 있다면 인연이 길 것이라고 저절로 해석이 되는 것입니다. 그렇게 冲에 의한 것이든 刑에 의한 것이든 그 사람의 활동무대가 어떤 속성에 있느냐 하면,

時	日	月	年	**命**
申	巳	寅	子	

예를 들어서 寅巳申이 다 드러나 있다면 눈에 三刑이 바로 보입니다. 三刑이 결국 食傷으로 쓰든 財星으로 쓰든 官星으로 쓰든 그 사람이 속한 무대가 三刑의 동작이 든 곳이 되는 것입니다.

기존 텍스트에는 그것 하나만 가지고 이런 것을 분리해 설명하고 있으니까 '怨嗔이 있으면 어떻고' 하는 등의 개별 주제어로 전부 다 설명하는 것처럼 합니다. 그러므로 神殺的인 면으로도 잘 안 들어오고 순수한 六親 중심으로 해석의 접근도 잘 안 된다는 것입니다.

예를 들어 三刑[11]이라는 속성을 가진 직업군이 있습니다. 의료적인 것, 법무적인 것, 가공성이 아주 많은 것들도 있을 것이고, 가

---

11) 三刑 – 刑殺이 직업으로 해석되는 것을 보면 사람의 몸을 자르고 붙이는 능력으로 보아 의료, 사람의 자유를 자르고 붙일 수 있는 능력으로 보아 법무, 사물을 자르고 붙이는 능력으로 보아 가공, 기술로 해석을 한다.

공 기술이 아주 많이 들어가는 것도 있습니다.
　그다음에 이 자체가 驛馬속성이죠. 다루는 물건으로 치더라도 寅은 멀리 가는 놈이요, 통신, 전기, 전자요, 그다음에 항공입니다. 뱀은 그 속성이 더 강한 놈이죠.

時	日	月	年
	辛		
申	巳	寅	子

命 官으로 쓸 때

時	日	月	年
	癸		
申	巳	寅	子

命 財로 쓸 때

時	日	月	年
	乙		
申	巳	寅	子

命 傷官으로 쓸 때

　그런 속성에 관련해서 그것을 官으로 쓴다면, 그다음에 財로 쓴다면, 食傷으로 쓴다면 그런 속성으로 쓸 것입니다. 결국은 이렇게 三刑이 드러나면 財, 官, 印, 食 이런 것이 막 얽혀 같이 섞이니까 三刑殺이 있으니 이것을 직업군 인자의 속성처럼 설명도 해 놨다는 것입니다. 이 경우는 食傷이나 官 아니면 財로 다 걸리잖아요. 그러니까 하나의 직업을 분류하는 논리처럼 보인다는 것입니다.

地支를 가지고 연습해 보면 陰貴, 陽貴의 출현이라든지 여러 가지 神殺을 만날 수 있습니다. 陰貴, 陽貴의 출현도 寅午가 있을 것이요, 卯巳도 있을 것이요, 丑未도 있을 것이요, 天乙貴人이 같이 陰貴, 陽貴의 형태로 드러난 것은 그 자체로서 陰陽이 채워졌으니 스스로 족하여져 있는 것입니다. 스스로 족하여 있으니 삶의 혁명성을 가지기보다 바꾸려 하지 않지요.

그다음에 우리가 地支 모양에서 辰巳, 戌亥 天羅地網도 있는데 天羅地網의 인자를 가지고도 직업을 굉장히 많이 제한할 수도 있습니다. 甲일주든 乙일주든 丁일주든 상관없이 바로 天羅地網의 출현만으로도 이 사람은 어떤 분야에 성공한다, 실패한다는 것이 제한됩니다. 텍스트에서 天羅地網을 본 것을 기억합니까?

'옛글에는 남의 집 머슴살이를 하거나 활인구명(活人救命), 사람을 기르고 고치고 하는 의료, 법무, 교육, 종교, 철학(법무는 아주 드물어요. 법무도 그런 업무에 속하기는 속하거든요. 그런데 워낙 상대적으로 숫자가 적습니다) 등의 분야에 인연하여 직업을 삼으면 성공 번영하는 사람이 많았다' 거기에 파생해가지고 어쩌다가 공부할 기회를 놓쳤다면, 天羅地網이 있기는 있는데 어쩌다가 공부할 기회를 놓쳤다면, 天羅地網이 있기는 있는데 어쩌다가 官도 약해서 직장도 못 갔다 할 때 이것을 財星으로 쓰거나 食傷으로 쓰는 사람도 있는데 이런 사람이 어떤 사업에 성공하느냐 보니까 파생한 형태의 업에서 성공하더라는 거죠. 예를 들어 의료적인 별로 쓰지 못하니까 찜질방, 목욕탕, 헬스클럽을 하더라는 거죠.

그다음에 숙박업, 모텔업을 합니다. 모텔은 '하루에 한 번씩 사람이 죽는다'는 거예요. 죽은 놈을 다시 깨워주는 것이 숙박업이죠. 여기에 다분히 의료적인 뜻이 들어가 있더라는 겁니다.

헬스도 마찬가지죠. 잘못 움직이는 것을 움직이게 한다. 동작하게 한다는 것입니다. 목욕은 오물이나 세균을 제거하고 찜질은 말 그대로 찜질을 통해서 의료적인 역할을 수행하고 있죠? 이런 장사를 하니까 성공을 하더라는 거예요.

辰년에 巳월, 辰년에 巳일, 辰년에 巳시가 되었든 辰, 巳의 출현만으로도 그 사람의 직업이 六親보다 훨씬 더 우위에 있더라는 거예요.

陽貴, 陰貴의 출현은 이미 땅바닥에 陰陽이 동소에 출현하였으니 이것저것 다 채워졌으므로 혁명성을 일으키려 하지 않습니다. 丑, 未라는 것 자체가 相冲殺이라는 것에도 불구하고 혁명성을 많이 일으키지 않는다는 것이에요. 陰貴, 陽貴 다 있는 사람에게 물어보면 모르는 것이 없어요. 그런데 큰 것 아니면 해결 안 하려고 합니다. 뭐든지 큰 판, 한 판을 합니다. 수박을 사도 제일 큰 것을 사라고 하면서 작은 일에 소홀해 해결하지 않죠. 못하는 것이 아니에요. 하루 놀고, 하루 쉬고, 하루 자빠져 자면서 세상살이에 오히려 무능의 인자로 작용하는 것이죠.

글자 자체가 가지는 하나의 고유의 운동성이 있었죠? 午라는 것이 하나가 있음으로써 이미 暗이 아니라 明이 됩니다. 明이라는 것을 알 수 있었는데 이 글자(寅午)가 간섭을 하면 어떻게 됩니까?

'寅이 와서 간섭하니' 이것도 合도 되고, 陽貴, 陰貴의 출현이라 결국 그 사람의 삶의 패턴이나 직업양상에 크게 영향을 주더라 하는 것이에요.

地支를 가지고 많이 훈련해야 됩니다. 그래서 어느 날 팔자를 보는 순간, 地支를 보는 순간에 이 사람의 직업이 무엇인지 바로 나오게 되는 것입니다.

時	日	月	年	命
丑	子	丑	寅	

 이 사람은 필시 교수직이나 만화가게 주인입니다. 왜냐하면 子와 丑이라는 것은 시간적으로 어두운 곳이니 남들의 눈에 잘 뜨이는 곳이다. 아니다? 그다음에 육체적인 공간이다. 정신적인 공간이다? 남들 눈에 전체적으로 잘 드러난 모양이다. 아니다? 아니죠. 위의 팔자는 그래서 정신적인 면에서의 성공을 의미하므로 주로 이것을 교육과 정신으로 씁니다. 활동보다는 휴식으로 쓰니까 휴식하는 중에 요놈이(寅), 寅木이 깜빡깜빡하는 거죠. 寅木이 눈이 깜빡깜빡하면서 반사되는 것과 똑같은 것이에요. 그래서 寅의 地藏干중에 丙火가 등화관제, 寅木에서 三合의 인자에서 丙火의 長生이 이루어지죠. 등화, 관제 이것이 수시로 이루어지는데 이놈이 그늘이 있으니 호롱불처럼 은은한 불빛이 되는 거예요.
 그래서 대낮에도 형광등을 밝혀놓고 눈을 깜빡깜빡하면서 불을 켰다가, 눈으로 쌍불을 키잖아요. 원래 열 받으면 눈으로 쌍불을 켜니 눈을 깜빡깜빡하면서 굽혀졌다 펴졌다 하는 것이 종이가 넘어간다는 것이니 이 사람은 교수님 아니면 만화가게 주인이라고 할 수 있습니다.

時	日	月	年	命
	庚	己		
丑	子	丑	寅	

일주를 딱 보니까 '대강 알겠다!' 인데 여기에 예를 들어 官星이 안드러나고 印星이 득세하여 己丑월로 印星이 득세하여 있으면 이 사람은 공부과로 들어가 교수님이 되는 것입니다.

時	日	月	年	命
	庚	辛		
丑	子	丑	寅	

그다음에 상대적으로 印星이 안 드러나고 庚이 偏財를 활발하게 쓰면 官星이 없으면서 財星을 보니까 만화가게 아저씨라 할 수 있는 것입니다. 그래서 운에서 辰, 巳, 午 이런 것이 와 불을 밝혀 주면 '뽕뽕뽕뽕 오락실' 하게 됩니다. 만화가게 해서 돈을 벌어가지고 뽕뽕뽕으로 가더라는 거예요. 그래서 운의 간섭에 의해서 그 사람의 활동무대나 양상이 바뀌는데 그것도 地支에 있는 글자들이 간섭에 의해서 바뀌는 것입니다.

특히 우리가 地支를 가지고 많이 관찰할 수 있는 것은 사람의 몸입니다. 사람의 몸은 정말로 地支에서 많이 관찰됩니다. 글자 모양 가는 데로 체질적인 분류를 부여하는데 子, 丑, 寅이 들어오면 결국 金氣의 허결을 유도해요.

子에서 辛金이 長生하고, 丑에서 庚金이 墓하고, 金氣의 허결 그다음에 火氣의 부족을 가지면서 그 사람의 몸에 드러나는 기운들이 그런 허결의 요소로서 잘 드러나게 됩니다.

이것을 잘 훈련해야 돼요. 훈련을 많이 하면 저절로 어떤 직업 안에 있는지 알 수 있어요. 丑寅卯, 辰巳午, 未申酉, 戌亥子 이런 것들의 출현이 도둑놈이 되어도 일류(一流)도둑놈이 된다는 거예요. 이것을 '隅合', '귀퉁이 合'이라고 해서 고전 텍스트에 나옵니다.

'艮方, 巽方'으로 설명해서 '귀퉁이 合'이라고 표현하고 있는데 이놈이(卯) 출현해야만 정통으로 요놈들(丑, 寅)이 양보하지 않는 기운이 됩니다. 그럼으로써 이 자체의 출현만으로 에이스가 됩니다.

예를 들어 우리가 돌 캐는 집에서 다른 것이 섞이는 것보다 순도가 높은 것이 좋다는 거예요. 순도를 높여 주는 인자는 일종의 鬼神끼리 하는 合이라고 했습니다. 절대로 순도를 떨어뜨리지 않고 완벽하게 해 주는 것이 바로 이 글자들의 合이라는 것입니다.

연습해 보면 정말로 이것 하나 가지고 하루 종일 생각을 해 볼 수 있습니다.

時	日	月	年	命
寅	午	巳	子	

이런 글자를 추출해 놓고 이것을 볼펜으로 적어 놓고 '이 사람이 뭐를 하겠다'를 잘 생각해 보세요. 그것이 어느 날 기본적인 형식으로 눈앞에 서서히 잡히면 天干을 보자마자 무엇을 하는지 드러나기 시작합니다.

직독직해라고 하는 것은 天干 地支를 적으면서 바로 되어야 합니다. 일주가 나오기 전에도 떠들 말이 너무 많아요. '음 쥐가 왔구나!' '甲이 왔구나!' 하면 갑돌이 같은 놈이 어딘가 살고 있다는 등

창의학습을 시작합니다

The new study about destiny

www.shop99.co.kr

양산시 진곡 수윤동
051-866-6216

동일TV YouTube 바로가기 [검색]

동일출판사 상담 문의
051-863-8301
동일출판사 인쇄구 개금동로 89 이산빌딩 7층 701호 | TEL 051 863 8301 | FAX 051 863 8307

유튜브에서 다양한 강의 영상과
자막을 만나보세요.
더 빠르고 완성적이게
유용한 가치으로 안내합니다.

- 원자력공학 및 건축구조역학 ₩24,000/월
- 충학토목공학 사실현장 지리교 ₩48,000/월
- 사회복지 지원업무 ₩60,000/월
- 원자력(피프)공학 집중코스 ₩120,000/월

하단의 로그인을 하신 후
가입한 강좌 목록 보기세요.

동일 PC강사실
정가 38,000원 → **34,200원 (10%)**
수험자으로 사이버강의를 직접 청강하실 수 있고,
별도로 강의 동영상과 교재의 데이터를 전송받을 수
있는 프로그램입니다.

자원입학으로 본 한국정원사업
정가 34,000원 → **30,600원 (10%)**
규격 477쪽 190×260mm

한국정원사의 문제점을 자료학적 관점에서 자원입학으로 접근한 최
초의 저서이다. 자연과 인간의 상호교류에서 나타난 자원입학 기반
목(木·土·泰·金·天)으로 분류하여 관련 자원들을 조사하고 체계화하
여 자원입학에 근거한 한국정원사의 특징과 의의를 다각화에 규명
하였다. 책에는 구체적인 자원이 포함되어 있는 모든 유전 유적들의 자원
분석 및 고증된 사료 발견들에서 추출한 자원입학 통해 한국 고유의 자원이 한국정원사에 어떤 작용을 하였는지를 분석하였고, 사
원정원을 재현할 수 있는 기반을 마련할 수 있는 연구로 완성하였다.

동일산업 상·하
정가 35,000원 → **31,500원 (10%)**
규격 비병(상) 150×225mm

동일산업 모든 시점은 더 정보화되고 이본화된 시공간 수요 아니기
반들 장의에 재사회적으로 들으러 전공사회의 가치과를 찾아
야 하는 것이다. 현실로 이용하와 오용의 기회를 구분 기초한
점복을 제대로 실수 있기를 기대를 예배하다. 전공수, 전장, 시공
실연 등 분문 과정 중 가까를 노력된 핵식을 두립으로 실수 제공
점시에 향후 학문의 발전에 있어 도움이 되었을 것이라고 확신한다.

박청화
홍익TV
채널멤버십
가입 방법

유튜브에서 박청화 선생님
강의를 만나보세요.
더 빠르고 안정적이게
알뜰한 가격으로 만나보세요.

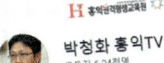

명리입문필수 및 교양과정
₩24,000/월

춘하추동신사주학시리즈
₩48,000/월

사주명리 심화학습
₩60,000/월

명리실전(프로의 길)시리즈
₩120,000/월

유튜브에서 **박청화 홍익TV**를 검색하세요.

가입 구독

유튜브 로그인을 하신후 **가입**을 꾸욱 눌러주세요.

상담문의 051-863-8301

등의 말이죠.

이것이 일종의 코드니까 누군가 가까운 인자 속에 甲의 인자를 가지고 뭔가 기운적으로 공여하고 있다는 것입니다.

그다음에 쥐 子가 있으면 이것을 내가 財星으로 쓰든 官星으로 쓰든 印星으로 쓰든 상관없이 申子辰의 운동성이 주로 陰, 자손, 애정을 만드는 것입니다. 애정, 자식, 자손 그다음에 '비밀 다 덮읍시다', 다 어둡게 지워버리자는 것입니다. 申子辰을 만들면 水의 기운에 갇히니까 '다 어둡게 없애버리자'가 되는 겁니다. 자식의 문제에 이 사람이 노출되어 있으면 반드시 가까운 六親이나 부모, 본인 당사자가 애정문제나 비밀사 등에 노출되어 정신적 고달픔이나 육체적 고달픔을 겪을 일이 있겠다고 봐야 합니다. 원래 있는 것입니다. 드러나 있다는 말은 있다는 말이거든요.

"없는 데요" 하면 "집에 가!" 하세요. 그렇게 해도 됩니다. 모름지기 대자연의 운동이 이 땅에다가 子의 기운을 뿌렸을 때는 子의 고유 운동성 자체가 이루어지도록 해 놓은 것입니다.

그래서 적으면서 바로바로 알고 있어야 되는 것이에요. 이것을 그 사람에게 일어날 연출이나 상황 또는 바꿀 수 없는 하나의 기둥 같은 형태로 그대로 쭉 적어 나가면서 알 수 있어야 됩니다. 이것을 훈련하기 위해서 좌표론 연습을 많이 해야 합니다.

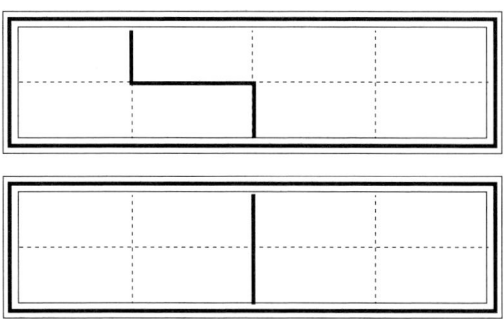

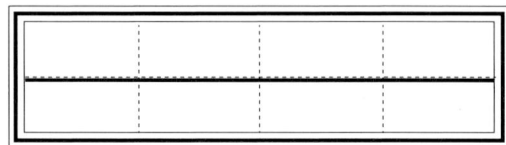

　좌우로도 하고 안팎으로 하며 이렇게 연월일시는 당연히 쪼개어 보는 것입니다. 좌표론에 능숙해지면 쥐 子자가 있다는 것만으로도 '애정에 골 아픈 집안', '애정에 골 아팠던 세월' 이라고 쓰면 됩니다. 子라는 증거가 있기 때문입니다.

　그다음에 巳는 巳酉丑이라는 三合에 의해서 운동성을 가집니다. 巳는 '六陽之處'이니 화려했던 세월이겠죠. 그다음에 巳酉丑으로 붙들려 金 운동을 만들겠고 이는 결단사, 피를 본다, 의절한다는 뜻이 됩니다. 너와 나는 다르다는 것이 金 운동입니다. 그래서 가을이 되면 잎과 열매가 다르다는 거예요. 그러니까 火운동을 할 때는 감나무 나뭇잎에 감도 같이 붙어 있습니다.

火가 오니까 분명해지는데 그 분수가 명확해지죠. 천지가 밝으니 분수가 명확해진다. 분명해진다는 말입니다.

색깔은 둘 다 파릇파릇하더라는 거예요. 그래서 네 것과 내 것이 쪼개지지 않는다는 말인데 가을바람이 부니까, 즉 金氣가 오니까 어떻게 됩니까?

잎이 마르고 떨어지니 여기에 빨간 감이 남았고 화려함을 이루었습니다.

그다음에 金의 형성이라는 것은 작은 공간에 많은 것을 담아 놓은 것이니 재화나 재물이 있었다는 것입니다. 그다음에 가족, 형제의 의절이나 부모와 자식간에 피곤함의 세월이 있었다고 보면 됩니다. 이것만 가지고 이야기를 해도 되지요.

"예~ 그렇군요. 팔자군요"라며 강한 부정을 못하는 것은 어설프지만, 맞단 말입니다. 그런 식으로 地支만 가지고 자꾸 훈련해 봐요. 여기서 글자 자체의 모양새로도 설명을 붙일 수 있거니와 그리고 이 글자(子, 午)끼리의 冲에 의한 해석, 刑에 의한 해석들이 "아! 이 사람이 눌러앉은 땅에는 이렇게 왔다 갔다 하고 있구나!" 하는 것을 알 수 있습니다.

예를 들어 [포수1]은 가기만 하면 새들이 와글와글 모여 있는 산이 있는 거예요.

[포수 1]　　　　　　　　　　[포수 2]

그다음에 [포수 2]가 있는 산에는 가을 겨울에 철새들이 와서 앉아 있다가 봄, 여름에 날아가 버립니다. [포수 2]에 冲이 있는 것입니다. 冲이라고 하는 것은 강한 것이 서로 견제하여서 하나를 '억제하였다, 펼쳤다' 하는 작용이 활발하게 나타나는 것입니다. 그러니까 冲이 있는 [포수 2]가 빠릅니다.

지금 日柱 없이 수업하고 있습니다. 冲이 있는 것만으로 [포수 2]는 기본적으로 꾀돌이하고 낮은 포복을 잘하겠다는 것을 알 수 있습니다.

때로는 떠나는 철새도 잡아야 되니까 '용빼는 재주'도 있습니다. 그래서 冲이라는 것이 그런 행동적인 측면에서 쓰이기도 합니다. 나도 먹고살려면 '철새 따라 나도 간다'는 거예요. 그래서 이것이

驛馬로도 쓰이는 것입니다.

冲 없는 집의 포수는 게으릅니다. 그냥 누워 있으면 되고 총 한 방 쏴 가지고 잡아들이면 되죠. 대체로 이런 경우에는 역동성이나 가공성이 많이 부여되어야 될 것입니다. [포수 1]은 그냥 거름 주고 심고 뽑고 하는 단순한 생산이나 기르는 일, 축산, 원예, 임업 등 자연스러운 생산 수단을 자기 활동무대로 삼을 것이고 [포수 2]는 때로는 돌아다녀야 하고 동작도 빨라야 되고 뭔가 재주를 많이 피워야 됩니다.

보통 [포수 2]가 더 잘 먹고 잘 삽니다. 왜냐하면, 이 산에 새가 마르면 옆집 포수 것도 잘 빼앗아 오기 때문입니다.

현대 사회는 전쟁터입니다. 그래서 冲 있고 刑 있는 것이 나쁜 것이 아니고 刑이 있다는 것은, 예를 들어 새를 잡을 때 그물을 쓸 줄 안다는 것입니다. 그러면 [포수 1]은 그냥 담아 오면 되는데 그물을 뭐하러 씁니까?

미끼를 쓴다는 것은 刑의 능력입니다. 刑의 능력이 일종의 가공성이나 기술 같은 것으로 쓰는데 어떻게 보면 刑이나 冲은 조잡성이 있습니다. 복잡하면 조잡한 것이어서 그 사람의 성격이나 행위나 조잡할 것입니다.

地支만 봐도 "아이고, 너 인간성을 알겠다!"가 나오는데 그중에서 제일 대표되는 모양들을 책에서는 '人有合多하면 志無遠達'이라고 합니다. '사람이 합이 많으면 오히려 그 뜻이 먼 곳에 이르지 못한다'는 말은 습의 작용력이 극단, 강화되었을 때의 이야기입니다. 사람이 이것저것 묶여 있으면, 예를 들어 寅, 午가 있고 戌 있고 다시 午 있다고 했을 때,

時	日	月	年	命
寅	午	戌	午	

이런 식으로 어떻게 보면 떠날 필요가 없는 직업이라는 뜻도 되고 삶을 크게 혁명하여 바꾸기도 어렵다는 뜻도 될 것입니다. 그런 사람은 그 활동무대가 대체로 고정되어 있다는 뜻이고 대체로 다른 것과 연관되어 있다고 확장하면 됩니다. 연관되어 있지만 내가 움직일 필요가 없는 구조나 환경이라고 보면 되죠.

예를 들어 冲이 있어서 움직여야 한다면 이 사람은 물건을 사거나 팔러 먼 곳을 다닙니다. 반면에 冲이 없는 사람은 다니지 않고 기다리는 사람이니 이 사람은 필시 모텔주인이나 밥장사입니다. 가만히 앉아서 "어서 오세요. 안녕히 가세요." 그렇게만 해도 살아갈 수 있다는 것이죠.

時	日	月	年	命
	庚			
寅	午	戌	午	

神殺까지 조금 더 확장한다면 月의 空亡입니다. 일주가 무엇인지 알 수 없으니 '월에 空亡이 떴다'는 것은 이것이 財星일 수도 있고, 官星일 수도 있고, 印星일 수도 있는데 '젊은 날에 빈 깡통을 들고 뛰었던 아픔이 있었구나' 하는 것을 알 수 있습니다.

'빈 깡통 들고 뛰었다'는 것은 젊은 날에 삶의 궤도에 진입하기까지 여러 가지 어려움과 수난이 많이 있었음을 의미합니다. 이것만으로도 '개(戌)가 있어서 어떠하다', '空亡이 있어서 어떠하다'는 것을 동시에 확장해 주는 것입니다. 이런 조건의 사람과 상담을 할 때 30살이 되기 전쯤이라면, '선생님 어떻습니까?' 라고 물으면 대운도 볼 필요가 없어요. 이미 젊은 날에 삶의 궤도에 진입하는데 방해 과정이 있다는 말이니 지금 어떠한 것을 선택하더라도 그 결실을 크게 거두기 어렵다고 설명하고 차라리 "空亡이 난 그것을 그대로 쓰라!"고 해야지요.

空亡이 된 것은 그물을 만들거나 망사를 만들었다는 거예요. 빵을 만들어야 된다면 공갈빵을 만들어야 됩니다. 그래서 空亡은 세상을 살아가는데 비극인데 그 비극은 더 타고난 재능을 주었다는 것입니다. 구멍 난 것, 빵꾸 난 것 이런 것으로 더 잘할 수 있는 재능을 만들어 줘요. 구멍이 잘 난 것이 좋은 망사라는 겁니다.

밥과 커피 중 밥을 팔지 말고 아무 도움도 별로 안 되는 커피를 팔라는 식으로 空亡처럼 구멍 난 그대로 취하게 함으로써 결국 삶의 수단을 삼습니다.

地支만 가지고 보는 습관을 들여야 합니다. 상담에 임했을 때 사실 황당한 경우가 있습니다. 무엇을 하면 되냐면 팔자는 어디서 봅니까? 개처럼 쭈그려 앉아 있든지 개처럼 주변을 둘러보든지, 개가 망을 보잖아요. 그다음에 때로는 귀때기를 붙이고 空亡난 장사를 하니 '주식(主食)이 아니라 커피를 팔고'가 답인 것이죠.

그다음에 말 午자가 받치고 있다는 말은 훤한 곳의 모퉁이란 말이에요. 개 戌자는 어차피 어두운 곳이니까 훤한 곳의 모퉁이인데 午는 밖으로 밝혀져 있거나 탄성을 지르는 곳, 놀이 공원이란 말입니다. 놀이 공원에서 한 귀퉁이에 개처럼 손님을 지키면서 간간히

"팝콘이요~~" 하면서 짓는데 '구멍 난 것을 팔아라' 라는 것이죠. 팝콘은 자세히 보면 구멍이 엄청나게 많은 것이거든요.

그것을 하니까 그냥 버는 것이 아니고 '엄청나게 벌더라'는 거예요. 팔자에 생긴 모양을 그대로 취하게 함으로써 효율성이 극대화 된다는 것입니다.

훈련을 많이 한 다음에 실제 그 사람들이 직업을 가지는 것을 보면 팔자 생긴 대로 그대로 삽니다.

地支에 의해서 접근, 해석하는 원리로서 地支끼리의 神殺들이 있을 것이고, 글자 고유의 뜻도 있고, 地支가 만나서 형성되는 것도 있습니다. 天羅地網이나 鬼三合 같은 것들이 만들어진다는 것입니다.

그다음에 글자 자체가 가지고 있는 고유의 운동성, 冲에 의한 방향성 등이 그 사람을 구성하고 있는 삶의 내용이라는 것입니다. 그러니까 돌산에서는 돌집을 짓고, 숲이 많은 산에서는 나무집을 짓는다는 것이 바로 '성공의 요체' 입니다.

1. 六親

六親으로 와서 이제 天干과 地支의 일주와 나머지 글자와의 관계로 六親의 관계가 형성되는데 월에 있는 것이 지속적으로 영향을 주는 인자가 된다고 보는 거죠.

그것을 五行的으로 그다음에 干支的으로, 六親的으로 살펴서 정해지는 것이 格, 格用이라는 것인데 우리는 用을 배울 필요는 없다고 했습니다. 用은 배울 필요가 없고, 格만 잘보라는 거죠. 成格은 애석하게도 전체 팔자의 2~3% 정도이기 때문에 공부를 열심히 할 필요는 없어요. 이 2~3%는 잘 오지도 않습니다.

그래서 우리는 成格대신 破格을 배웁니다. 우리가 보게 되는 팔자들 대부분 다 破格인데 아주 핵심적이고 중요한 것이에요. 이 破의 등급을 매길 줄 알아야 되고 이것을 잘 매기면 바로 대가 논법의 경지나 논리를 쓰는 것입니다.

예를 들어 子와 未가 있는데 이것이 월에 있다면 바로 正官格입니다.

時	日	月	年	命
	丙			
		子	未	

正官格인데 神殺로 뭐가 붙어 있습니까? 怨嗔殺, 怨嗔에 의하여 한판 밀린 正官格입니다. 그래서 원천적으로 서로 껄끄러워 잘 쓰지 않습니다. 正官은 正官이라도 怨嗔 먹은 正官格입니다.

時	日	月	年	命
	丙			
	午	子	未	

그다음에 午가 있으면 冲맞은 正官格이 되죠.

時	日	月	年	命
	丙			
	辰	子	未	

丙辰이 들어오면 空亡맞은 正官格이 되죠. 그리고 子辰의 합 맞은 正官格이 됩니다. 노래 가사에 '바람에 흔들리고 비에 젖어도' 正格, 正官 그대로 제대로 된 모양을 가지고 있는 것이 거의 없어요.

時	日	月	年	命
	庚			
		午	寅	

이 破格의 등급을 매기는 데 있어서 이 경우가 破格이 적게 된 것입니다. 合에 의해서 加勢, 弱勢가 있습니다.

그러니까 여기 午가 있는데 午가 正官인 것입니다. 그런데 寅에 의해서 加勢가 되어 있죠?

時	日	月	年	命
	庚			
戌	午	寅		

戌이 있으면 弱勢가 되죠. 이런 식으로 火운동을 약화시키느냐,

時	日	月	年	命
	庚			
		午	未	

그다음에 이렇게 陰陽 合을 六合으로 띄움으로써 둔화되느냐? 加勢, 弱勢를 구분해야 돼요. 그래도 合 맞은 것은 破格이 되어도 높이 평가해 줍니다.

時	日	月	年	命
	庚			
	寅	午		

그다음에 空亡이에요. '그 모양은 갖추었으나 그 용도를 망실하여' 라는 말입니다. 이것이 合하고 空亡하고 섞이는 모양입니다. 合에 의한 解救는 있지만 空亡이 되죠. 空亡이라는 것이 크게 무력화 시키는 것이 되고, 그다음에 冲이라는 것이 조건부로 씁니다.

이 조건부라는 것은 어느 백화점에 근무하더라도 엘리베이트에서 "3층입니다" 라며 승강하면서 근무하려면 하고, 안하려면 치우고 驛馬로서 네가 쓰거나 말거나, 오르고 내리거나, 멀리 가고 오거나, 넣거나 빼거나 그렇게 조건부로 씁니다.

그래도 이것은 그런대로 괜찮게 쓰는 것이에요. 원래는 空亡이 더 심하게 당하는 것입니다.

그다음에 刑도 刑殺이라고 하는 가공, 기술성이라는 刑의 고유의 동작이 있습니다. 가공, 기술, 제어, 형벌 이런 것들을 조건부로서 씁니다. 조건부는 조건부인데 冲보다 화끈하지는 못합니다. 冲은 '화끈하고 치고받고, 주고받고' 인데 刑은 빼딱하게 '스리쿠션'을 넣는 것이죠. 때리기는 때리는데 벽 맞고 때리는 것으로 그것이 더 고급기술이라고 볼 수는 있는데 冲만큼 화끈하지는 않습니다.

그다음은 怨嗔입니다. 怨嗔은 빼딱한 것, 작은 것 예를 들어 둥근 항아리가 아니라 옆구리가 나간 항아리와 같은 것입니다. 탁주집 주전자 보면 몇 번 던져 쭈글쭈글해 있는 것이 怨嗔입니다.

그다음에 空亡, 空亡이라는 것이 무력화시키는 중요한 도구가 되는 것입니다.

그다음에 冲 맞고, 合 맞고, 空亡 맞고 종합선물이 나옵니다. 冲 맞은 곳에 다시 怨嗔해 버리고, 空亡해 버리면 이 사람은 결국 관중석 중에서도 제일 뒤편 관중석이 되는 거죠. 이게 바로 비빔밥입니다. 그러니까 깨어진 팔자라도 (1~4)이 안에만 들어와도 괜찮아요.

1	合 : 加勢, 弱勢
2	冲 : 조건부
3	刑 : 가공, 기술, 제어, 형벌 (조건부)
4	怨嗔 :
5	空亡 :
6	비빔밥 : 상기의 것이 뒤죽박죽 섞인 것

1~4안에만 들어와도 되는데 이 안에도 못 들어오고 바로 비빔밥으로 가는 것이 대부분의 팔자입니다.

1~4 정도만 되도 대부분 조직으로 치면 일국의 고급관료 정도는 됩니다. 이 안에만 들어오면 장사를 해도 명함을 뺄 만한 반반한 사업체를 하고 있는 겁니다. 그런데 대부분 이마저도 안 됩니다.

 그래서 우리는 이 비빔밥을 사주로 더 많이 연구해야 되는 것입니다. 이 비빔밥에게는 팔자를 말하지 말고 차라리 '인생이란 해 뜰 때가 있고 볕이 질 때가 있다', '사노라면 언젠가는 좋은 날도 온다'는 인생을 말해줘야 합니다. 사주가 정신적인 면에서 종교적인 기능마저 하게 되는 이유입니다. 成格은 참으로 드물거니와 破格도 제대로 생긴 破格만 와도 굉장히 좋아요. 왜냐하면, 破된 모양의 직업을 가짐으로써 사회적으로 굉장히 번영을 하기 때문입니다.

 도넛의 아픔은 空亡의 아픔에서 나왔습니다. 그런데 오히려 우리가 주로 먹는 밥을 파는 것 보다 껌 장사가 더 돈을 버는데 이것이 空亡의 비밀입니다. 아픔은 있지만 空亡도 랭킹 안에 들어가는 겁니다.

 그래서 六親에 의한 破格의 등급을 쪼개어 놓고 '이 사람은 밥을 파는데 驛馬殺 위에 밥그릇을 놓았으니 역에서 팔겠다, 학교에서 팔겠다' 하는 식으로 破의 모양새를 따라서 그대로 갑니다.

時	日	月	年	命
	壬			
	寅	午		

 음식의 예를 들어 봅시다. 食神이 財星을 돕는 모양으로 食神이 財星과 合을 이루고 있으면서 財星을 확고하게 해 주죠? 이런 모양은 '정품, 정량, KS' 라고 써 놨습니다. '아침에 만들어 점심에

배달하고' 寅이 아침이죠. 그래서 우리는 '매일 사람들 지독하거니와' '매일 먹는 매일○○' 란 광고카피를 기억합니다.

아침에 바로 만들어서 점심에 결제 받고, 아침에 배달해서 바로 점심에 결제를 받는 모양입니다. 그리고 정품, 정량으로 이런 모양이면 참 좋겠는데,

時	日	月	年	命
	壬			
	子	寅	午	

이런 모양이 되면 어떻게 됩니까? 寅木이 空亡하여 있죠? 생긴 것 보니 이것이 食神인데 空亡하여 있습니다. 空亡해 배도 안 부른 것이 입으로 들어간다면 이 사람은 무슨 장사를 하겠습니까? 食神이 財와 무리지어 있잖아요. 앞의 명조가 정식을 배달했다면 이 양반은 뻥튀기, 빵을 배달합니다.

그다음에 여기서 寅이 食神이 아니라 傷官이 되었다면 '寅午合偏財' 했으니 그것은 주로 먹는 재료로 만든 것이 아니고 과자, 껌, 커피, 술입니다. '뽕 가는' 것도 傷官, 官을 깨트리는 것이죠.

그다음 빵이 아니라 케익이라서 무늬도 그려 놓았다는 것이죠.

傷官이란 것이 '무늬 넣는다, 때깔 나게 만든다. 안 먹어도 된다'는 것들입니다. 이것에 의하여 속성이나 성분이 바뀌죠.

時	日	月	年	命
	癸			
	丑	寅	午	

時	日	月	年	命
	癸			
	丑	寅	申	

거기에 뻥튀기를 기차게 만드는 재주가 있는데 년에 申이 와서 두드려 펴놨다는 거죠. 두드려 팬 傷官이라는 겁니다. 그렇다면 역동성, 움직인다는 것이죠.

역동성을 가지고 움직임에 관련된 것은 예술 중에서 스포츠, 예술성 스포츠로 써먹을 수도 있고 이것을 먹는 것으로 친다면 '傷官에 空亡에 冲 맞고 刑 했으니' 음식물이 아니라 약물인 것입니다. 그래서 이게 나쁜 것이 아닙니다. 비빔밥도 그 조건부로만 잘 맞추어 주면 된다는 거예요. 약물성분이 들어가는 것이 커피하고 술인데 이 장사가 정말 하기 싫어서 밥장사를 하니까 잘 안 될 뿐 아니라 아예 망할 때가 많더라는 것이죠.

〈1번〉

時	日	月	年	命
壬	癸			
子	丑	寅	申	

〈2번〉

時	日	月	年	命
	癸			
午	丑	寅	申	

이 경우에는 偏財가 있는 팔자와 없는 팔자를 비교한다면 2번 팔자는 결제가 잘 됩니다. 환금성이 빠르다는 뜻이니까 이것이 없어 1번 명조 같은 경우에는 寅中의 丙火가 펼쳐질 때 결제가 되고 丙火가 닫혀 질 때는 안 됩니다. 사업적으로 결제가 잘 될 때 있고

안 될 때가 있고 왕래, 반복한다는 것이죠.

이것을 대전제로 해 놓고 운까지 쫘~~ 열어 보아요. 운까지 열어 보면 가야 할 길이나 제한된 분야가 어느 정도 정해져 있는 것입니다.

1번 팔자는 재물을 보존하는 수단이 '印星-申'에 있습니다. 冲 맞은 곳에 있지만 印星과 比劫에 있습니다. 比劫이 있으면 동업환경에 의하여 내가 희생을 시키는 양상이면 오히려 편하게 가고, 투자 환경에 가는 것이 아니고 상대방이 주도를 하든지 아니면 印星에 의한 것이니까 주로 부동산이나 문서재산에 의하여 재산 형태를 갖추니까 잘 되더라는 것입니다. 이것은 팔자를 보고 미리 정해 놓아야 됩니다.

易學하는 사람 중에 제일 조심해야 될 말이 '만사형통(萬事亨通)한다'인데 그런 말 절대로 하면 안 됩니다. 만사형통이란 대자연에 없는 것이고 이 운에 '무엇이든지 하면 된다' 는 것도 절대로 없습니다. 팔자 안에서 제한되어 있거니와 운에 의해서 제한되는 것이 많다 이말이죠. 비 오는 날 우산을 팔아야 하듯 운에 의해서 제한 받는 것도 많다는 것을 참작한다면 절대 만사형통은 없습니다.

이런 것을 가지고 자꾸 연습해 보세요. 이것을 가지고 '冲이다'라고만 하는 것이 아니라 申에 의하여 간섭받은 寅, 일주에 의하여 空亡 맞은 寅, 寅에 의하여 간섭받은 申, 어떤 형태로 존재 양식을 갖추겠느냐 하는 것만 눈에 들어오기 시작하면 이렇게 현실 속에서 그대로 다 적용이 되는 것입니다.

그다음에 이 동네(寅)는 뭐예요? 주택가일 것이다. 역(驛)일 것이다? 그래서 역전 커피라는 거죠. 이런 식으로 글자를 가지고 쭉 확장을 해 보라는 것이고 그것이 사실은 그 사람의 직업을 거의 꿰

뚫는 방법입니다.

　옛날 제산 선생님 이야기를 해 드릴게요. 이렇게 한 번씩 분석하는 것이 면도칼 기법이거든요. 인생의 핵심적인 것에 면도칼을 넣을 때는 이것을 홈런이라고 하는 거예요.

　팔자를 이런 식으로 접근하다 보면 홈런을 치고 싶고, 또 치기 쉬운 공이 있습니다. 보통 사람이 보면 아닌데 내가 치면 홈런인 공이 있다는 말입니다. 대부분 다 2루타 정도만 하면 돼요. 면도칼을 넣고 홈런을 치려면 이것을 연습해야 됩니다.

　어느 양반이 자기 친구를 데리고 제산 선생님을 찾아갔습니다. 이 양반은 사업을 다 털어먹고 마산의 한 시장 모퉁이에서 콩나물 장사를 했습니다.

　제산 선생님께 가만히 보고 있다가 "이 사람이 장사는 장사인데 풀 중에 이상하게 생긴 풀을 장사한다. 생긴 것을 보니까 이게 콩나물이 아니면 뭐다."고 한 것입니다. 손님 입장에서 까무러치잖아요. "거기에 콩나물이 쓰여 있습니까?"고 물었습니다.

時	日	月	年	命
	辛			
	亥	卯		

　이 글자(卯)인데 이게 콩나물이죠. 유통은 유통으로 콩나물 유통인데 합도 되고 물에 젖었다(亥卯 合), 물에 젖었고 空亡했고, 空亡 안 했으면 시장이 큰 곳이란 말이에요. 조금 폼 나고 규모가 있는 곳인데 이것이 空亡했는데 이게 물을 뿌려 놨단 말이죠.

　이런 모양을 가지고 운에서 보니까 辰 운에 와 있더란 말이죠.

傷官이 금전 활동, 재물활동, 사회활동을 여는 중요한 창고인데 辰운에 오니까 傷官이 入庫하였다는 거죠. 入庫하였다는 것은 쭈그러 앉았다는 거죠. 食神, 傷官이라는 것이 활동능력인데 토끼 앞에 쭈그려 앉아 있다면 토끼 장사가 아니면 콩나물 장사다라고 풀었습니다.

辰운이 풀리고 나면 巳와 亥가 驛馬의 속성을 띄기 시작합니다.
이것이 충돌하여 주로 많이 움직이는데 이것이 주로 먹는 것 중에서 기호식품이나 술로 간단 말이에요. 그런데 그것을 한자리에 앉아서 하기보다는 다니면서 하겠죠.

時	日	月	年	命
	庚			
	寅	亥	未	

이런 모양을 가진 사람이 몇 년 전 庚辰년에 무슨 일이 있었는지 설명하겠습니다.

食神 亥와 未가 흙이 간섭하는 돼지입니다. 印星이 간섭하는 것도 되고 돼지가 간섭하는 흙도 됩니다. 그런데 未가 空亡의 자리에 놓여 있어서 이 亥水를 중요하게 쓰는데 이 亥水가 결국 偏財를 가지고 오는 놈입니다.

이 사람이 돼지를 키웠는데 "卯년에 이르면 필시 돼지가 서서히 병들 것이다." 그러니까 壬水(亥)가 卯를 만나 死하고 辰을 만나 필시 入墓하니 "돼지가 떼로 한 번 죽을 것이다."라고 말할 수 있는 것들이 글자들의 모양을 잘 보면 됩니다. 이런 것을 절대 '食神格' 같은 것으로 해석되지 않는다는 것입니다. 말 그대로 물상으로 그대로 취해서 그 사람이 올 수 있는 것을 이야기해주는 것이에요.

거기서 홈런이 나오는 것이에요. 그런데 매일 홈런을 날리면 안 됩니다. 앞에 줄 서는 사람들로 터져 나가버립니다. 줄 서면 그때부터는 2루타만 날려야 해요. 2루타, 1루타 피곤할 때는 한 번씩 도루해야지요.

한 참 맞히기를 잘하고 홈런을 날리고 싶을 때는 이것을 반드시 많이 해야 돼요.

時	日	月	年
丁	庚		
亥	辰	子	

命 – 壬운을 만나면

청명하게 생각을 많이 돌려서 하면 이런 팔자에서 대운이 壬운을 만났거나 세운에서 壬운을 만났을 때 壬이 丁을 묶어서 丁火의 빛을 흐리게 하죠. (木의 인자는 丁이 木인데 계절적으로 子월 겨울이라서 丁壬 木이 제대로 되는 것은 아니죠.)

이럴 때 카드가 딱 세 개입니다. 첫째 이 팔자에 傷官이 세력이 있어서 범법의 인자가 수시로 생길 수 있는 그릇에 正官이 매광(埋光) 되었으니 경찰이 사라지고 傷官이 득세를 하니 이것은 범법적인 행위가 올 수도 있습니다. 둘째 丁火라고 하는 것이 몸의 활동성을 제어, 조절하는 調候的인 중요한 역할이어서 심장이나 시력의 기운을 담당하는데 이 빛이 묻혔단 말이에요.

셋째 壬水가 와서 木을 쫓았으니 뭔가 새로운 일을 도모하는데 丁火의 빛을 잃으니까 허리를 숙이거나 도둑질을 하려는 마음으로 재물을 꿈꿀 수 있다는 겁니다. 거기에 세 가지 상황으로 분석할 수 있잖아요? 이것을 자세하게 2~3년 전의 상황 등을 보면 "이 사람 쇠고랑 찼지요?" 입니다.

우리가 홈런을 칠 때 그렇게 친단 말이에요. "이 사람 쇠고랑 찼제!", 쇠고랑 찬 것 같기도 하고 몸이 간 것 같기도 하고 헷갈린단 말이에요. 그다음에 무엇인가 남의 눈을 속이면서 財를 취하려는 것이죠. 대충 2루타 정도로 마감하고 싶다면 '햇빛 못 보고 있제!' 이러면 돼요.

맞잖아요? 감옥소 간 것도 햇빛 못 본 것이죠. 실제 시력이 간 것도 햇빛 못 보는 것입니다. 돈을 벌기는 버는데 뭔가 어둠의 방법을 동원해가지고 사는 그것도 햇빛 못 본다는 식으로 해서 2루타로 마감하는 방법이 있고, 홈런을 치는 방법도 있는데 결국은 이 地支의 기본 모양을 자세히 관찰함으로써 그 사람이 놀고 있는 그 자리까지도 정확하게 안다는 것이에요.

그래서 이 돼지 亥가 하나도 子가 옆에서 간섭하는 돼지, 丑이 옆에서 간섭하는 돼지, 寅이 붙들고 있는 돼지가 다 다릅니다. 이 조합의 숫자가 굉장히 많지만 자꾸 훈련하다 보면 저절로 된다는 것이죠.

'寅亥', '역(驛)앞에 돼지가 있다' 함은 돼지가 아니라 뚱뚱한 놈이 서 있는 것이라고 하는 것이죠. 역 앞에 뚱뚱한 놈이란 자판기를 일컫는 것이겠죠. 이렇게 물상에서 취해서 올라가는 방법이 바로 이런 글자의 간섭에 의한 것이냐를 살펴서 확대해 나가고 이러한 것들이 우리가 六親 地支를 분석해 나가는 방법이 되는 것입니다.

그다음에 神殺에 의한 것을 병행해서 해석하면 됩니다.

1	合 : 加勢, 弱勢
2	冲 : 조건부
3	刑 : 가공, 기술, 제어, 형벌 (조건부)
4	怨嗔 :
5	空亡 :
6	비빔밥 : 상기의 것이 뒤죽박죽 섞인 것

여기 써 놨습니다. 神殺에 의한 피해, 그다음에 위의 표 「1~6」 전부 「合, 刑, 冲, 破, 害, 空亡, 비빔밥」월에 의해 제한되는 것이라면 子가 간섭하는 亥, 丑이 간섭하는 亥도 마찬가지죠.

時	日	月	年	命
亥	寅			

'時에 있는데 범이 붙들고 있는 돼지'라 함은 이렇게 확대 해석을 해 주어야 됩니다. 神殺이라는 것이 巳가 있으면 冲 맞은 것이 되죠. 冲에 의한 것, 이런 식으로 확대될 수 있잖아요.

그래서 이 훈련을 하다 보면 만 가지 직업도 거의 다 분류됩니다.

내가 이제 직업론을 분류해 나가는 단계나 논리를 개괄하였고 다음 시간에는 이것을 확장해서 陰陽만 가지고 이 사람이 왜 이 직업인지를 연습해 보도록 하겠습니다. 이런 측면에서 기존 자료를 가지고 잘 생각해 보도록 하세요.

학생 질문 – 이 명조에서 巳운이 오면 그만 두는 것 아닙니까?

時	日	月	年
	辛		
	亥	卯	

命

– 巳운이 왔을 때

선생님 답변 – 충동에 의해서 그만두는 것 보다는 예를 들어 辰은 굴복하여 엎드리는 것이거든요. 入墓조. 그런데 巳는 충동하여 움직인다는 뜻이에요. 巳가 와서 亥를 沖하여 돼지가 뱀에 쫓겨 간다는 것은 '쫓긴 돼지' 입니다.

운은 항상 임금이고 팔자 안에는 항상 신하라고 보면 됩니다. 글자의 간섭에 의해서 이제 卯가 콩나물도 되었다가, 포목도 되었다 한단 말입니다.
포목이 될 때는 양 未자가 와서 모든 것이 환해 질 때입니다. 또는 卯를 加勢하여 만들 때 포목, 장식, 세워 올려서 꾸미는 것이잖아요. 토끼 귀도 마찬가지입니다. 그래서 이제 그런 쪽으로 써먹다가 辰이 와서 亥水가 入庫하면서 이 卯를 내가 천한 토끼로 쓰게 되더라, 그러니까 쭈그려 앉아서 콩나물을 다루더라는 것이죠.

학생 질문 – 辛일주가 丑 偏印을 쓰는데…

時	日	月	年	**命**
	辛			
巳	丑			

선생님 답변 – 丑을 다 偏印으로서만 취급해서는 안 됩니다. 辛丑일주라면 子의 연장선[12]으로 봐야 됩니다.

팔자에 뱀 巳자 이런 것이 드러나면 丑이 변색되어 버립니다. 대체로 이런 경우에 子가 餘氣로 넘어와 있어서 하는 것이니까 주식류 중심으로 가야 되겠죠. 이때는 偏印간섭을 많이 볼 필요는 없습니다. 대체로 '잘라서만 판다'는 식으로 간단한 偏印이에요. '잘라서만 판다'는 불고기를 만들기 위해 양념을 막 집어넣어 하는 것이 아니고 바로 잘라서 '칙~~' 하고 엎어버리는 것이죠. 偏印이 세력이 있으면 많이 쓰고 偏印이 세력이 없으면 약하게 씁니다. 그래서 '구워만 드립니다'는 식이 됩니다.

우리가 뒤에 神殺論的으로 확장해서 소가 天殺인자에 해당할 때 보통 '꺼린다' 라고 하는 입장에 있는데 자기가 운이 좋을 때는 '天殺을 극복하여' 가 됩니다.

오랫동안 하면 피곤하기는 피곤한데 '그것을 극복하여 가장 빨리 도약하고' 가 됩니다. 이런 식의 神殺 적용법이 있는데 지금 우리가 다루고 있는 측면에서 운을 연다는 차원이 아니라 팔자에 생

---

12) 子의 연장선 – 丑에는 子의 餘氣가 넘어와 있는데 실제 土의 기운 외에 子의 기운도 왕성함을 의미한다.

긴 모양 그대로를 닮은 꼴로 사용하여 물속에 들어갈 때는 장화를 신어야 되고 수영복을 입어야 되죠. 친수(親水)的인 모양을 취해야 쉽게 볼일을 보더라는 것이죠. 그래서 이 丑의 모양새와 대체로 닮은 모양일 때 쉽게 하는데 偏印 속성이 두드러지지 않으므로 요리를 많이 하지 않고 그냥 가공만 살짝살짝 해서 썰어만 주든지 하는 식의 식육식당 형태로 가는 것이죠.

학생 질문 – 올해 壬寅일주가 合 중에 相冲을 하면?

時	日	月	年	命
	壬			
	寅	午		

선생님 답변 – "아! 그렇죠!" 올해 壬寅일주가 개구리가 되죠. 寅木이 未년이나 申년에 入庫하고 絶地가 되죠. 대부분의 壬寅일주들이 고생하고 있습니다.

오늘 마지막 손님 보셨죠? 지금 장사가 안 되고 있는데 접는 것도 쉽지 않아 고생하고 있습니다.

時	日	月	年	命
	壬			
	寅	申	午	

이런 형태는 가공이 들어가는 것이죠. 가공 또는 수출입 품목,

驛馬속성이 강하니까 수입고기를 판다는 겁니다. 그다음에 가공성이 들어간다는 것은 햄을 쓰는 것이 낫겠다, 생고기를 쓰는 것이 낫겠다? 이런식으로 가공성이 발생하거나 驛馬속성이 발생하는 것을 다룰 때 그대로 쓸 수 있습니다.

이 세상에 나쁜 팔자가 없습니다. 우리가 생각하면 위생업 같은 것이 팔자가 어지러워서 하는 것 같죠? 절대 안 그래요. 오히려 반반한 팔자들이 위생업을 크게 하고 있어요. 어떤 사람들이냐면 팔짱을 끼고 돈을 버는 사람들이에요. 다루는 물건은 그렇지만 반듯한 팔자들이에요.

時	日	月	年
	庚		
亥	辰		

命

다루는 물건이 상기와 같이 생겼어요. 이 亥水라고 하는 것은 만물이 한번 陽 운동으로 펼쳐졌다가 다시 陰 운동으로 극대화된 것이죠.
亥는 일종의 재생창으로 六陰之處로서 몸에서 무거워져 떨어져나가는 것이란 말이에요. 그래서 이것을 밥그릇으로 삼는데 이것이 怨嗔을 하니까 고개를 돌리는 돼지인데 결국 이것이 운에서 잘 열어주고 있으니까 위생업으로 돈을 크게 벌고 있더라는 거예요.
돈은 亥중에 甲木 偏財로 들었는데 이것이 돈인지 모르죠. 깎지도 않습니다. 다른 것은 다 세일을 해 주는데 저것은 세일도 안돼요. 그것이 怨嗔의 모양을 그대로 취하였으니, 怨嗔이란 '눈을 삐딱하게 뜬다', '바르게 바라보지 않는다' 는 뜻이에요. 그럴만한 재료가 있습니다.

제2강

제 3강좌 : 陰陽에 의한 직업론(1)
조후적인 요소로서 팔자를 분석한다

지난 시간 뭐 했는지 기억이 나십니까? 우리가 빨리 팔자를 해석하기 위한 중요한 도구와 과정이거든요. 그래서 도구를 하나씩 연습해 보는데 지난 시간에 팔자 干支가 나오게 될 때 첫 번째 툴이 陰陽, 陰陽的인 측면에서 우선적으로 보는 것이 調候라고 했습니다. 調候的인 측면에서 大陰陽, 調候는 陰陽의 큰 기둥이라는 것입니다.

1	陰陽 : 調候
2	五行 유무/강약
3	干支
4	格用
5	神殺

陰陽과 調候라고 하는 것이 어떻게 그 사람 팔자에 만들어져 있는가를 나누어 보고 그다음에 五行的인 측면에서 있고 없는 것이 어떤 차이가 나느냐?를 보았습니다. 그다음에 강약으로 陰陽과 五行的인 요소에서 이 부분만 잘 분석이 되어도 사실은 팔자 해석을

위한 논리가 거의 3분의 1은 다 만들어집니다. 이것이 한눈에 보여야 된다는 것이죠. 세 번째가 干支였죠. 네 번째가 格이나 用이라고 했죠. 格用의 破格이라는 측면에서 破格의 등급이나 모양 이런 것을 보는 것이었고, 그다음에 나머지 神殺이 있었습니다.

해석을 위한 재료도 格用이나 神殺 이 부분에서도 다양한 해석을 위한 재료가 포함되어 있지만, 첫 번째 여기에 적어도 100점 만점이 있다고 한다면 陰陽이나 五行 이 부분에서 30점~50점까지 먼저 기본적인 베이스를 준다는 거죠. 그러니까 최소 30점 먹고 들어갑니다. 다시 말해 調候가 맞아 있다는 것, 五行 유무나 강약이 조화되어 있다는 것은 그 자체만 가지고도 30점 먹고 들어갑니다.

四柱 干支에 접근하는 방식에 있어서 사주 干支에 있는 이것을 하나의 작은 우주, 사회, 어떤 지역으로 봐도 좋습니다. 그래서 팔자 해석을 할 때 타고난 干支 모양의 우주 속에서 이 사람은 태어났다고 보는 거예요.

時	日	月	年	命
午	辰	寅	子	

이런 식으로 地支 모양을 갖추고 있을 때는 이렇게 생긴 우주나 사회나 지역 또는 환경 속에 살아가는 기본 특성을 이야기하는 것입니다.

그런데 여기에 調候的으로 많이 기울어져 있다면 지구이 극지방에 태어났다는 것과 같은 것인데 자기가 어떤 극단성의 상황을 벗어날 수 있는 힘이 있다 하더라도 그것이 사회적인 능력으로 연결되는 것은 힘들다는 것이죠.

그래서 이제 이 부분에서 사계절이 뚜렷한 기운을 가지고 왔다는 것은 말 그대로 어떤 기운이 극단에 치우치지 않도록, 더우면 에어컨 나오고 때때로 비 오고, 지나치게 추우면 또 따뜻하게 덥혀주고 하는 중화적인 환경을 만들어 줌으로써 극단에 치우치지 않도록 한다는 것이죠.

기본적으로 극단의 환경이 만들어지지 않는 것은 이 30점을 기본적으로 어느 정도 채우고 간다고 보면 됩니다. 이상적으로 地支가 어느 글자에 치우침 없이 섞여 있다는 것만으로도 30점을 무조건 먹고 들어갑니다. 그러니까 정상적인 삶이나 정상적인 궤도 속에서 그 사람 삶의 선택이 이루어진다고 보는 거죠.

이것이 '쭈그리를 찾았습니다. 남들에게는 꿈이지만 자신에게는 생활입니다' 라는 TV 카피에 잘되어 있습니다.

기억납니까? 이것이 잘 되었다는 것이에요. 개 찾는 것도, 괜히 개를 딴 사람이 찾아 가지고 씻기잖아요. 물 나오게 하는 것도 밖에서 나오게 하니까 기본적으로 조절력이 극단성으로 가는 것을 막는 장치가 충분히 있다는 것이죠.

'충분히 있음' 으로써 벌써 30점 먹고 들어가는데 말 그대로 '시티즌'으로 남들에게는 꿈이지만 뭐에게는 생활입니다. 'LG 뭐 이러쿵저러쿵' 하고 나오죠.

'30점을 먹고 들어간다'는 것이 그 사람 삶의 극단성이 만들어지느냐 만들어지지 않느냐 하는 것의 해석을 하는 중요한 베이스가 되는 것이죠.

보통 자살을 한다든지 삶의 극단에 있는 사람들은 약 10명 중에

5명 정도가 陰陽의 調候가 허물어져 있어요. 어느 한 쪽 극단으로 가 있는 팔자들은 번영이 올 때 크게 발달하지만, 쇠퇴가 올 때 크게 온다는 거예요. 그래서 調候的인 것을 보고 기본적인 해석의 바탕에서 정상적인 궤도냐 기울어진 궤도냐 이것을 봐 준다는 것이죠.

오늘 샘플을 가지고 연습을 해 보도록 하겠습니다. 나머지 干支, 格用은 워낙 시간도 많이 걸리고 앞으로 한 개씩 밖에 못하고 또 하다가 안 되면 1, 2, 3, 4로 나누어 하겠습니다.

오늘 干支와 格用 두 개 할 수 있고 아니면 이것만 가지고도 대화등을 통해 할 수도 있습니다. 공부를 열심히 하는 사람은 調候만 가지고도 陰陽 1, 2, 3, 4라고 한다니까요. 아마 오늘은 五行의 유무, 강약까지 끝날 것 같습니다. 그래서 陰陽하고 五行, 이런 것을 실제로 팔자로 보아 나갈 때 어떻게 다가갈 것이냐 하는 것을 보자는 겁니다.

제일 먼저 地支 모양을 볼 때 甲~癸까지 天干을 먼저 보게 되고 또 地支에서 子~亥까지 나아가죠. 나갈 때 陰陽的인 측면에서 분석하는 방법들이 여러 가지가 있는데 하나하나씩 다루어 보겠습니다.

우리가 甲이라는 글자 하나를 보았을 때 단순하게 생각하는 것은 이것이 '木이다', '干支 첫 번째 운동이다', '솟아오른다'고 속성을 추측해 볼 수 있습니다.

그런데 甲이라고 하는 것의 운동성으로 생각한다면 甲, 乙, 丙, 丁, 戊까지 陽운동으로 보태어지는 것이 됩니다.

　己에서 癸까지 운동방향을 생각한다면 이것은 陰陽을 취하는 방법이 될 수 있다는 거죠.
　처음에 글자 자체의 陰陽을 따져 보자는 거죠. 乙은 마이너스입니다. 글자 자체의 陰陽이 나오죠. 그다음에 선천과 후천을 끊어서 甲, 乙, 丙, 丁, 戊 자체를 天이라고 표현하고 己, 庚, 辛, 壬, 癸를 地라고 표현하는 것을 보았습니까? 보통 干合을 표현하면서 해 놨죠. 또한, 甲, 乙, 丙, 丁, 戊 전부 다 陽에 속하고 그다음에 己부터 庚, 辛, 壬, 癸까지는 陰에 속합니다.
　이 안에서 좀 더 정밀하게 쪼갤 수 있을 것이고 운동, 방향성에 대해 조금 더 陰陽을 쪼갤 수 있는데 기본적으로 우리가 흔히 생각하는 것은 글자 자체 고유의 陰陽인데 이것을 우리가 가지고 생각을 해 보자는 겁니다.

	甲	乙	丙	丁	戊	己	庚	辛	壬	癸
1	+	−	+	−	+	−	+	−	+	−
2	+	+	+	+	+	−	−	−	−	−

甲은 뭐예요? ++이죠. 乙은 +-, 丙은 ++, 丁은 -+, 戊는 ++, 己는 --, 庚은 +-, 辛은 --, 壬은 +-, 癸는 --.

'이것을 무엇 때문에 하고 있는 것이지?' 하는 사람들이 있겠지만 써먹을 곳이 있어서 하는 것이에요. 이렇게 기본적으로 陰陽的인 운동방향에 의해서 陰운동과 陽운동의 기본 운동성 속에 있다는 것입니다.

물론 속성을 더 취해 볼 수 있지만 이 정도만 확장해 보자는 것이죠. 여기에서 甲이라는 글자 자체에 대한 이해를, 이제는 '甲, 乙, 丙, 丁, 戊 나갈 때도 乙, 丁, 庚, 壬은 陰陽이 섞여 있구나!' 하는 것을 알 수 있죠.

乙, 丁, 庚, 壬은 대체로 인간이 써먹기 좋은 요소를 가지고 있다는 것이죠. 논리 확장의 첫 번째를 이야기한 것이에요.

乙하고 丁이 팔자 안에 있다든지 그 사람이 태어난 날에 있다 할 때는 어떤 삶의 陰陽的인, 調候的인 측면을 볼 때 글자 자체의 큰 운동성에서 庚 같은 경우는 이 자체가 중화를 얻었다는 것이죠. 즉 陰운동이라든지 중화적인 성격을 가지고 있다는 것입니다.

乙, 丁, 庚, 壬 이런 것들은 주로 인간이 살기 좋은 환경이란 뜻입니다. 甲, 丙, 戊, 己, 辛, 癸 이것은 陰陽的으로 치우쳐 있기 때문에 성패(成敗)가 분명해지죠.

이런 중화적인 것을 얻은 것은 대체로 '극단성이 적다'라고 봅니다. 그래서 우리가 어떤 팔자를 볼 때 중요한 것을 판단해야 될 상황에 乙일주는 '웬만하면 괜찮을 것입니다'고 해야 된다는 것이죠. 丁일주도 마찬가지입니다.

이 사람의 운동방향은 陰陽的인 속성이 섞여 있기 때문에 극단을 잘 가지 않는다는 것이죠. 그래서 항상 보험처리를 잘하는 일주들도 乙, 丁, 庚, 壬 이런 것들의 속성이 보험처리를 해 가며 설친다는 것이죠.

　　그래서 나머지는 대체로 성패가 분명한 반면에 乙, 丁, 庚, 壬은 극단성이 약함으로써 최고 잘 되는 지점이 뚜렷하지 않다고 하더라도 또 극단적으로 나쁜 모양을 잘 가지 않는다는 것이죠.

　　이렇게 글자 자체에서 글자 하나만 취해가지고 乙, 丁, 庚, 壬 이것이 '인간이 살기 좋은 모양새이구나!' 하고 나머지는 '성패, 길흉이 분명하게 나갈 수 있다'는 기본적인 분석이 됩니다. 이런식으로 天干이나 地支의 모양도 만들어 볼 수 있는데 일단 天干에서는 乙, 丁, 庚, 壬이 '인간이 살기 좋은 궤도 속에 있다'는 것입니다.

　　乙庚이 춘추입니다. 丁壬은 초겨울과 여름의 작열하는 기운, 생명력을 잉태시키는 기운입니다.

　　그다음에 춘추는 가성하고, 봄과 가을이 만나면 꽃피고 열매 맺는 것이 이루어집니다. 그것이 팔자에 일주가 아니라 옆에만 있어도 중화적인 역할이나 기운이 있다고 보라는 거죠.

　　天干은 이 정도만 분석해 놓고 '극단성이 있겠다, 없겠다' 정도만 따지면 되는데 地支는 조금 더 복잡합니다. 地支는 표[13]를 잘 만들어 봅시다.

---

13) 1 - 地支 순서의 陰陽을 기준으로 나눔.
　　2 - 五行 - 金水를 陰으로, 木火를 陽으로 본다.
　　3 - 陽氣나 陰氣가 일어나는 기운적인 방향을 따진 결과 子에서 1陽이 일어나는 것을 기준으로 子~巳까지가 1陽에서 6陽까지 형성됨.
　　4 - 三合의 結局 (寅午戌 - 火 + / 申子辰 - 水 - / 亥卯未 - 木 + /巳酉丑 - 金 -)

	子	丑	寅	卯	辰	巳	午	未	申	酉	戌	亥
1	+	−	+	−	+	−	+	−	+	−	+	−
2	−	−	+	+	+	+	+	+	−	−	−	−
3	+	+	+	+	+	+	−	−	−	−	−	−
4	−	−	+	+	−	−	+	+	−	−	+	+
合	+2 −2	+1 −3	+4 −0	+3 −1	+3 −1	+2 −2	+3 −1	+2 −2	+1 −3	+0 −4	+2 −2	+1 −3

이것을 조금 더 쪼갤 수 있는데 일단 제일 간단하게 가지고 있는 운동 글자 자체, 五行的으로 기운적인 방향, 三合의 결과물입니다. 여기서 六合的인 부분을 확장해 볼 수 있는데, 이 정도만 쪼개 보자는 것이죠.

'범을 보면 뭔가 판세가 많이 바뀔 수 있겠구나!' 라는 게 보이죠? 범을 만나면 사람이 개구리가 되든지 용이 되든지, 어떤 운동 속에 집어넣어 보더라도 범은 어떻습니까?

뱀 巳 그 글자 자체가 밖으로 드러난 인자로서 陽氣가 六陽之處에 이르러서 굉장히 더운 기운이나 이런 것이 밖으로 펼쳐져 있지만, 안으로 그것을 지탱할 만한 陰氣를 안으로 그대로 가지고 있다는 것이죠. 그러면 巳 대운은 '울다가 웃다가, 웃다가 울다가' 가 되겠죠? 그러니까 결국 '맛이 가고', 뒤에 가면 엄청난 해석의 수단이 돼요.

2초 안에 끝내는 방법이 뭡니까? 간단하게 여인이 辰, 巳 대운을 지나가고 있었다면 볼 것 없이 과부라고 써 주면 됩니다.

"과부 아닌데요!?" 하면 "신랑 있는 과부!", "아닌데요." 하면 "시끄럽다" 이렇게 쓰면 돼요.

그렇게 써도 맞는 이유는 근본적으로 결국(結局)의 인자가 陰으로의 인자로 갑니다. 三合이라는 것이 사회적인 관계라서 그 사람의 地支나 대운이 간섭하는 인자가 수시로 다른 기운의 변화가 올 때 陰운동을 만들어 낸다는 것이죠. 陰으로 작용하니까 서방은 있는데 '보듬으면 반타작' 밖에 안 된다는 것이에요.

상기의 표를 잘 연구하면 '인간은 누구나 이 길을 갈 때 다 이 지랄병을 하면서 사는구나'가 보여요. '지랄병'이라면 표현이 거칠지만, 인간은 누구나 아침 다르고 저녁 다른 약간의 환자기질이 있거든요. '어제 내가 왜 그랬을까?' 하면서 시간이 결국 뭐든지 변화하게 할 수밖에 없는 것이니까요.

그다음에 午+3-1 / 未 +2-2 / 申+1-3, 그다음에 酉가 陰 4개로 몰렸죠.

'야! 닭 酉자 하나 잘 못 만나면 죽는구나!'를 알 수 있겠죠. '닭과 범이 뭔가 陰陽의 운동 방향성에 극단으로 쏠리는 놈이구나' 하는 것을 알 수 있겠죠.

개 戌자는 +2 -2. 돼지 亥자는 +1, -3/

이렇게 陽氣의 극단을 만들거나 陰氣의 극단을 만든다는 것은 寅과 酉라는 시간 속에 사람은 뭔가 큰 변화를 겪게 되는 중요한 통로가 된다는 것을 알 수가 있습니다. 그래서 陰陽的인 속성을 어떻게 취해오느냐에 따라서 이 수치를 바꿀 수도 있습니다.

조금씩 비율을 바꾸어 볼 수 있는데 우리가 흔히 가장 활발하게 해석되어지고 작용되어지는 것들은 이렇게 본다는 말이고, 여기다 조금 더 첨가해서 보는 것은 이렇게 묶습니다. (子, 丑)

	子	丑	寅	卯	辰	巳	午	未	申	酉	戌	亥
1	+	−	+	−	+	−	+	−	+	−	+	−
2	−	−	+	+	+	+	+	+	−	−	−	−
3	+	+	+	+	+	+	−	−	−	−	−	−
4	−	−	+	+	−	−	+	+	−	−	+	+
合	+2 −2	+1 −3	+4 −0	+3 −1	+3 −1	+2 −2	+3 −1	+2 −2	+1 −3	+0 −4	+2 −2	+1 −3

　子와 丑, 午와 未는 하나로 묶어요. 陰陽의 운동 방향이나 기운적인 작용이 있다 하더라도 子와 丑은 만물의 속도를 떨어뜨리게 되고 움직임을 더디게 합니다. 그러니까 모든 것이 더디어지고 동작이 둔해지는 이 공간에는 陽운동, 陰운동을 떠나서 인간 활동의 침체기로 보는 것이죠.
　여기에 午하고 未에 인간 활동의 침체 인자가 발생을 하죠. 그래서 사주를 보아 나갈 때 반드시 그 사람의 태어난 달이 子월이나 丑월생이면 무조건 調候부터 따져야 됩니다.

학생 질문 – 時가 한낮인데도 調候를 따져야 됩니까?

선생님 답변 – 그래도 調候를 따져야 됩니다. 동짓달이 아무리 덥다 해도 여름을 이기지 못합니다. 그래서 이 子월이나 丑월생은 調候를 살펴보는데 이것은 인간의 교란 구간이기 때문이에요. 인간 활동의 교란 구간이 이 子丑에서 옵니다. 午未도 마찬가지로 교란구간이죠.

교란구간에다가 陰氣가 세 개나 덮어쓴놈들이 있는 거예요. 丑 저런 교란구간에서 丑 저것이 뭔가 丑하고 寅하고는 陰陽의 공간에서 상당히 반대의 구간이죠.

기본적으로 −3대 +1로 편성되어 있는데다가 교란구간이라는 것까지 들어와 있는 것이죠. 丑하고 寅하고 운이 바뀔 때 많은 변화과정을 겪겠다는 것을 알 수 있습니다.

그래서 丑하고 寅은 대체로 그 사람의 팔자에서 무엇이 작용하든 상관없이 丑과 寅은 교차가 많다고 보는 겁니다. 丑운에 잘 나간 사람은 寅운에 보통 개구리가 됩니다. 寅운에 잘 나간 사람은 丑운에 보통 '개구리'가 됩니다.

그다음에 陰陽의 교란 구간 속에서 陰陽이 치우친 것이 午未입니다. 이놈이 또 교란 구간에 맞물려 있으니까 '午 운에 삶의 교란과정이 많이 발생하는구나!' 하는 것이 보이죠.

제 4강좌 : 陰陽에 의한 직업론(2)

　그다음에 陰陽의 교란 구간 중에서 陰陽이 치우친 午가 교란구간하고 맞물려 있으니까 "午운에 삶의 교란 과정이 많이 발생하는구나!" 하는 것이 보이죠?
　그래서 어떤 사람의 운을 설명해 나갈 때 丑, 寅이라고 하는 터널, 그다음에 寅과 午, 酉 이 운에서 변화과정을 많이 만들게 된다는 것을 調侯的으로 딱 꿰뚫어 놓고 있어야 되는 것입니다.
　調侯的인 기울어짐이 없는 것은 뭐예요? 대체로 寅은 調侯的으로 기울어진 것이 아니죠. 그래서 보통 寅, 卯, 辰, 巳 구간에서는 대체로 만물이 陽 대역으로 갑니다. 陽운동으로 펼쳐지는 운동을 하잖아요. 申, 酉, 戌, 亥 대역에서는 대체로 陰 대역이라는 거예요.
　그래서 이 글자 하나만 가지고도 여기에 남자와 여자의 분리적 입장에서 가만히 생각해 보자는 겁니다.

	子	丑	寅	卯	辰	巳	午	未	申	酉	戌	亥
1	+	−	+	−	+	−	+	−	+	−	+	−
2	−	−	+	+	+	+	+	+	−	−	−	−
3	+	+	+	+	+	+	−	−	−	−	−	−
4	−	−	+	+	−	−	+	+	−	−	+	+
合	+2 −2	+1 −3	+4 −0	+3 −1	+3 −1	+2 −2	+3 −1	+2 −2	+1 −3	+0 −4	+2 −2	+1 −3
男		○				○			○	○		○
女			○	○	○	△	○			○		

분리적 입장에서 생각을 해 본다면 남자하고 여자하고 어떻게 써먹느냐를 잘 보세요.

남자는 기본적으로 陽氣가 두드러진 기운의 형태를 안고 태어나고 여인은 陰氣죠. 그러면 남자는 팔자 안에 대체로 陰氣의 인자를 많이 가져 오는 것이 좋으니까 陰氣의 갯수가 성한 丑은 그런 데로 써먹겠죠.

그리고 대체로 陽 대역에서 陰의 기운이 있는 것이 巳에요.

子는 +2대 −2라고 해도 교란구간이죠. 잘 써먹기 어렵습니다.

그다음에 陰氣가 실해지는 시기는 陰氣가 많을 때이니까 申, 酉는 쓰고, 개 戌자는 반 밖에 못 써먹습니다.

남자 사주에서 팔자를 쫙 펼쳤는데 "야! 이 사람은 무조건 된다"는 것을 한눈에 알려면 丑, 巳, 申, 酉, 亥 이 다섯 개 중에 글자가 두 개 이상 출현하면 잘 되는 놈이구나 하는 겁니다.

이런 경우에는 내가 格局이고 用神이고 다 떠나서 설사 거지라도 누나한테 가니까 누나도 돈이 있더라는 거예요. 내 운명이 陰氣에 에워 쌓여져 있는 환경이 펼쳐져 있으니까 누나도 돈이 있고 삼촌도 돈이 있더라는 것이지요.

자 여인은 어디에서 써먹기 좋겠습니까?

寅, 卯, 辰, 午, 戌 이게 바람직한 글자라는 뜻이고 바람직한 글자는 이미 陰陽이 채워졌다는 것이거든요.

여자 팔자에서 子, 丑은 대체로 교란구간이고 陰氣에 많이 노출되어 있으니까 써먹기 어렵죠.

寅은 陽氣가 넘치는 구간이 되어서 잘 써먹고 이 구간에서 토끼와 용도 대체로 긍정적으로 써먹을 수 있고 또한 쓰고 있죠. 그다음에 뱀은 누구나 반반씩 써먹는 것인데, 인간은 누구나 陽 대역이 좋습니다. 누구든지, 巳는 반쯤 써먹는 구간이 되고, 그다음에 陽氣가 유여한 午, 陽氣가 유여한 개 戌자에서 반쯤 써먹는 구간이 되는 것이죠.

戌은 크게 陰 대역에 놓여 약하게 쓰게 되겠죠. 그래서 여자 팔자에서는 寅, 卯, 辰, 午, 戌 그래서 寅午戌이라는 인자가 팔자에 드러나면 거지가 되어도 쉽고 편하게 사는 수단이 되는 팔자입니다.

그다음에 조금 더 간섭받는 모양을 해 놓았느냐 하면 모든 인간이 활동하는 영역을 보라는 것이죠. 인간은 누구나 다 子, 丑 구간에 제대로 못 쓰죠.

숙제를 해도 일을 해도 효율성이 떨어집니다. 한두 가지 외에는 되는 일이 없습니다. 子시와 丑시에 한두 가지 외에 할 수 있는 일이란 天地가 어두우니 '더듬는다' 는 뜻이고 더듬는 일은 잘된다는 겁니다.

오늘도 보니까 팔자 샘플 중 하나가 대운이 子, 丑 대운으로 흘러 가고 있죠. 그러니까 팔자에 유흥업이 잘 맞는 것이 아닌데도 일반 조직사회에 어울릴 수가 없고, 사업 분야의 별이 뚜렷하게 펼쳐져 있지 않으니까 子, 丑 대운에 밤에 불 켜놓고 하는 사업으로 가더라는 거예요. 유흥업으로 간다는 거지요. 그래서 인간이 보편적으로 子, 丑을 쓸 때는 고달프게 씁니다.

그다음에 午, 未도 마찬가지로 고달프게 쓴다고 했습니다.

그리고 운의 극단성이라는 것이 寅, 卯, 辰, 巳, 申, 酉, 戌, 亥 대역일 때 운세적으로 번영 발전이 쉽게 이루어집니다.

대체로 戌을 넘어가면 활동성이 많이 둔화됩니다. 戌시를 넘어 저녁 7시를 넘기면 天地가 암매(暗昧)해지죠. 천지가 암매해지면서 활동성이 戌시의 말부터 활동성이 크게 떨어져서 개와 친구를 하게 된다는 거죠.

개처럼 엎드리든지 아니면, 짖든지 활동성이 크게 둔화됩니다. 그래서 보통 寅에서 酉까지가 활동성의 구간인데 午, 未 구간만 구름이 끼어서 정체가 발생하게 되죠. 그 사람 팔자에 차지하고 있는 글자들이 무엇으로 이루어져 있느냐는 것을 가지고 어느 정도 한눈에 길흉을 분리해 놓을 필요가 있습니다.

예를 들어 어떤 調候가 기울어져 있는 子, 丑 모양이 있고 세속적인 글자가 적을 때 그 사람 활동분야가 소극적인 영역의 일을 하는 사람이라는 식으로 한눈에 調候的으로 분석을 해 놓아야 된다는 것입니다.

그래서 세속과 산중이라면 그렇지만 적극, 소극 그다음에 陽대역, 陰대역 이런 글자 하나를 볼 때 바로 분류를 해놔야 되고 또 이것을 확장해서 대운을 볼 때도 이것을 잘 참고해 보세요.

다시 말해 子, 丑운에 놓이면 子운의 초반부에 벌인 일들이 보통 15년씩 이어집니다.

그러니까 子월에 대문 밖에다가 김치를 놔두었는데 子와 丑의 영향을 지속적으로 받으니까 김치가 바뀌지 않고 계속 얼어 있더라는 거죠.

그다음에 午, 未라고 하는 것은 '늘어지고 처지고 벌어지고 지연되는' 기운이 되죠. 午, 未는 그 사람의 발복의 양 같은 것을 따질 때 午, 未대운에 발달하는 명조는 대체로 이게 明이죠. 유명(有名), 이름을 얻게 되었다는 뜻이 됩니다.

만천하에 드러나는 이런 명예적인 측면에서는 이것을 긍정적으로 쓸 수 있다 하더라도 경제적인 실력이나 환경 면에서는 반드시 늘어져 있거나 지연되어 있거나 하는 것들이 복합적으로 있어서 현실 상황을 바꾸거나 변동을 주기 어려운 구간이라 보면 됩니다.

그다음에 子, 丑 구간은 이게 暗이죠. 어두운 곳에는 바퀴벌레가 아니며 동전이 있다는 거예요. 지갑은 어두운 곳에 넣어야 됩니다. 그래서 천지만물의 운동은 어둡고 눈에 안 뜨이는 곳에 항상 보배가 있다는 말이에요. 밤중에 불 밝히고 어둡고 남들 눈에 잘 안뜨이는 곳에는 대체로 '名이 아니고 實이다'는 것이죠.

그래서 주로 경제적인 실속이 이런 것 중심으로 이루어지는 데 대체로 변화가 없는 생활환경, 변화가 아주 적은 환경 속에서 살아가게 되고 이런 때는 변동 운이 올 때도 이사를 가려고 하면 늦게 이루어지는 식입니다.

그래서 이 표가 子, 丑, 寅, 卯를 처음 배우는 입장에서는 이런 식의 접근이 불가능하지만 이미 술어적인 표현이라든지 문자적인 표현을 알고 있기 때문에 이 표가 단번에 이해가 되는 것입니다.

　제가 10년 전에 이 표를 다 만들어 놓았습니다. 이것을 확장해서 7~8가지 단계까지 陰陽의 속성을 취해서 만들 수 있습니다. 그다음에 보편적인 특성을 파악해 보니까 이런 것들이 調候的으로 잘 드러나느냐, 않느냐, 기울어져 있느냐를 보는 수단이 되더라는 것이죠.
　이런 표를 만들어 놓고 곰곰이 생각해 보면 여인이 子, 丑대운을 지나가는데 그것을 財星으로 쓴다면 필시 편안히 살지 못하고 애쓰면서 살 것이라는 것이에요.
　여인이 子, 丑대운에 돈을 번다할지라도 애쓰면서 살아갈 것이요, 陽氣의 덕을 제대로 입지 못하는 환경이 되니 남자가 덕을 다 안주더라는 거예요. 반 밖에 안주고 반을 주더라도 형식만 준다는 것입니다. 그런 식으로 '반만 채워지는 아픔'이라는 거예요. 마음만 주고 돈을 안 주는 사람은 더 밉잖아요.

　글자 자체에서 干支論과 연결해, 지금은 調候 중심이니까 설명을 많이 안 붙이겠지만, 干支중심으로 봤을 때는 이 글자 자체의 속성을 가지고도 그대로 확장을 합니다.
　좀 전에 내가 잠시 설명을 했지만, 子나 丑에 할 수 있는 일이란 '더듬는 일' 입니다. 시력이 어두워지면서 잘 안보이니까 더듬잖아요. 더듬다가 생긴 일은 '애정사'가 아니면 '절교사' 이죠.
　그런 식으로 대운 자체의 속성에서 그대로 자주 일어날 수 있는 일 또는 자기가 삶의 목적을 달성하는 수단, 삶의 수단이 이 글자와 관련되어 있다고 보고 확장을 해 나가면 됩니다.

지금은 調侯중심이니까 調侯중심으로 봤을 때 아무튼 인간은 辰운에서 뭐가 좋을 것 같습니까? 子부터 세어보면 五陽一陰이죠.

용 되고 새 되고 하는 것이 이 辰운에서 이루어집니다. 辰시라는 시간은 밖으로 陰氣가 하나밖에 안 드러나고 안으로 陽氣가 다 에워싸고 있어 화려함이 밖으로 드러난 극단입니다.

임금님이 앉는 자리가 용상입니다. 그래서 인간은 누구나 辰 운에 꾸미고 단장하고 폼을 잡고, 공공의 장소에 가담하여 활동하는 것입니다. 즉 여러 사람이 모여 있는 곳, 그러니까 꾸밀 일이 있다는 것은 공공의 장소에 나갈 일이 있다는 것이죠.

그것의 반대편 자리는 개 戌자입니다. 개 戌자는 용과 반대 작용으로 생각을 하면 됩니다. 밖으로 꾸몄던 것을 해체하고 안으로 꾸민다고 하는 것은 말 그대로 남들에게 신경을 안 쓰고 내가 놀이와 시간을 만드는 것이니까 일종의 유흥이라고 할 수 있죠.

사람이 개 戌자에 빠지면 인생에 대한 회의에 빠집니다. 그래서 전반전에 좋으면 반드시 후반전에는 개구리 되고, 전반전 나쁘면 후반전이 좋아지고 하는 것들이 이루어지는 것이 바로 개 戌자가 됩니다.

극도로 피곤한 사람은 수면은 취하게 됩니다. 그런 식으로 인간활동 영역의 측면에서 陰陽의 많고 적음을 따져 보자는 것입니다. 대체로 미정(未定)의 인자가 많이 있다는 것은 이런 것이(子 =+2,−2) 陰陽的으로 섞여 있죠. 여기서 보면 기운적 방향은 +로 가고 있으니까 밖은 춥지만 마음은 陽 운동으로 가는 것이잖아요.

"나는 올라 갈 거야, 나는 올라 갈 거야!" 하는게 운동입니다.

그러니까 이것이 밖은 추운데 안은 陽으로 갑니다. 안의 기운은 陽이고 밖은 陰으로 싸여 있으며 子 이런 것이 무언가 확실하게 정해지지 않는다는 것이죠.

巳도 마찬가지고 未도 마찬가지입니다. 잘 정해지지 않습니다. 그다음에 戌도 마찬가지죠.

子, 巳, 未, 戌 이런 구간들이 대체로 뭔가 시작과 끝이 뚜렷하지 않습니다. 미정(未定)입니다. 한때 벌었다 하더라도 이런 子 대운을 만났다면 '한때 성공해도 그 끝을 말하지 못하리라! 비록 힘들다 하더라도 끝에는 회복하리라' 입니다.

巳 대운을 지나가는 것도 마찬가지로 '잘 나갔다면 잘 나가는 것을 오랫동안 지키지 못하리라!' 힘들었다면 다시 복구할 것이다 하는 것을 논하는 자리이기 때문에 우리가 단순하게, '火운에 대발하고' 라고만 말해서는 안 된다는 것입니다.

五行的으로 '木, 火대운에 寅, 卯, 辰, 巳, 午, 未 다 좋고…' 라고 하는데 실제로 그 사람들이 굉장히 喜用으로 쓰는 데도 이런 운(巳, 未)에서 '엿 먹는 것' 입니다. 火를 잘 쓰는데도, 財星으로 되든지 아니면 財官을 무리 짓게 하든지 하는 긍정적인 작용을 하더라도 巳도 반타작이요, 未도 반타작입니다.

이것을 확장해서 개인적인 운세 외에 더 확장이 되면 어떤 것까지 할 수 있겠습니까? 이것(寅)이 이렇게 강하잖아요. 강한 것이 있어 내가 꽃이 되었다 하면 그는 '풀이 되리라 낙엽이 되리라!' 이거든요. 내가 아주 쑥쑥 자라는 그것만으로 나와 근접해 있는 누군가는 난쟁이가 되잖아요. 내가 풀이 된다면, 내가 새싹이 된다면 주변은 낙엽이 질꺼라는 것이죠.

그래서 陰陽이 극단을 만드는 이런 운에는 잘 나가고 있는데 주변은 자빠진다는 것입니다. 그래서 가만히 보면 인생이 '고생 바가지'가 됩니다.

그래서 子운은 어떻게 해서는 안 됩니까? 내가 막 올라가고 싶은데, 바라는 것은 있으되 밖은 따라주지 않으니 운의 시작과 끝이 다르겠죠.

그다음에 丑운은 되는 놈은 '확 되고', 안 되는 놈 '확 개구리 되는' 것입니다. 그다음에 寅운은 나는 키다리가 되었는데 주변의 난쟁이 때문에 내가 힘들다는 식으로 전부 다 글자 자체의 길흉이 있습니다. 인생 전체에 미치는 영향이 사실은 양상만 다를 뿐입니다. 이것이 조금 더 넘어가면 결국 地支 자체를 고(苦)의 양상으로 보라는 겁니다.

고(苦)의 양상으로 보고, 물어보러 오는 놈은 이 시기에 고통이 왔다는 것입니다. 만약 午 대운이 왔다면 午 대운에 이루어진 고통의 양상을 물으러 온 것이라는 거예요. 그래서 우리가 글자를 분석해 두면 그 사람의 가장 적절한 양상을 해석해 줄 수 있는 것입니다.

내가 1991년도에 산에서 한창 공부를 할 때 '대자연이 있었다'를 먼저 말하기 전에 '우리가 뭔가 착각에 빠져 있다'는 경험을 그렇게 한 것입니다.

사람들이 子운에 두말할 것 없이 좋아야 되는데 전반전에 좋고 후반전에 힘들어지더라. 실제 四柱해석을 해 보니까 卯운에 좋아야 되는데 '입 튀어나와 있더라'는 것이죠. 辰운이 되어도 입이 나와 있고, 이 운에도 입이 튀어나와 있고, "도대체 어느 대운이 와야 좋아지는 것이냐?"는 혼란이 생깁니다.

그런 것을 분석해 보려고 '이것은 분명 뭔가 다른 함정이 있을 것이다'라며 서서히 五行을 해체하기 시작한 것이죠. 五行을 해체해 버리고 또 글자 자체의 陰陽的인 요소도 이렇게 쫙 펼쳐 본 것입니다.

표를 만들어 보니까 극단으로 가는 것은 이렇게 몇 개 되지 않는데 나머지는 다 始와 終, 表와 裏, 안과 밖이 다르다는 것이었습니다.

생명력이 있는 것은 반드시 표리가 있고 陰陽의 기운이 섞여 있다고 했습니다. 그러니까 子도 살아 있는 물건일 것이요, 丑도 살아 있는 것이고 寅도 마찬가지인데, 寅에 내가 엄청난 키다리가 된다면 뭔가 陰陽을 보상하는 운동이 이루어지는 고통이 또 따라 온다는 것이죠. 두드러지게 陰陽이 몰려 있는 것 조차도 말입니다.

그래서 이제 辰을 보고 土라고 말하는 것 자체가 얼마나 위험한 생각이냐, 저것을 土라고 보는 순간에 벌써 명리는 죽는 학문이 된다는 것입니다.

辰을 볼 때 상기의 인자가 섞여 있습니다. 운동의 결과물이 한 번씩 陰氣를 비추어 주지만 밖으로나 운동방향으로나 글자 자체 陽氣가 밖으로 두드러져 있습니다. 그러니 여인은 숨은 고달픔, 안에 있는 것은 숨은 고달픔이 되거든요. 숨은 고달픔 속에 화려하게 쓰고, 그다음에 개 戌자 이런 것은 밖으로 陽氣가 닫혀 들어가는 자리니까 고달픔과 좋은 것을 서로 뒤집어서 쓴다는 것이죠.

이렇게 확장을 해 놓고 보면 그 사람 팔자에 기본적으로 調候的인 요소가 잘 갖추어져 있느냐, 없느냐?는 것을 금방 알 수 있다는 것이죠. 그래서 卯, 辰 이런 것들은 대체로 중화가 잘 되어 있죠. 그다음에 申, 戌 이런 것들이 중화가 되어 있는 것들이죠.

子, 丑, 午, 未는 무조건 그 팔자 안에서도 調候를 봐 주어야 되고 대운에서 만났을 때도 子, 丑과 午, 未 대운은 특별 취급한다는 겁니다.

수치적으로 이렇게 하니까 이해하기 쉽습니다. 그러니까 이런 형태로 내가 만든 표만 가지고 어떤 해석의 모든 결론을 제시하는 것이 아니고 이런 측면으로 다시 이런 글자나 干支의 모양에 접근해 보라는 것입니다.

이제 팔자를 해석해 나갈 때 天干에서 중화된 것들, 乙, 丁, 庚, 壬 이런 것이 하나만 있어도 더울 때 들어갈 만한 공간이 있다, 쉴 만한 곳이 있다고 보면 됩니다.

寅은 기울어져 있습니다. 그다음에 卯와 辰, 巳는 반반쯤 되었죠. 午, 未는 끊어 먹고, 申, 戌, 亥 이런 것들이 대체로 중화를 이끌어 내어주는 놀이터와 같은 것입니다. 그래서 이런 것이 있는 사람은 살기 좋은 환경, 생활하기 좋은 환경 같은 것들을 가지고 있기 때문에 調候的인 요소가 어느 정도 이루어진 팔자입니다. 이 사람들은 운명적으로 극단성을 가지지 않고 세속적인 번영들을 쉽게 이룩한다고 하는 것입니다.

삼촌이 되었든 고모가 되었든 아빠가 되었든 어찌 되었든 뱀 같은 사람이 있다는 것은 세상사 뒤를 보아줄 수 있다는 것이에요. 문만 열면 바로 버스 정류소이고, 그래서 기동성이라도 있다는 것이죠.

더워서 버스에 올라탔더니 에어컨도 나오더라 하는 겁니다. 그다음에 대체로 調候的인 요소에서 기울어짐이나 성패에 극단을 잘 만들어내는 나머지 글자가 甲, 丙, 戊, 己, 辛, 癸입니다.

이런 글자들은 운세의 성패에 극단 같은 것을 많이 만든다는 뜻이고 그다음에 子, 丑, 午, 未는 '무조건 調候를 보라!'는 글자입니다.

寅이라든지 酉라든지 이런 글자들은 뭔가 운세의 성패에 큰 승강 작용을 만든다는 뜻이고, 승강작용을 만든다는 뜻이기 때문에 調候的인 요소로 접근할 문제는 아니지만, 운세의 어떤 굴곡을 만든다는 뜻이 되죠.

팔자 안에 이런 것이 있어도 마찬가지이고 대운에서도 지난 것과 지금 것이 큰 차이가 날 수 있지만 일단 이렇게 전제를 해 놓고 해석을 하라는 것입니다.

우리가 그냥 '木, 火 대운이 온다'고 '와! 좋다'고 말하면 안 됩니다. 절대로 그렇게 말할 수 없다는 것이죠. 그 글자 하나하나의 작용을 봐야지요. 예를 들어 寅과 卯는 天地차이가 난다는 것이 대번에 드러납니다.

대부분 '寅운이 와서 좋고 卯는 偏財니까 더 좋고' 라고 합니다. 그러나 더 좋기는커녕 토끼 卯의 운동만 이루어지더라는 것이에요.

그래서 이것을 머리에 잘 정리해 놓았다가 실제 四柱해석을 하는 방법과 기법에 그대로 적용해서 이 사람이 잘 나가느냐? 못 나가느냐?, 왜 계속 정체를 해 있다가 올라가느냐? 하는 것들을 다루어 보도록 하겠습니다.

제 5강좌 : 陰陽에 의한 직업론(3)

調候的인 요소로서 팔자를 분석하는 것이 얼마나 유용한지 사례를 보면서 다루어 보도록 하겠습니다.

時	日	月	年	坤命
丁	丙	甲	丙	
酉	午	午	午	

丁	戊	己	庚	辛	壬	癸	大運
亥	子	丑	寅	卯	辰	巳	

여자 팔자에 五行 유무까지 따지고 가야 되는데 지금은 調候중심으로만 따져 보도록 합시다.

팔자에 기본적으로 調候가 기울어져 있음을 대번에 알 수가 있겠죠. 陽의 극단성이 있는 이런 팔자는 일반적인 調候로 보면 '陽태과, 陰부족'으로 이루어져 있습니다. 그런데 여자일 경우에는 陽氣 태과도 잘 쓴다는 것입니다.

일단 학생들 입장에서 해석한다면 "그것도 모르요? 比肩, 劫財

가 태과하고, 官星도 없는데, 선생님은 그런 것도 모르요? 기본 아니요?"라고 할 것인데 틀린 해석이 아닙니다. 일반적으로 五行的인 해석이나 六親的 해석이 맞는데 이 팔자는 시집을 빨리 갔어요. 빨리 간 이유는 뭘까요?

 내가 분리사주학(分離四柱學)을 따로 타이틀을 달아서 설명을 안했는데 분리사주학이라는 것으 무엇입니까? 사주팔자의 존재를 자꾸 이런식으로 보거든요. 어떻게 봅니까?

時	日	月	年
	① 사람		

坤命

①에 사람을 두고, 이것이 일주다 이거죠. 일주가 그 사람인 것처럼 해석하는데 너무나 익숙해져 있죠. 그게 아닙니다. 내가 보는 견해는

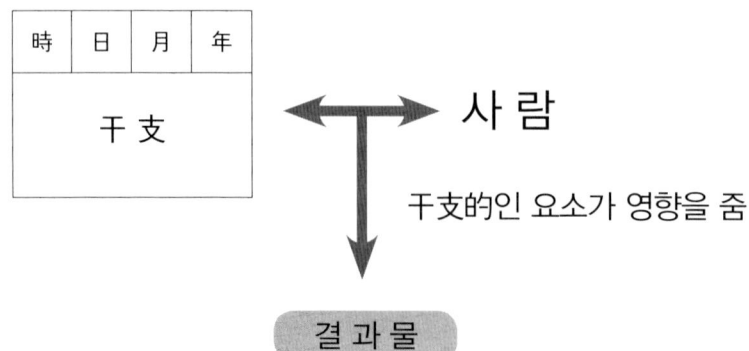

이렇게 사람이 있는데 어떤 干支的인 요소가 영향을 주어서 그 현실적인 결과물을 드러나게 한다는 것이죠. 이것이 일종의 인자가 되고 이 사람의 진동 인자가 기운적인 영향을 주고 기운적인 영향이 그 사람의 현실로서 드러납니다.

이렇게 팔자 자체를 '그냥 영향을 준다, 기운을 준다'는 입장이거든요. 그래서 이 팔자를 볼 때 일반적으로 혼인이 늦어야 좋습니다. 실제로 혼인을 빨리해서 좋을 것도 없어요. 뒤에 가면 六親的인 영향이나 五行的인 영향을 결국 받게 되어 있다는 것이죠.

그런데 이 팔자가 결혼을 빨리할 수 있었던 힘은 무엇입니까? 팔자내에 陽氣가 강화되어 있기 때문에 쉽게 남자의 뜻이나 인간관계를 채울 수 있다는 것이에요. 그래서 결혼을 26살 辛未년, 91년도에 했어요.

이때도 마찬가지로 辛未년의 성혼인자는 午未합이라는 것도 말 그대로 陽氣인자로 보면 되고 그다음에 丙을 중심으로 했을 때 地支에 食傷이 강화가 됩니다. 이때 자식 잉태 생산이라는 뜻을 채우기 위해서 결혼의 인자가 되는 것이죠.

여자 팔자를 중심으로 볼 때 결혼을 하는 운은 보통 두 군데서 합니다. 첫 번째가 官印 소통이나 食神이 官을 만나 합을 이룰 때 만난 남자는 실제로 남자의 덕을 많이 채워 준다는 것이죠. 그래서 주로 남편덕을 많이 입기 위한 인자로서 官운에 많이 하게 됩니다.

두 번째 食傷운에는 자식 잉태 생산의 뜻이에요. 이 경우에는 기본적으로 자식 잉태 생산의 기운이 활발하게 이루어질 때, 상기의 팔자는 이 巳, 午, 未 세운에 짝을 짓더라는 것입니다.

辛未년에 丙이 辛을 쫓아서 陰陽의 合을 이루고 그다음에 日支도 마찬가지죠. 그런데 이런 경우는 이런 陰끼리의 合이 되어서 (陰陽合이 제대로 된 것도 아니지만!) 그다음 해에 자식 잉태생산 뜻이 강화되어 대체로 아들 인연이 많이 유도되는데 닭띠 자식을 낳았어요. 癸酉생이 태어나고 그다음에 乙亥생이 태어납니다.

　그래서 癸酉나 乙亥생의 유도인자가 되는데 본인 팔자의 調候가 치우쳐져 있기 때문에 본인 기운의 인자에 의해서만 태어나는 것이 아니라 陽氣 즉 남편의 기운이 유도될 때 태어나는 것이죠.

　그러니까 남편의 명조에 보면, 닭띠 연하인연이 오죠. 닭띠 인연이 오는 것은 '旺者喜洩(왕자희설)!', 강한 자를 설기 시키는 작용을 해 주는 것이 반가운데 속아서 결혼했습니다. 원래 닭띠가 아닌 줄 알고 결혼을 했는데 뒤에 알고 보니까 닭띠더라는 것입니다.

　丁酉시에 貴人별이 들어옵니다. 그다음에 자기가 일간이 陽에 속하는 것은 대체로 짝을 이루는 자가 陰에 속하는 자를 짝을 지운다는 것이죠. 보통 이런 경우는 巳生, 酉生이 잘 유도 됩니다.

　일찍이 남자 인연이 열릴 수 있는 것은 이 午자를 比肩, 劫財로 보는 것이 아니라 陽氣라고 하는 큰 調候的인 환경으로 보는 것이고 남자를 쉽게, 일찍 만날 수 있다고 보고 대체로 亡身殺과 무리 짓는 자가 배우자가 되는데 巳生이나 酉生입니다. 결국 酉생 남편을 만나더라는 것이죠.

　그러면 결혼 후에 삶은 어떨까요?

　어차피 調候的으로 기울어져 있기 때문에 오는 제한성은 어떻게 할 수 없죠. 그러니까 여인의 몸이지만 일을 할 것입니다.

　괴롭게 할 것인가, 즐겁게 할 것인가를 따질 수 있습니다. 일반적인 六親의 논리는 보통 괴롭게 해야 되죠.

그런데 이 팔자는 '차라리 내가 할게' 함으로 오히려 자기가 갑갑해서 속이 터지니까 차라리 '내가 하는 것이 속 편하다' 로 가는 것이죠. 그래서 陽氣에 노출되어 있다는 것은 오히려 '여인이 활동하기 쉽게 환경이 부여된다' 라고도 할 수 있습니다. 여자가 調候가 기울어져 있다 하더라도 陽氣가 많이 노출되어 있다고 하면 자기가 일을 하려고 하면 쉽게 접근이 되는 것이죠. 그런데 어떤 일을 하면 좋겠습니까?

실관이니까 주제와 상관없는 것이라도 조금 더 나갑시다.
첫 번째로 官이 부족하죠. 印星은 있기는 한데 세력이 약해요. 羊刃위에 팔자가 두드러져 있죠? 그래서 官印소통이 매끄럽지 못하므로 진급하는 직장에 나가기는 힘이 들 것입니다.
그다음에 食神과 財星을 쫓아서 가는데 食神은 어디에 숨어있습니까? 午中에 傷官의 형태로 쓴다고 했으니 이 傷官이 숨어 있는 자리가 뭔가 활동 요소가 쉽게 발생하는 요소가 되고 팔자에 食神이 드러나지 않고 財星만 드러나 있습니다. 財星만 드러나 있는 것은 기본적으로 시장의 논리라고 했죠. 시장의 논리인데 시장은 시장인데 偏財 아닌 正財입니다. 正財를 두고 있다는 것은 가끔 왕창 팔리는 물건보다는 매일 팔리는 물건일 것입니다.
매일 팔리는 것은 우리가 매일 입고 먹는 기본 의식주이겠죠. 전쟁이 나도 팬티는 입어야 되고 밥은 사 먹어야 됩니다. 기본적으로 먹고 입는 이런 것에 관련된 물건을 다룰 것입니다. 그 속성이 어떻습니까? 財星의 모양이라고 하는 것은 그 사람이 다루는 물건의 모양으로 보면 됩니다. 물건의 모양은 단단하게 뭉쳐져 있고 예리한 것입니다.

그다음에 퍼져 있는 것이 아니라 굳어 있는 것이란 말이죠. 그래서 쌀장사, 보석장사 아니면 냉동식품 장사 일 것입니다.

가치를 작은 공간에 넣었다는 것은 보통 금속이나 주류, 장류(醬類)라는 말이죠. 간장할 때 장자가 '醬' 이라 씁니다. 물 水를 넣으면 주(酒), 물 상태로 있는 것은 술이죠. 주류(酒類), 장류(醬類) 아니면 닭이라는 것은 굳고 딱딱하게 있는 것이니까 냉동 또는 캔 속에 보관되어 있다는 뜻입니다. 장식물이라도 커튼처럼 퍼져 있는 것이 아니라 작은 공간에 넣어 놓은 보석, 장식품이 되겠죠.

正財 속성을 많이 띤다고 하는 것은 잘 팔렸다 안 팔렸다 하는 장신구는 아닐 것입니다. 曲直하는 성질이 많은 것은 아니니까 오그라져 있는 옷은 아닐 것입니다. 그렇다면 냉동식품이다, 냉동식품이 아니면 숙성시킨 장류(醬類)라는 것입니다.

소고기 장사, 식육점을 하고 있다는 것입니다. 논리를 확장하는 것을 보았죠? 그러면 식육점으로 확정을 시켜주는 것이 羊刀이라는 것이 어깨에 붙어 있다는 거죠.

그래서 칼 들고 냉동된 것을 꺼내고, 쪼개서 돈이 생기는데 돈은 두군데에서 생깁니다. 유통에서도 생기고 그다음에 칼질을 예쁘게 잘함으로써 생겨요. 사실은 두 가지의 비밀은 여기에 있습니다.

우리가 格을 왜 챙겨야 하느냐 하면 실질적인 부가가치를 만드는 것은 그 사람의 格속에서 가장 많이 형성되기 때문입니다. 칼질을 잘한다는 것은 눈금을 잘 속인다는 말도 되겠죠? 자기가 금전 활동이나 사회활동을 통해서 대체로 羊刀이라고 하는 格이 프로로서의 능력을 보여주는 것이라면 그것으로서 경제적으로 상당한 발전을 이룩할 수 있다는 것입니다. 그런데 대운에서 재물의 상태를 보여주는 地支 모양을 보라는 것이죠. 재물의 상태가 印星 - 寅,

卯로 가 있습니다.

이 사람이 장사를 해서 돈을 벌면 부동산이나 이런 방면으로 가져다 묻어야 그것이 재산을 지키는 형태나 수단이 됩니다. 이것을 比劫으로 쓴다면 자꾸 주변에 금전거래나 인간관계에 있어 소모나 지출이 발생한다는 것이죠.

그런데 시(實-時)에 재산창고가 있다는 말은 궁극은 돈이 되도록 하겠죠. 寅, 卯대운에 부동산을 취득하라고 하면 취득할 것입니다.

그런 식으로 경제적 발전을 이루어 갈 수 있는 팔자인데 그래도 비교적 陽氣가 많으니까 자기 일의 활동도 물론 많이 할 것입니다.

활동을 많이 하고 경제적인 발전의 기회도 많이 오는데 문제는 다시 남편덕으로 돌아와서 드러납니다. 남편의 모양은 말 그대로 官星으로서의 논리를 스스로 발휘하지 못합니다. 그러면 변화가 없는 조직사회인데 官을 지키기 위해 집에 자주 들어오겠지만, 官이 드러나지 못합니다. 드러나지 못한 官의 분(分)을 지킨다는 것이죠.

그래서 직장 따라서 기숙사 생활을 하는 남편과 한집에 살고 있다는 거죠. 기본적인 번영을 지키는 방법으로 일주일에 한 번쯤 왔다가 갑니다. 그래서 간간이 보니까 五行的으로 火氣가 太旺했는데 水氣가 한 번씩 접근하면 좋습니다.

그런데 오랫동안 집에 있으면 물이 마르잖아요. '머저리 남편'이 됩니다. 마르지 않으려면 멀어져야 되고 그래서 간간이 내리는 비처럼 왔다 갔다 하는 그런 남편이라야 오히려 그 사회적 관계를 쉽게 유지한다는 것이죠. 그런데 이런 팔자도 쉽게 웃는 이유는 陽氣에 많이 노출되어 있는 여인이라는 겁니다. '난 괜찮아!'란 노래도 있죠. 글쎄 이상하게 이렇게 사는 것이 편하다는 것이죠. 서방님이 간간이 한 번씩 와서 좋아해 주고 사랑해 주는 것이 더 좋다는 거예요. 이미 陽氣에 의해서 여러 부분이 보충되고 있기 때문에 그런 것이지요. 아무튼, 기울어져 있다는 것은 어느 한쪽으로는 번영의 기운을 가지더라도 반드시 어느 한 쪽의 허결함을 가지게 된다는 것이죠.

저기는 서방님이 아예 회사에서 숙식을 해결한다는 거예요. 운의 흐름이 壬午, 癸未, 官이 地支에 세력이 없으니까 아예 서방님이 사무실에서 숙식하면서 거의 집에 안들어온다는 것이지만 그래도 이혼을 안 합니다.

학생 질문 - 저 팔자가 바람은 안 피웁니까?

선생님 답변 - 日支 紅艶이 되었거든요. 丙일주가 寅에 紅艶이 아니고, 午가 들어오면서 오는 神殺이 하나 있는데 陽氣가 쉽게 노출된다는 말은 자기가 마음만 먹으면 쉽게 陽氣의 뜻을 채운다는 말이기 때문에 저 경우는 본인 의지 따라 얼마든지 가능하다고 보면 돼요.

특히 己土 傷官이 있죠? 傷官이 짝을 지우려는 기운이 올 때 서방님이 그것을 못 채워주면 자꾸 이성에 대한 유흥으로 간다는 것이죠. 그러나 그것은 이성에 관한 유흥이지 서방님을 떠받들기 위한 것이 아닙니다. 그런 정도로 쓰게 됩니다. 그러니까 傷官이 官星과 合, 또는 印星과 合을 띄운다는 것은 일종의 성적인 접근이나 관계를 의미하는 것인데 이것은 官星이나 印星과 조화를 갖추지 않을 때는 단순한 유흥으로 가는 것입니다.

학생 질문 – 地藏干에 있는 己土가?

선생님 답변 – 그렇죠! 午中에 있는 己土가 甲木이라든지 寅木이라든지 寅이 와서 午가 무리지어 오면 寅中의 甲木이 午中의 己土와 같이 견인작용을 일으키게 되겠죠.

학생 질문 – 三合으로?

선생님 답변 – 그렇죠. 三合으로 봐도 좋은데 아무튼 寅木의 기운이 흐를 때 甲木의 기운이 흐르니까 甲木의 기운이 午中의 己土와 짝을 지우는 것이죠.

원래 물 기운이 메말라 있죠. 물 기운이 말라 있으면 호색의 인자가 되지는 않죠. 호색의 인자가 되기는 어려운 것입니다.

時	日	月	年	乾命
甲	壬	己	辛	
辰	子	亥	丑	

壬	癸	甲	乙	丙	丁	戊	大運
辰	巳	午	未	申	酉	戌	

그다음 샘플을 봅시다. 이 경우에는 남자가 亥, 子, 丑이라는 인자가 모여 듦으로써 陰氣에 강하게 노출된 조후실조(調候失調)가 되어 있습니다. 調候가 허물어져 있는 모양에 이 辰이 火氣가 들어와야만 陽氣의 작용을 하죠? 그래서 土로서의 작용이 허물어져

있고 한시적으로만 土가 작용하는 모양입니다. 이런 경우에도 팔자로 보면 장가를 빨리 갈 수 있습니까, 없습니까? 이 팔자를 보면 財星이 드러나 있지 않습니다. 그래서 일반적으로 배우자 인연이 빠르기 어렵다고 되어 있죠. 그러나 子, 丑이라고 하는 陰氣 중심의 인자에 노출되어 있음으로써 남자가 陰氣를 얻었으니 결혼이 지나치게 늦지는 않더라는 것이죠. 그래서 財운이 돌아올 때 己巳년에 결혼을 해요. 己巳년, 연령적으로는 29살이 되고 財星이 없는 팔자치고는 결혼이 빠른 셈이죠.

 財星이 빠지면 보통 30살을 넘겨 30대 중반에 이르러야 배우자 인연을 여는데 庚午년에 자식을 두고 甲戌년에 딸을 두었습니다. 보통 조후실조(調候失調)를 하면 자식 잉태 생산은 딸로 많이 기우는데 배우자 인연에 따라서 배우자 팔자에서 아들이 드문 모양이 아닐 것입니다.

時	日	月	年
辛	乙	戊	辛
巳	未	戌	丑

坤命

〈배우자 명조〉

 기본적으로 庚午년에 天合, 地合이 됩니다. 그래서 六合이나 干合에 의해서 食神이 들어오죠. 아들 잉태생산 기운으로 유도 되더라는 것이죠. 그다음 해는 甲戌년 딸이니까 이 경우에는 어느 정도 조절이 되었거나 느제 낳았다는 뜻이 되는데 조절한 아이가 있었고 낳지 않았다고 보는데 두 사람의 팔자의 코드는 辛丑이 되죠. 辛丑이 官星의 위치가 되죠. 일찍 만나는 官星이고 戌 중의 辛金을 가지고 있음으로써 官星이 무시할 수 없는 대세가 되어 있습니다.

그다음에 남자 팔자에는 陰氣에 해당하는 놈을 그대로 짝을 지어 썼습니다. 그래서 陰氣에 속하는 놈은 子도 되고 丑도 되고 辛도 됩니다. 己도 陰氣가 대체로 강화된 글자로 보는데 辛(年의 天干)을 끌어다 썼습니다. 辛 자체를 陰을 대표하는 인자로 봅니다.

자연 운동에서 癸水가 陰의 운동이 극단에 있는 것이지만 실제로 사람의 유용성의 세계에 있는 것은 오히려 辛이 陰氣가 유용하다고 보는 것이죠. 이것을 분리사주학으로 봐야 되겠죠. 나는 여기 있고, 나는 가장 陰처럼 생긴 놈인 辛과 짝을 지으면 좋겠죠.

그다음에 마찬가지로 여자 팔자에서 논리가 그대로 들어오죠. 이런 경우에도 조후실조(調候失調)의 모양을 가지고 있기 때문에 오는 어떤 현상이다 보면 되는데 대체로 남자가 陰으로서 調候失調가 되었을 때는 그 피해가 크지 않고 또 여자도 陽으로서 調候失調가 되었을 때는 그 해로움을 크게 당하지 않습니다. 그러나 調候失調가 있기 때문에 제한받는 것은 유효하다는 것이에요.

팔자에 직업으로 따지면 官이 어디 있어요? 己도 있고 丑도 있고 辰도 있는데 다 水에 의해서 에워싸여 있거나 무력화되고 그래서 일반 조직사회와의 인연이 약하고 기술성이나 전문성을 가진 형태로 조직사회 중심으로 활동을 구하는데 변화 없는 직장생활을 조금 하다가 중심으로 활동을 구하는데 변화 없는 직장생활을 조금 하다가 결국 직장생활의 패턴이 잘되지 않아서 자기 사업으로 넘어오더라는 것이죠.

자기 사업으로 넘어오는 년월에 金과 木을 보라고 했죠. 金과 木을 쓰는데 辛丑생의 辛金이 해당되고 亥中의 甲木이 木이죠. 그래서 金하고 木 이 두 글자를 통해서 기술적인 면이 됩니다. 손에 들고 있는 것이 쇳덩어리 아니면 줄이라는 겁니다. 그런데 들고 있는 것을 보니까 쇳줄을 들고 있고 쇠줄이 전선이라는 거죠.

時	日	月	年	乾命	壬	癸	甲	乙	丙	丁	戊	大運
甲	壬	己	辛		辰	巳	午	未	申	酉	戌	
辰	子	亥	丑						印星運			

보통 이런 경우에 食傷運을 제대로 못 쓰고 印星을 보태고 있지요. 食傷을 보태면 보통 먹는 것으로 갑니다. 이때 甲木이 사람을 활동하고 움직이게 하는 식품, 섬유, 의류 이런 쪽으로, 주로 曲直의 성질을 가지거나 활동을 하게 한다는 성질을 쫓아서 보통 木을 많이 쓰고 印星을 많이 쓰거나 하면 자격이나 기술 주심으로 더 많이 가는데 자격증을 가지고 다루는 것이 木의 상태에 가깝고 그래서 전선을 다루더라는 것이죠.

뒷날에 가면 이 시에 있는 甲木을 더 두드러지게 쓰겠죠. 甲木이라는 것은 장식, 인테리어, 세워 올린다, 입힌다는 뜻이니까 주로 식품을 다루거나 건축에 관련된 일이고, 물론 지금 일도 건축하고 뗄 수는 없겠죠.

그다음에 陰氣(己亥월 壬子일)에서 陽氣(甲辰시)로 막 빠져나오

는 모양중에서 水, 木 食神이 되겠죠. 水, 木 食神은 주로 교육적인 일에 주로 가담이 된다고 보면 됩니다. 지금 중요한 것은 실조가 되어 있다 하더라도 남자 여자가 쓰는 것은 다르다는 것이죠.

丙午생 甲午월 丙午일 丁酉시 명조가 남자라면 진짜 군비쟁재(群比爭財)가 되거든요. 그래서 남자가 陽氣가 태과해서 陰氣를 제대로 쓰지 못할 때는 굉장히 고달프게 쓰는 것이죠.

여인이 陰氣가 강하여 실조에 있는 경우, 남자의 陽氣가 강하여 陰陽的으로 실조해 있는 경우가 있다고 봅시다.

여인이 陽氣가 강하여 실조해 있는 경우 물론 근본적으로 실조라는 것 자체는 좋지 못하다고 보지만 그래도 긍정적으로 쓰는 것은 ▲정도라고 합시다. 그러면 여자는 陽氣가 강하여 실조해 있을 때는 몸이 陰에 속하니까 긍정적으로 쓰고 그다음에 陰에 속하는 것은 고달프게 쓰죠?

제 6강좌 : 陰陽에 의한 직업론(4)

	陽에 의해 실조	陰에 의해 실조
여자	▲	×
남자	× ×	▲

　그러면 여자는 陽氣에 의해 실조될 때는 몸이 陰이니까 긍정적으로 쓰고 그다음에 陰에 속하는 것은 고달프게 씁니다.
　남자는 陰에 의해 실조되었을 때 대체로 긍정적으로 쓰고 陽에 의해 실조되었을 때는 '××', 곱표 두개에요. 곱표 한 개와 두 개는 왜다릅니까? 이것이 자연의 운동 속에서 陰氣에 속하는 것이 陰을 만난다는 것은 陽운동을 펼쳐 내는데 속도가 느리다는 것입니다.

달팽이가 한 마리 기어갑니다. 암달팽이로 원래 동작이 느립니다. 그런데 춥기까지 해서 매우 느린 속도로 먼 바다까지 간다고 했습니다. 암달팽이가 동작이 원래 느린데 밖의 상황이 추워서 천천히 가는 것과 그다음에 숫달팽이가 빨리 가는데 바닥이 뜨겁다는 거죠.

그러면 陽氣에 의한 실조가 있죠? 이때 성질 급한 달팽이가 사막을 건너간다면 타 죽는다는 것이에요. 생명력을 잃어버리는 것에는 陽氣가 중첩하여 타버리면 생명력을 잃어버린다는 것이죠. 인체로 생각해 볼 수도 있겠죠?

태워 버린 것은 재생성이 약하죠. 열에 의해서 태워 버린 것은 재생성이 떨어지는 것이니까 어떻게 돼요? 즉 마찰에 의해 열이 많이 발생해서 타 버렸는데 이것이 재생이 잘되느냐 하는 것이죠.

　암달팽이는 陰氣에 갇혀서 천천히 움직일 뿐 '낑낑' 소리는 나는데 잘 타지는 않죠? 그래서 천천히 갈 뿐 타서 죽지는 않는다는 것이죠. 그래서 남자가 水 부족이나 陰 부족하여 陽氣기 태과한 干支를 가지고 있을 때 가장 삶의 극단성이 많다는 것입니다.

　그다음에 여인이 陰氣를 가지고 있을 때는 '끙끙' 앓아요. 신음소리 낼 일과 앓을 일이 많지만, 그래도 '아이고 추워라!' 하며 한 발짝씩 가니까 결국 陰이 바뀌어서 陽운동이 올 때는 추위속에서도 뛰었는데 이제 다시 봄날이 옴으로써 엄청나게 활발하게 움직이겠죠?
　남자가 陽氣에 의해 실조가 왔을 때는 완전히 타버리고 재생이 안 된다는 것이죠. 그래서 이 해로움이 더 크다는 것입니다.

時	日	月	年	命
辛	丁	庚	甲	
亥	巳	午	午	

丁	丙	乙	甲	癸	壬	辛	大
丑	子	亥	戌	酉	申	未	運

　남자가 陽氣 태과 한 것을 한 번 봅시다. 그래도 대운이 다행히 陰대운으로 넘어가 주네요. 陽 대운으로 가면 굉장히 고달픈 사람이 많은데, 辛亥 時는 그 사람의 직업을 보고 추측을 한 것이에요.
　만약에 이것을 더 실조하였다면 '산중에 도 닦는 사람'이라는 거죠. 세속에 뜻을 가지고 자식을 두었다는 것을 보고 추정을 해 놓은 것이에요.

이 경우에도 비교적 실조가 많이 되어 있는데 시에서 보조하였고 대운에서도 어느 정도 해구(解求)해 놓았죠.

官星이 시에 가 있고 印星은 년에 떨어져 있죠? 그래서 官印 소통이 매끄럽지 못한 모양이 되어서 官星의 직업이 두드러지지 못한데 다행히 월에 庚도 있고 시에 偏財도 있어서 처음에는 어디로 갑니까?

建祿格 압니까? 建祿格의 특징은 국가공직이라든지 공조직에 쉽게 인연이 된다고 보면 됩니다. 그래서 한시적으로 국가조직에 인연을 했었는데 도저히 갑갑해서 안 되겠더라는 거죠.

갑갑함이 오는 이유는 여기에 있는 祿의 속성이 陽氣 태과를 많이 기울어지게 해 놨기 때문입니다. 그래서 공직을 그만두고 어디로 가느냐? 했을 때 調候的으로 갈증을 해소해 줄 수 있는 인자가 시에 있죠. 그다음에 官星 자체도 시에 드러나 있는 것이어서 배를 타러 갑니다. 배를 타고 어느 정도 생활을 하다가 그것도 갑갑하다 해서 다시 돌아오는데 그래도 어느 글자를 도구로 써야 됩니까?

시의 亥가 劫殺 地支이면서 驛馬 地支입니다.

일주를 중심으로 하면 驛馬고, 년을 중심으로 하면 劫殺이고, 劫殺은 대체로 황무지, 해외가 되고 일주를 중심으로 하면 驛馬를 쓰는 것인데 지금은 철도에 근무하고 있어요. 印星이 부족하기 때문에 KTX 계약직으로 있어요. 印星하고 멀리 벌어져 있는 경우에는 한시적인데 계약직이지만 비교적 오랫동안 근무할 수 있을 것이라는 근거는 대운 자체가 官 대운이라도 받치고 있기 때문입니다.

2003년에 계약직인 이유는 壬午, 癸未에 일단 官星이 무력하고,

壬水가 무력하기 때문이죠.

그다음에 甲申년이 되면 저 亥水가 長生을 하겠죠. 그러면 명함이 정품이 되었고, 임직이 아니라 정직이 됩니다. '계약직이 아니라 정직이 되었다'는 식으로 명함 정립의 기운이 오는데 亥水가 申金에 長生했기 때문이지요.

그다음에 甲木이라는 결재권이 대동(甲申년)하여 있습니다. 그래서 甲운이 오면 보통 新生, 새로운 것을 만드는 기운이 따라옵니다.

배필 인연을 볼 때 이 경우는 보통 申, 酉, 戌이 처궁이 되고 개띠 인연이 쉬운데, 이 개띠 인연도 午 두 개가 한 번씩 무리지어 火가 됩니다. 원숭이, 닭, 개가 처갓집이죠.

늦게 결혼을 한다면 돼지가 劫財를 몰아 내고죠? 그죠? 돼지가 劫財를 몰아내고 그런데 偏財를 대동하였으니 배 탈 때 남의 여인이 조금 따랐겠다? 안 따랐겠다? 따라겠죠? 偏財를 자꾸 본다 함은 유지비가 많이 들고 결국은 재산축적에 도움도 주었다가 고달픔도 주었다가 그렇겠죠? 그래서 酉生 아니면 戌生이 배우자 인연이 될 것이다.

그다음에 자식은 壬戌생 아들이 왔고, 戌생이 인연이 많죠. 丁壬 合木하고 그다음에 乙丑생 딸이 왔다는 것이죠. 그래서 巳丑이 合을 유도하죠. 乙庚, 巳丑 이렇게 해서 乙丑生 딸이 유도되었죠.

자식이 형성되어 있는 것을 봐서는 비교적 대운의 보조를 많이 받고 있는 모양이라는 것이죠. 저런 팔자의 대운 자체가 印星 대운이나 比劫 대운으로 거듭 가버리면 삼처(三妻), 마누라가 세 번 바뀝니다.

이런 경우가 특히 陽의 기운을 많이 가지고 있는 調候失調의 모양에 속합니다. 그래서 대운이 만약에 巳, 辰, 卯, 寅, 丑 이런 식으로 가면 보통 안방에 척 자리를 지키고 있는 예가 거의 없죠.
 이런 경우가 陽氣태과에 의한 실조가 아주 극심한 것은 아니지만 陽氣태과에 노출되어 있기 때문에 삶의 극단성을 많이 만들게 된다고 보면 됩니다.

 여인이 陰氣 태과된 예를 봅시다.

時	日	月	年	坤命
戊	壬	辛	壬	
申	子	亥	寅	

甲	乙	丙	丁	戊	己	庚	大運
辰	巳	午	未	申	酉	戌	

 다행히 아주 심한 실조가 이루어진 모양은 아니죠. 대운이 이렇게 흘러들어갑니다.
 팔자에 火氣가 부족하고 寅亥 이놈은 조건부 따라 陽氣를 열었다 닫았다 해 주는 것이거든요. 조건부로 陽氣 陰氣를 열어 주었다 닫았다 하는 것인데 결혼이 빠른 것이 좋겠습니까, 늦는 것이 좋겠습니까?

 학생 질문 - 寅亥가 조건부로 열었다 닫았다 하는 것은?

 선생님 답변 - 이건 干支를 설명하면서 해야 하는 것인데 설명할 것이 엄청 많아 이것만 할게요.

寅亥 合이 있다는 것은 기본적으로 陰陽 합이 있다고 했죠? 陰陽合이 亥하고 寅하고 있는데 고유의 기능으로 돌아가려면 亥나 子나 丑 이런 것이 왔을 때는 寅亥가 서로 합을 하여 서로 木으로 묶여 있는 것을 열 수 없다는 것이죠.

'열 수 없다'가 卯에 이르면 亥가 寅亥의 합을 어느 정도 해체를 합니다. 그래서 亥가 卯를 따르고자 한단 말이에요. 亥에서 보면 이 寅이 亡身殺이거든요.

그러면 辰에 이르면 怨嗔이 되면서 亥水가 入庫를 합니다. 그러면서 이 寅木의 활동력이 두드러지게 강화되는데 굉장히 중요한 원리들이에요.

만약에 이 여인의 범을 해석할 때 무엇을 대동하고 있습니까? 地藏干 속에 보니까 戊土 偏官을 대동하고 있죠? 뭔가 남자로서의 역할이나 기능을 제한적으로 둘 수 있는 존재가 대동하여 있다는 뜻이 됩니다.

그 자체로서 申, 酉, 戌, 亥, 子, 丑이 陰에 속하고 寅, 卯, 辰, 巳, 午, 未가 陽에 속한다면 寅도 큰 놈인지 작은 놈인지는 알 수는 없지만 陰에 갇힌 3陽의 기운입니다. 그래서 젊은 놈이라고 보는 것이죠. 보통 젊은 놈인데 젊은 놈이 아니면 고집불통이든지, 젊은 놈이 떼를 쓰더라는 거죠. 寅木이 원래 떼를 쓰는 것이에요. 天干으로 보면 甲인데 甲이라고 하는 것이 원래 고집을 세우면 자기 고집이 안 꺾여요.

그래서 그런 陽氣의 덕을 입을 수 있는 기회가 열릴 것인데 이 辰운에 갔을 때 이 寅木의 작용을 열어 줍니다.

그다음에 巳운이 오면 확실하게 亥水의 작용력을 밟아주죠. 밟아줌으로써 寅木의 작용이 열려진다는 것이죠. 그런데 다시 巳운이후부터 午, 未, 申, 酉까지는 寅木으로서의 작용이 되는 것이 아니고 午운 이후부터 오히려 寅木의 작용이 未로 따라가 버립니다. 이쪽을 따라감으로써 오히려 亥水가 서서히 득을 볼 수 있는 상황이 오는데 寅이 午나 未까지는 계속 짝을 지으려고 합니다. 三合을 쫓으려고 하죠. 甲하고 己하고 合이 보여요? '寅과 未'

그다음에 申에 이르러서 寅木의 작용이 위축되고 申金에 亥水가 長生합니다. 이럴 때 다시 亥水의 작용력이 활발해진다는 것이죠.

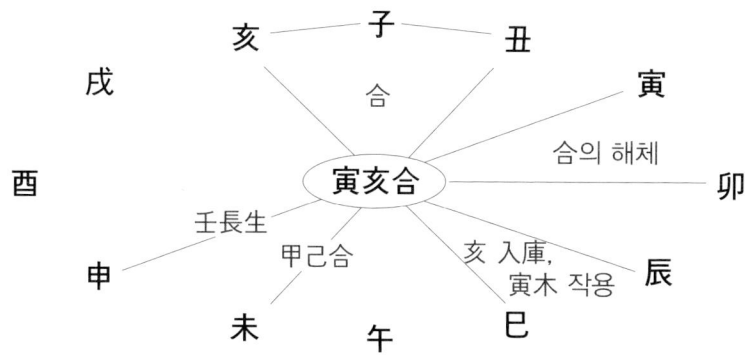

酉에 이르러서도 寅木의 작용력을 많이 억제하고 있죠. 그다음에 戌에 이르러서 마찬가지로 寅木의 작용력이 꺾여 있죠? 그래서 이때는 亥水의 작용력이 더 득세해 가지고 있다가 戌 다음에 亥에 이르러서 亥, 子, 丑, 寅까지는 또 서로 에워 쌓여져 있는 모양입니다.

合도 여러 가지 글자의 간섭에 의해서 이쪽이 강화되었다가 저쪽이 강화되었다가, 이쪽이 펼쳐졌다가 저쪽이 닫혔다, 오고 가는 것이에요. 그것을 해석하는 방법은 주로 三合, 怨嗔, 冲 이런 것들에 의해서 유년에 어떻게 간섭을 하느냐가 그대로 해석의 수단이 됩니다.

보통 未년의 말쯤이 되면 寅이 꺾입니다. 寅이 未에 入庫를 하면서 申에서 亥水가 長生을 하고 寅은 꺾인다는 것이죠. 그다음에 酉에서 寅木의 기운이 회복되기는 하지만 작용력이 활발하지 못하기 때문에 亥水 중심의 기운이 더 많이 작용하게 되는 것입니다.

이런 식으로 봤을 때 庚辰년, 辛巳년 쯤이 되니까 寅生 남자가 장사하는 일을 도와주는 일이 생기더라는 것이에요. 범띠 남자가 도움을 주려고 하고 있더라는 거죠. 그 시기는 아마 卯년의 말이나 辰년쯤 되었을 것입니다. 그럼으로써 이 亥水가 작용력이 약화되면 寅이 득세를 하죠. 그래서 寅生 남자인데 그러면 서방님은 무슨 띠를 만났습니까? 일찍이 陽氣가 년에 열려 있었고 성혼에 대한 뜻은 일찍 봤죠.

寅이 食神입니다. 그런데 애석하게도 空亡이고 合이고 해서 자식 잉태 생산의 뜻이 쉽게 발생하는데 남자는 庚子생 남자를 만납니다. 일지법의 일지에 紅艶이 들어오죠.

개인적인 금전 활동의 분야라도 봅시다. 금전 활동의 분야로 볼 때 官星의 덕은 시에 戊土로 드러나 있고 그다음에 寅中 丙火나 戊土의 인자로서 남편덕을 입고 있는 모양인데 이것이 空亡 그다음에 무늬는 일지의 子생입니다. 그래서 인연은 어느 정도 갈 것이라는 것은 알 수 있는데 남편으로서의 역할은 부족합니다. 그것은 팔자에 있는 偏官, 正官을 떠나서 바로 火부족의 해입니다.

아까 陽氣 태과의 여자 봤었죠? 그 사람은 서방이 일반적인 조건으로 볼 때는 '야! 너는 그런 서방하고 어떻게 사느냐?' 하는데도 그 사람 보면 마음이 흔들려서 안 된다는 것입니다. 陽氣에 노출되어서 그렇거든요.

이 사람은 해보려고 해도 결국은 서방이 나를 골병을 들이는 겁니다. 그래서 서방님하고 사업을 했는데 결국 골병들고 재물관리라든지 하는 것을 위해 법적으로 정리해 놓은 상태, 즉, 법적으로 이혼을 해 놓은 상태인데 寅生 남자가 장사를 같이 해 보지 않겠느냐 해서 거들어 주고 있는 상태로 지내고 있습니다. 지금 유년을 보세요.

癸未년, 甲申년에 이르면 寅生 남자의 도움이 제대로 연결이 안 되게 되어 있습니다. 그다음에 개인적으로 食傷이 入墓, 絶地로 들어가죠?

그러니까 밥그릇과 노래를 부를 수 있는 창고가 극단적으로 위축되고 있다는 것입니다. 이럴 때는 말 그대로 콩쥐처럼 살아야 돼요.

친구 가게에 가서 갈비도 좀 썰어줘 봤다가 하면서 콩쥐처럼 보내는 세월이라는 거예요.

그래서 앞으로 술집을 해 볼까 고민하고 있기는 하는데 저 경우에는 물장사를 하면 어떨까요? 대운에서는 이미 丁未 대운에 들어와 있어요. 丁未대운을 '正財다, 正官이다'고 보면 안 된다고 했죠? 丁未 대운을 지나 갈 때는 뭔가 한쪽으로 '승부가 난다'가 아니라 '未定이다' 입니다. 그래서 정해지지 않았다는 '未' 입니다.

이 운에는 아닌가 하면 되고, 되는가 하면 안 되고, 그래서 장사를 '꼬라지'가 없는 것을 한다면 체면 유지를 할 것입니다.

그런데 유년이 너무 안 받치고 있습니다. 그래서 차라리 친구 장사를 거들면서 세월을 보내는 것이 현명한 일입니다. 그리고 지금 서러운 것은 어쩔 수 없습니다.

31세 이후에 뭔가 외부적으로 남자의 도움이 오는 이유는 글자 자체가 午, 未라고 하는 陽氣의 덕에 노출되어 있기 때문에 돈이라도 도움을 주려든지 애정적으로라도 도움을 주는 남자관계는 자꾸 발생을 하더라는 겁니다. 그런데 진정으로 서방덕을 기대하기는 어렵더라는 것이죠.

여자 팔자에서 寅午戌, 亥卯未 운에서는 아무리 남자가 없다 하더라도 친구 같은 남자라도 있을 것이요, 금전적인 거래라도 하는 남자가 따를 것입니다. 서방덕이 없다 해도, 남편이 없다 해도 뭔가를 보태주는 남자 덕을 입는 것입니다.

그다음에 申子辰, 巳酉丑 운은 아무리 본인이 서방이 있다고 우겨도 과부로 봅니다. 아주 먼 곳에 있는 것이 아니고 가까이 있기 때문에 '서방이 있는 과부' 라는 말을 나는 알고 있습니다.

인생이 陰陽운동에 갇혀서 사는 것이죠. 그래서 여자가 火氣 부족의 해로움으로 노출되어 있을 때 여러 가지 고충이 많이 온다는 것입니다.

뒷날에는 저기 偏印星(시에 申)이 그래도 팔자에 비교적 훼손이 덜 된 글자입니다. 훼손이 덜 된 글자가 한 개라도 있으면 잘 산다 보면 됩니다. 이 경우에는 그래도 申子 合에 의한 훼손이죠.

申이 그렇다 치더라도 子는 비교적 훼손이 안 된 글자로 이것이 劫財입니다. 劫財라 하더라도 훼손되지 않는 것은 다 유용하게 크게 씁니다.

食神이 空亡되어 있죠? 合되어 있죠? 亥水도 祿인데 合되어 버렸죠? 이런 식으로 다 못쓰게 해 놨죠? 申子는 三合으로 되어 있지만 그 운동성이나 방향을 많이 틀어 놓은 것이 아니라는 것이죠.

합이라는 자체가 있는데 이것은 金水 운동을 그대로 시키고 있죠? 그래서 이렇게 반듯한 글자가 있음인데, 이게 뒤에 뭐로 가는지 압니까?

쥐를 잘 쓰고 있다 함은 쥐들처럼 노는 인간들을 상대하는 장사나 일이라는 것이에요. 인간이 쥐가 될 때 엎드려서 발발발 기어 다니거든요. '성기를 가리고' 라는 것입니다.

눈에 보이지 않게 하기 위해서 기어 다니고, 그래서 대체로 유흥임대 중에서 숙박업, 목욕탕이나 찜질방 중에서 처음에는 아주 조그만 용역과 장사를 하다가 뒷날에 숙박이나 목욕에 관련된 일로서 성공이 되더라는 것입니다.

그것이 偏印이라 하더라도 그것은 내 것입니다. 偏印이라는 말은 비록 골목집 촌 동네에 있는 문서라 하더라도 이것이 내 것이라는 것이에요. 그다음에 구멍 난 食神도 '내 것이 된다'는 것이에요. 그래서 자식들이 공(空)하고 망(亡)하였다는 뜻은 객지로 나가거나 동거하여 살기 어렵다는 뜻이 되는 것입니다. 午 대운에 이르면 유흥임대 등에 인연하여 장사를 하면 午 대운에 크게 일으킵니다.

실조되어 있기 때문에 어느 정도 고달픔은 따르지만 크게 재물을 이룩할 수 있는 방법이 따르게 됩니다. 하나 더 연습해 봅시다.

여자 팔자에 陽氣 태과로서 이건 심한 모양은 아닙니다.

時	日	月	年	坤命
丁	丁	辛	己	
未	巳	未	丑	

戊	丁	丙	乙	甲	癸	壬	大運
寅	丑	子	亥	戌	酉	申	

이 팔자도 계절적으로 午, 未, 子, 丑에 걸려 있습니다. 결혼을 23살, 辛亥년에 했어요.

이 경우에도 기본적으로 官星이 어디에 있습니까? 丑중에 癸水로 존재를 하고 이것이(丑) 空亡이란 말이죠. 空亡임에도 불구하고 결혼이 빨리 열리더라는 것이죠.

옛날에 비하면 빠른 것은 아니지만, 결혼이 열리고 자식 인연이 甲寅생(甲년의 甲과 己丑생의 己가 合)이 이렇게 붙들리죠.

그다음에 丙辰은 巳중의 丙火가 辛金을 붙들죠. 이렇게 함으로써 아들 생산의 잉태 인자가 되는 겁니다. 저 경우에는 만약에 未가 득세하여 있으면 원래 火, 土 태과에 자식이 들어서고 낳고 하는 것이 힘들죠. 丑을 土로 보지 말라는 거예요. 丑하고 戌은 절대 土로 보면 안 됩니다. 土로 보지 말라는 것이죠.

그럼으로써 陽氣 태과의 해로움이 자연 해소되어 있는 모양인데 그 해로움이 적더라는 것입니다.

제 7강좌 : 陰陽에 의한 직업론(5)

時	日	月	年
戊	丙	己	丁
戌	午	酉	酉

坤命

 이런 모양은 거의 실조라고 보기는 어려운 것이죠. 실조로 처리하면 안 되고, 남자냐 여자냐에 따라서 官星이나 '五行허결' 이런 것을 중심으로 따져야 되는 것입니다. 이런 경우는 전혀 五行실조가 아니죠. 酉가 거듭하여 있다 하더라도 이것이 대체로 '陰이 중복한다' 할 때의 陰 운동입니다.
 이것을 기후로 생각하자는 겁니다. 제일 빨리 모든 것을 이해할 때는 그 기후로 생각해 보라는 것이죠. 그래서 酉나 戌시가 날씨가 쌀쌀한 날씨임은 분명하지만 태어난 날에 午火가 들어 있고 태어난 날이 丙으로, 년에 丁으로 이렇게 陽氣를 의미하는 것이 드러나 있을 때는 그렇게 지나친 실조가 아닙니다. 이 경우에는 五行의 허결, 五行의 많고 적음 이런 것을 가지고 따지라는 것이죠.

이 경우에는 서방이 없습니다. 陽氣 태과에 아예 없으면 한번 가고 딱 치워 버려요. 한 놈이면 되었다는 거죠. 그런데 이런 경우에는 오히려 중화되어 있기 때문에 '혹시, 혹시' 하면서 가는 거죠. 재혼하는 것이 복이 있다는 사람도 있어요.

보통 팔자에 엄마나 할머니가 둘이 있어 시집을 두 번 못 간다 하면 "아!~ 미치겠다."고 한다니까요. 어떤 사람은 재수가 좋다고 하는 사람이 가끔 있던데 대부분 "미치겠다!"예요.

時	日	月	年
丁	丁	辛	己
未	巳	未	丑

坤命

이 경우에는(己丑생 丁巳일 예) 五行 허결로 처리해야 되고 하나 정도의 陰氣가 들어와 있을 때 계절을 많이 봐서 6월 염천(炎天) 낮에 태어났고 火氣 태과의 害를 가지고 있다는 뜻이 되는데 대체로 먹고사는 문제는 글자 자체로서 食神입니다.

물론 羊刃이 들어와 있지만 食神의 인자가 잘 펼쳐져 있어서 먹고 사는 문제는 크게 궁핍하지 않는 그런 흐름을 가지고 있는데 대운이 壬申, 癸酉, 甲戌, 乙亥로 陰의 운동으로 들어가죠. 먹고 사는 것은 문제가 아닌데 남편하고의 관계가 여러 가지 고달픔을 겪었습니다.

남편을 어떻게 얻었습니까? 대운이 좋은 흐름으로 들어가고 있으니 이 사람이 남편을 어떻게 취하느냐 하면 丑이 空亡이 되어 있다는 것이죠. 그래서 空亡난 남편에 들어가 있다는 것이거든요.

空亡된 자리에 가 있는 남편을 만났다는 것은 미군하고 짝이 이루어졌다는 것이에요. 아니면 외무부 남편이나 해외남편이 되는데 실제로는 외무부의 군인 같은 것이 있잖아요.

군인과 민간인이 반쯤 섞인 형태로 실제로 배우자 인연이 이루어진 것이죠. 직업적으로 자꾸 떨어져 살았던 환경이니까 기본적으로 남편과의 인연도 오랫동안 유지되었고 대운도 壬申, 癸酉, 甲戌, 乙亥, 丙子, 丁丑인데 陰 대운을 쭉 쫓아감으로써 남편덕과 재복을 기본적으로 지키더라고 보면 됩니다.

時	日	月	年	坤命
	甲	丁	丁	
	午	未	未	

甲	癸	壬	辛	庚	己	戊	大運
寅	丑	子	亥	戌	酉	申	

시간이 정확하지는 않는데 아마 적어도 印星이 있는 시간일 겁니다. 壬申時나 癸酉시 아니면 저녁에 乙亥時, 丙子時 이런 식으로 印星이 들어와 있을 것입니다. 이런 경우도 실조가 되어 있죠. 陰陽실조, 시에 있다 하더라도 어느 정도 실조라는 겁니다.

저 경우에는 여인은 陰陽 실조라 하더라도 午, 未를 잘 씁니다. 그래서 직업적으로 傷官格이죠.

傷官格이 되어 있는 모양에 이것(丁, 丁, 午)이 만국되어 있죠. 직업이 많은데 여자는 실조된 글자도 잘 써먹는다는 것입니다.

물론 당연히 시에서 보조되어 있을 것인데 전공은 법학을 했고, 변호사 시험에 굉장히 빨리 합격했어요. 傷官은 득세를 하면 많은 천재성을 주는 별이거든요.

천재를 만드는 별입니다. 배우자 인연은 어디로 쓸 것 같습니까? 늦게 결혼을 한다면 시에 있는 것을 쓰겠죠. 陽氣가 벌어져 있으니까 빨리 쓸 수 있습니까, 없습니까?

앞에 陽氣뿐이잖아요. 시에 陰陽 調候는 되었다고 봤을 때 강한 실조가 아니라고 보고 그냥 그대로 未가 天乙貴人입니다. 물론 이자합연(二者合緣)에 의해서 卯生이나 丁이 끌고 오는 壬寅생은 쓸 수 있겠죠.

그리고 어차피 교육, 필설에 말로 먹고 사는 별은 그대로 드러나 있습니다. 木火通明이 대체로 말로 먹고 살거나 또 예술로 치면 성악이나 기악이 많아요. 소리라는 것이 食傷이잖아요.

그러니까 불의 기운에 가까운 食傷은 가볍고 멀리 간다라고 하는 것이니 '木火傷官'의 모양은 말로 먹고 사는 것이죠.

乙일주 자체가 말로 먹고사는 직업인 겁니다. 살아가면서 꼭 말로 먹고 살아본다는 것이 바로 이 乙일주예요. 그러니까 丙, 丁을 食傷으로 쓰기 때문에 가볍고 멀리 가는 놈을 食傷으로 쓴다는 말은 그 소리를 취하고 또는 빛을 취합니다. 소리나 빛을 丙, 丁의 속성으로 봐 가지고 그렇게 삼는 것이죠. 이런 경우는 실조되어 있지만 아주 긍정적으로 쓰는 것입니다.

時	日	月	年	坤命
壬	乙	丙	乙	
午	卯	戌	卯	

壬	辛	庚	己	戊	丁	大運
辰	卯	寅	丑	子	亥	

팔자에 卯戌이라는 글자의 작용력을 잘 보세요. 卯戌이란 춘추

의 슴이라 했습니다.

저 경우에는 調候 실조의 인자가 거의 없습니다. 한눈에 봤을 때 이것은 무엇인가 陰陽的으로, 그다음에 동서(東西)로 기울어짐이 없다는 것이죠.

卯가 東이고 戌이 西입니다. 午가 南이죠. 그래서 北쪽이 없는 팔자입니다. 시에 壬水가 북쪽이죠. 이렇게 함으로써 팔자에 食神과 財星이 무리지어 있고 丙傷官이 地支에 午와 戌이 있어 세력이 있습니다.

세력이 있는데다가 다시 日干이 乙卯년 乙卯일 함으로써 그 자체로서 결국 신(身) 약강을 따진다면 不弱이죠.

가을에 나무가 아무리 튼튼하다 하여도 강약을 따질 때 약은 약이에요. 그런데 乙卯, 乙卯가 무리지어 있어서 不弱, 약한 것은 면하는 정도는 되었다고 하는 거죠.

그래서 身旺, 몸이 튼튼하고 食傷이 왕하고 身旺食旺하여 기본적으로 경제적인 번영 발전이 크게 이루어질 수 있는 밭을 가지고 있는 것이죠.

대운이 丁亥, 戊子, 己丑, 庚寅, 辛卯, 壬辰 이렇게 들어가요. 아마 己丑대운까지는 대체로 자기 능력을 활발하게 발휘하지 못하다가 庚寅, 辛卯, 壬辰 이런 때 들어가면 크게 발하게 됩니다.

庚寅, 辛卯에 들어가서 발하게 되는 이유는 比劫이 오기 때문이 아니라 丙火 傷官이 長生하여 득세하기 때문이죠. 庚寅, 辛卯 대운쯤 되는데 보통 월에 正財가 반듯한 모양을 가지고 있으면 대강 물려받아도 300억에서 500억 정도를 물려받아요.

이런 경우에는 調候 실조에 몰리지 않는 모양이죠.

그다음에 개 戌자나 용 辰자는 종합성을 의미하는데 이것저것을 다 끌어 놓은 것을 의미합니다. 戌은 안으로 끌어 모아놓은 것이고 용은 밖으로 비늘을 붙여 놓은 것이죠.

그래서 때깔이 나는 모양인데, 그래서 개 戌자가 단순히 혼자 놓여 있다면 무용입니다. 밖으로만 커 보이고 알맹이가 약한 것인데 丙火나 食神이 드러나 있음으로써 대세를 가지고 있는 모양이 되었죠.

직원이 한 1,000명 정도 되는데 상속 혜택에 의해서 이를 맡아 관리하고 있는 여인입니다. 乙卯생이면 이제 30살이 됩니다.

그런데 서방복은 戌 중에 辛金이라서 五行 대세가 약하지 않죠. 戌중에 辛金은 酉金하고 거의 같은 대세로 보라고 했죠? 상당히 五行대세가 강한 모양이고 생산의 뜻을 의미하는 戌과 같이 자리를 하고 있지만 안방에서는 卯하고 戌하고 움직이고 있을 때 木이 강해질 때는 이 戌이 도로 허물어진다는 것이죠. 그러니까 乙木이 戌을 만나면 入墓하죠. 그래서 比肩이 入墓를 하는 피해를 당하니까 대체로 卯 희생이 발생합니다. 그런데 寅이 오거나 卯가 오거나 辰이 오거나 이렇게 해서 木氣를 볼 때는 戌이 다시 허물어진다는 겁니다. 戌이 土로서의 작용을 못 하게 되죠. 그래서 寅, 卯, 辰의 운에 걸려들면 남편하고 관계가 굉장히 고달픈 관계로 간다는 것이죠. 내용이 어떻게 되는지 봅시다.

학생 질문 - 戌 중의 辛金이 酉의 대세와 같다면 완전히 같다는 것입니까?

선생님 답변 - 酉의 대세와 같다는 것이죠. 戌의 모양을 하고 있기 때문에 기본적으로 卯戌과 合을 하고 있는 모양이죠. 그러니까 地藏

干에 있는 것과 다른 것이죠. 戌 中 辛金은 약하지 않는 것을 설명하는 것입니다. 만나면 센 놈하고 한다는 거죠. 짝을 짓는데 안방으로 끌고 들어오면 제대로 卯에게 자기가 官星으로서의 역할을 못하게 되어 있다는 것이죠.

그다음에 남자 팔자 중에 괜찮은 것을 볼까요.

학생 질문 – 卯생 남편이 오면 어떻게 됩니까?

선생님 답변 – 卯생 남편은 유지는 하지만 여전히 남자로서의 역할은 부족합니다. 그래서 두 사람의 인간관계나 애정관계만 유지될 뿐이지 남편으로서의 역할은 어차피 허결합니다. 대체로 인연을 길게 열어 주는 작용을 할 뿐이지 원래 팔자 안에 官星이 득세해 있는 모양이 아니면 힘들다고 보는 것이죠.

학생 질문 – 卯戌 合을 하면 格이 흐트러지는 것 아닙니까?

선생님 답변 – 흐트러지는데 이놈(午戌)이 끼어 있잖아요. 대세가 午와 戌하고 무리지어 있다는 것이죠. 그래서 이 개 戌자가 단순하게 土로서는 작용이 약해요. 그런데 이 食傷이라는 글자가 끝없이 관계를 조절하게 돼요. (午가 戌의 밭 또는 印星이라는 이야기)

뒤에 格用論으로 가면 印綬 하나만 가지고 한 시간 내내 할 거예요. 印星論이 얼마나 중요하냐 하면, '밭론' 기억납니까? 밭이 있고 없고는 엄청난 차이가 나는 것이에요.

코스모스가 밭에서 자라서 가로수가에 끝없이 씨를 뿌려 놓았다면 그다음 해 어김없이 다시 코스모스가 피어올라 오고, 밭이 있다는 것은 印星이 있다는 것과 똑같은 것이에요.

그러니까 財가 있다면 財의 밭이 있어야 되고, 食傷은 比肩이라는 밭이 있어야 되는데 밭이 몇 개에요? 1, 2, 3, 4 (乙卯, 乙卯). 일단 午×4, 곱하기 4입니다.

이때 네 배로 증폭이 되어서 다시 개 戌자로 가는데 戌자에 다시 들어오는 것이 丙하고 午하고 같이 들어오죠? 이렇게 財根이 뚜렷하고, 財根에서 金으로 안 빠져나가고 재물의 기(氣)에 머물러서 모든 기운이 서 버렸지요.

원래 이 戌이 무늬만 土인데 이건 알맹이 土단 말이에요. 印星論을 알아야 "아! 이제 六親에 자유를 얻었다"는 소리를 하게 됩니다.

인간이 모태(母胎)를 떠나서 자기존재를 정립하게 되고 끝없이 자기존재를 지키게 되는 것이 결국은 여기 印星으로부터 시작하게 된다는 것입니다.

그리고 印星을 하늘에서 내려 줬다는 것은 능력을 천부(天賦)했다는 것이죠. 하늘이 그 능력을 인정하여 면제, 잘못이 있어도 그것을 하늘이 덮어 줄 수 있는 것이 바로 이 印星에 의한 것이에요. 그만큼 이것이 중요한 것입니다.

五行的으로 뭔가 하나만 빠져도, 이 팔자에는 印星의 밭이 되는 官星이 빠져 있는 것입니다. 그러니까 이 印星(壬)이 위기에 내몰리는 상황이 발생합니다. 밭이 없다는 것은 만약에 合去를 해 갔을 때 이것을 다시 재생시킬 수 있는 힘이 없다는 것이에요.

그래서 삶의 극단성을 만들어 주는데 그것도 五行的으로 없는 것을 앞뒤로 살피는 것이죠. 보통 우리가 습관적으로 하는 것은 "아! 이것은 官이 없다"죠. '官이 없다' 고 보는데 이것을 조금 확장을 하면 '印星의 밭이 없다'는 것입니다.

학생 질문 – 丁이 들어오면?

선생님 답변 – 丁운이 들어온다. 印星을 허문다는 것은 보통 이 食傷을 쫓아서 사업적인 융통성을 더 강화시키다 보니까 부동산이라든지 문서형태의 재산을 모두 한 번 배팅해야 되는 상황까지 내몰린다고 보는 것이죠. 극단성을 만들어 준다는 것입니다.

그래서 印星論 가지고 저녁 시간 내도록 할 것입니다. 뒤에 六親편에서 다루기로 합시다.

남자 중에 調候가 잘되어 있는 모양입니다.
대체로 남자들은 음물(陰物)이 많음으로써 잘 쓰는 것인데, 보통 申子라든지 酉丑 이런 것들이 있는 팔자가 잘 쓰거든요. 그런 것 중에서 申 이런 것들을 잘 쓰죠.

時	日	月	年	乾命
癸	乙	甲	乙	
未	丑	申	未	

丁	戊	己	庚	辛	壬	癸	大運
丑	寅	卯	辰	巳	午	未	

보통 이 팔자를 보면 '財多 身弱에 印綬도 시에 가 있고 뭐 볼 것 있겠나?' 하고 해석합니다... 그렇게 생겼죠.

偏財星이 거듭하여 있고 월지 官星이 되는데 좋은 팔자에요.

이런 팔자를 보면 '말시키지 말라'며 확 글을 써 내려가야 돼요. 이런 팔자에서 기본적으로 이런(丑, 未) 것들은 調候 실조의 인자지만 계절에서 未는 未生申합니다.

이 申이 다른 글자에 훼손당하고 있지 않죠? 그런 모양에 월에 申正官이면서 天乙貴人이죠. 天乙貴人인데 印星 소통이 그 자체에서 壬水가 있기는 한데 시에 드러나 있죠?

官과 偏財들이 대체로 무리 지어 있고 官이 안정되어 있으면 이 팔자는 큰 조직과 손을 잡고 하는 납품이나 용역사업을 크게 일으킬 것입니다.

거기에 자기도 官운을 구하면 이루어질 것이며 모 지역에서 시의원, 구의원을 오랫동안 했습니다.

또 형제의 운세를 논한다면 원래 형제의 운세가 귀한 것인데 형제의 운세가 甲申월에 있습니다. 월에 劫財가 있으니 '형제의 운세를 논한다'죠. 형제의 운세를 논하는데 형제는 뭐를 더 씁니까? 나는 乙丑 財星을 가까이 두고 쓰고 형제는 官星을 더 가까이 쓰는데 3선인가 4선인가 한 국회의원입니다.

이런 팔자가 좋은 팔자입니다. 申이 格이면서 用이면서 삶이면서 모든 생의 환경을 조성해준다는 말이에요. 貴人이면서 正官이면서 반듯하니까 그렇습니다.

말뚝은 튼튼하게 박혀 있으면 말뚝에다가 줄을 묶어서 개도 묶어 놓을 수 있고 소도 묶어 놓을 수 있고, 나쁜 놈도 묶어 놓을 수 있습니다. 그래서 무엇인가 팔자에 한 개만 잘 생겨도 부자의 인자가 있다고 보면 됩니다.

 이런 팔자는 딱 보자마자 "말하지 마세요, 내가 다 적어 줄게! 여기서 더 고칠 것이 있습니까?" 하니까 "하나도 없어요." 하지요.

 이 팔자에 貴人이 모든 기운에 잘 에워 싸여 있어서 득세해 있는 모양이에요. 명의 身弱 身强을 따지면 골 때리는 팔자잖아요.

 '財多身弱에 官印이 떨어져 있어 직장이 안정이 안 되고' 이런 식으로 해석하면 안 된다는 말이에요.

 그다음에 이 申이 무슨 合이죠? 천관지축(天關地軸)에서 나오죠. 天關地軸에서 未, 申이 하나의 우합(隅合)이 되는 것이죠. 우합을 이루면서 이 申이 양보하지 않는 기운입니다. 그래서 실제로 그렇게 살았고 유년으로 치면 寅년에 고달프지요. 巳년에는 申의 역량을 자꾸 훼손하려고 함으로 고달프겠고 午년은 申을 동요 불안케 함으로 그럴 것입니다.

 亥, 子, 丑도 양상만 다르죠. 申을 이 庚金으로 봐서 病地, 死地, 墓地가 되니까 원래 丑년과 寅년이 가장 申을 불안하게 한다는 것이죠.

 丑에 申이 入墓가 되는데 이때에 대체로 잡음이나 구설, 명예의 훼손사 등이 발생하는데 未가 入墓를 막는 이것이 열쇠란 말입니다.

 入墓를 막는 열쇠가 위(년의 未)로도 돕고 아래(時의 未)로도 돕고 해서 官 入庫의 불미스러운 일이 생기더라도 그것을 열어줄 열쇠를 가지고 있습니다. "丁丑, 戊寅년에 관재, 구설 이런 것으로서 명예에 손상이 올 뻔하였으나 절대로 들어가지 않고 전화위복의 계기가 될 것이다." 했더니 "그게 보입니까?" 하더라구요. "여기(팔자)에 써놨네!"죠.

뒤에 가면 논리가 간단해요. 한 개만 잘 생기면 잘 삽니다. 아까도 壬子에 戊申시 팔자 있었죠? 그 여자 뒷날에 잘 살아요. 단지 업종이나 분야가 그렇다는 것이지 어찌 되었든 칼만 똑똑한 것 하나만 쥐어져도 다 살길이 있습니다. 그런데 못 쓰는 칼이나 녹이 슨 칼을 쥐면 어떻게 됩니까? '칼질도 못하나' 하면서 하는 짓이 병신 짓밖에 안 된다는 거예요.

그러면 칼이라도 똑똑하면 어느 놈 뒤통수를 치든지, 강도를 하든간에 먹고 살 길이 똑똑하게 생기겠죠.

돌멩이라도 하나 큰 것 똑똑한 것 주면 잘라 쓸 수 있고, 어떤 유용함을 가지고 있는 것이죠. 나무를 하나 주더라도 똑바르고 큰 것 하나만 주면 그것 가지고 먹고 살 수 있죠.

그래서 팔자 내에 이렇게 강조되어 있는 글자, 좋은 글자, 보통 남자 팔자를 볼 때 대체로 긍정적으로 써먹는 글자들이 申, 酉, 丑 이런 것들이 남자들은 대체로 긍정적으로 쓴다고 보면 됩니다.

우리가 좋은 팔자를 보면 힘이 자꾸 빠지기 때문에 우리보다 더 고달픈 팔자를 보면서 연구를 할 때 마음이 편안하죠.

오늘 사실은 五行까지 더 해보려고 했는데 욕심내기는 어렵고 아무튼 조후실조(調候失調)라는 측면에서 대운이라든지 팔자를 접근하는 것을 자꾸 연습해 보고 그런 팔자를 보면 일단 30점을 삭감하고 접근을 시작한다고 보면 됩니다.

뒤에 가면 종합해서 실조가 되면 印綬 빠진 팔자와 일단 급수를 같게 본다는 논리를 확장시켜 주도록 하겠습니다.

아무튼 調候失調라는 것이 남자 여자가 써먹는 법이 다릅니다.

그다음에 대운의 해석에서 인간이 보편적으로 써먹는 방법이 다릅니다. 그다음에 子, 丑, 午, 未는 무조건 실조를 논합니다.

　실조된 형태에 따라서 이 정도로 정리를 하고 다음 시간에 五行론을 가지고 진도를 나가도록 하겠습니다.

제3강

제 8강좌 : 五行에 의한 직업론(1)
음양과 오행이 매칭되어 六親이 된다

지난 시간에 陰陽편을 공부했습니다. 제일 먼저 陰陽的인 측면에서 접근하는 논리 그다음에 五行的인 측면, 세 번째가 干支, 네 번째 六親, 다섯 번째가 神殺에 의해서 팔자 분석이 쭉 이루어져 나갑니다.

지난 시간에 陰陽的으로 팔자를 보아 나갈 때 가장 중요한 것이 陰陽的으로 調候가 중요한 것이라고 했습니다. 調候 인자를 干支적인 측면에서 점검해 봤습니다. 甲~癸 그다음에 子~亥 그것이 뒤에 干支 중심으로 다뤄보는 시간에 干支만 가지고 길흉을 따져 나가는 식으로 다루어 나갈 것인데 그때 종합적으로 해 보기로 하겠습니다.

1. 五行

오늘, 다 배운 五行을 무엇하려고 다시 하느냐고 할 수 있는데 五行이라는 것이 끝까지 四柱 해석의 중요한 논리가 되는 것을 모르고 있을 때, 기초 개념으로서의 五行과 이 개념을 전부다 어느 정도 분석을 위한 도구로서 이해를 한 다음에 다시 생각해보는 五行은 다릅니다. 五行을 여러 가지 의미로 해석해 볼 수 있다는 것이죠.

크게 따지면 陰陽이나 干支가 모든 해석의 논리에 우선해 있는 것인데 陰陽하고 五行이 서로 매칭되어서 결국 六親이 되죠. 그래서 六親으로 넘어가는 五行 인자의 뜻이 무엇인가를 따져 보자는 것입니다.

이미 五行的으로 '木, 火, 土, 金, 水가 相生, 相剋의 개념에 있다'는 것은 다 알고 있습니다. 아직도 '木은 나무'라고 공부하면 안 된다 했습니다.

'다섯 가지로 다닌다' 라고 하는 行이라고 하는 것이 시간성 또는 운동성을 의미하는 것이죠. 시간은 운동성 속에서 파악되는 것이고 운동량이라고 하는 것도 시간 속에 파악이 되는 것이죠. 그래서 시간과 운동은 떼려고 해도 뗄 수 없는 상관관계에 놓여 있는 것입니다. 결국, 木이라고 하는 것에 木行이라고 하는 문자를 붙였듯이 火 같으면 火行, 金 같으면 金行, 水 같으면 水行 이런 식으로 머리에 정리해 놓는 것이 五行에 대한 정리가 정확한 것이라고 보면 됩니다.

行한다고 하는 것은 운동성이나 방향, 시간 이런 것이 그대로 물리적인 운동이나 현상으로 드러나고 있다는 것이죠. 그래서 잘 안 바뀐다는 것입니다.

어떤 만물이 한번 밖으로 음압(陰壓), 陰운동에 의해서 압력이 발생하는 것인데 木, 火, 土, 金, 水에서는 金, 水 운동에 의해서 음압이 발생을 했죠. 그러니까 이미 수축 운동을 하고 난 연후에 밖으로 터져 나오는 것이 陽운동으로서 木, 火운동이죠. 木, 火 운동이 한 번 이루어지기 시작하면 그 방향성이 잘 바뀌지 않습니다. 이점을 잘 착안을 해 둘 필요가 있습니다. 그러니까 일주만 가지고도 충분히 四柱 해석을 다 할 수 있고 더 이상 배울 것도 없다는 것입니다.

점사의 대부분을 분석적인 측면에서 살펴보는 방법이 있고, 정서적인 측면의 해석이 있습니다. 정서적인 측면의 해석이라는 것이 그 사람의 심성적인 방향성, 습관성 이런 것들인데 그것 가지고 이야기로 반쯤 때우는 사람도 있습니다.

"성격이 어떠냐?"는 질문을 받아 봤습니까? "선생님 저는 성격이 어떻습니까?"라며 본인이 묻는 사람도 있습니다.

물론 우리가 사회과학에서 말하는 자기가 알고 있는 자기, 자기가 모르는 자기, 남은 아는데 자기는 모르는 자기, 그다음에 남도 모르고 나도 모르는 자기, 이런 네 가지가 있습니다.

고등학교 사회문화 시간에 배웠죠. 거기에서 자기가 알고 남이 모르는 자기 이렇게 쪼개서 분석을 하죠. 물론 묻는 의도는 전부를 다 포괄하는 그런 질문이기는 한데 이게 인간이기 때문에 대부분 다 공통적인 영역이 많다는 겁니다. 그래서 점을 봐주는 것이 아니고 그냥 말장난치는 것과 비슷해요.

예를 들어 "밖으로는 화려한 듯 하나 안으로는 고독함을 느끼면서 살아야 한다."는 것도 똑같아요. 대한민국의 인간들이면 공통적으로 그렇죠. "속으로는 이익을 챙기려 하나 인간관계에서는 이익을 잘 차리지 못하여 갈등이나 고통을 많이 겪는다."는 것이 인간이면 공통이라는 것입니다.

인간 공통의 이야기 반, 그 사람의 특질로서 이야기 반, 이것으로서 전체 분석의 반 이상을 채운다는 거죠.

사주카페 이런 곳에 가서 처음 공부한 사람들이 읽어 주는 내용들은 대부분 다 이 안에 있는 것이에요. 그리고 정작 분석해야 할 점사에 이르러서는 여러 가지 논리를 가지고 해석을 하다가 애매하지만, 자꾸 단정을 지으려고 한다는 것이죠.

우리가 제일 먼저 이런 분야의 접근에서 빨리 벗어나야 합니다. 내가 이런 부분을 가지고 한참을 봐 주고 해서 성격이라든지 기질이라든지 이런 것들은 수없이 많이 검증을 해 봤는데 맞더라는 거예요. 그런데 맞는데 뭐가 중요합니까. 물론 점을 물으러 온 사람들은 "아~~ 잘 보더라! 어떻게 그걸 알았지?" 하겠죠.

인간 공통의 이야기가 반을 차지해 버리고 그다음에 그 사람이 타고난 기질적인 부분을 반을 채워서, 그 사람이 받아들이기에는 많은 부분을 맞힌 것으로 느끼지만 그것은 착각입니다. 이런 식으로 점을 봐 주는 것은 전부 '설레발이'라는 것입니다.

실컷 보고 묻고, '하하하' 웃고 했는데 집에 가서 '뭐라 했더라?' 합니다.

그래서 내가 90년도부터 철저하게 이런 부분을 배제하고 순수하게 학문적으로 접근하고 분석되는 부분만을 가지고 점사의 대상을 삼거나 대화의 대상으로 삼아야 되겠다고 생각하고 학문적으로 접근한 것이 제 나름대로 공부를 발전시켜준 계기가 된 것입니다.

점(占)을 이야기로 때우는 것이 아니라 (이야기하고 내용하고 차이는 없지만) 이야기에서 내용을 채우는 것으로 바뀠다는 것입니다.

보통 책을 보고 공부할 때는 '손님 오면 다 맞혀 버리겠다', '전부

다 맞힌다'고 했는데 정작 팔자를 들고 와서 "선생님 봐 주세요." 하면 무엇부터 봐 줘야 될지 모릅니다. 정작 팔자를 보면 노련한 사람은 '설(說)'부터 풉니다. 아주 노련하게 설(說)을 푸는 사람은, '쥐약을 푼다'고 하거든요. 쥐약을 살짝 풀어요. 거기에 문자까지 푸는 사람이 있어요.

"한눈에 보아서는 좋은 팔자인 듯하나…" 하며 눈치를 보지요.

팔자 좋은 모양도 "맞아! 이런 고달픔도 있어.", 팔자가 나쁜 사람도 "그래! 나도 뭔가 될 것 같은데 팔자에 이런 글자가 있어서 그렇구나!"고 받아들여요.

둘 다 맞는 이야기라는 거죠. 좋은 상태에 있는 사람이나 안 좋은 상태에 있는 사람이나 둘 다 공감할 수 있는 것이죠. '설(說)'이 아니라 '쥐약'이 됩니다.

그렇게 해서 서서히 그 사람에 대한 정보를 캐치(catch)해 내는데 그것도 점법은 점법입니다. 우리가 의료적으로 볼 때는 망진도 있고 찰진도 있고 여러 가지가 있습니다. 문진(問診), "야 너 어디가 아파?"하고 묻는 것도 진단은 진단이죠. 더 중요한 것은 점사입니다.

대부분 손님들의 정서에서 "맞혀 봐라! 네가 나를 어떻게 아는데?" 하고 우리는 거기서 시험을 하는 수없이 쳐야 되니까 "그렇다면 내가 너를 못 맞출 줄 아느냐? 너는 쥐약 한 3방만 풀면 금세 따라오게 되어 있다."는 식으로 쥐약을 놓을 정도의 설(說)로 가는 사람들도 있죠. 그 사람들은 사실은 자기만 푸는 쥐약들이 있어요.

쥐약을 풀어서 서너 가지 이야기를 던져 가지고 "아! 이놈이 뭐를 하는 놈이구나! 요 놈이 좋은 상태구나, 아니구나!" 하는 일종의 리트머스지 같은 것이죠.

그런 것을 던져서 이야기하는 것이 사실은 학문적으로 분석하는 것보다 더 편합니다.

편하기 때문에 그렇게 해 놓고 그다음에 이야기의 결론을 보고 '그렇다면 이 글자에 이런 글자 때문에 이렇게 이루어졌을 것이다'는 분석을 같이 해 나가는 것이에요.

그다음에 결론을 내려 주는 방식인데 결국 이 부분을 철저하게 배제하고 해보자 하면서 아예 성격 같은 부분에 관한 것은 질문도 안받고 "모르요"라고 해요. "선생님 제 성격이 어떻습니까?"라고 하면 "맞히려면 한 시간 동안 계속 맞힐 수 있는데 모르겠다. 그것은 네가 더 잘 아니까 네가 거울 보고 물어봐라."고 해 놓고 철저하게 삶이라는 내용으로 분석을 해 나간다는 것이죠. 삶이 뭐냐? 당신의 삶은 무엇으로 구성되어 있느냐 이런 것들을 중심내용으로 서서히 이전을 시킨다는 것이죠.

그렇게 하면서 이야기 부분을 학문적으로, 내용으로 많이 채우는 과정으로 발판을 삼습니다. 거기에 아주 중요한 논리들이 陰陽이나 五行이나 干支라고 하는 수단이 있는데 우리가 五行이라고 하는 것에 접근해 나갈 때 그 五行的인 성격이라는 것이 어느 정도 방향성을 가지고 계속 간다는 것이죠.

그 사람의 성격에다 끼워 넣지 말고 그 사람이 가지는 습관, 그다음에 직업 이런 것에 그대로 끼워 넣어서 분석의 수단을 삼아 보라는 것입니다.

사실 성격은 설명하면 모호합니다. 어떻게 보면 맞는 것 같기도 하고 아닌 것 같기도 하고, 맞기는 맞는데 그것을 점의 전체를 봐 준거라고 말해 줄 수도 없고, 그런 식으로 모호하게 끝나기 때문에 이 부분을 내용으로 이전해 오기 위해서는 습관이나 직업으로 해석하는 방법을 써야 된다는 것이죠.

그러니까 대부분 다 五行을 보는 습관이 이것부터 분석해 놓고 넘어가려는 것이죠. '이런 성격이니까 습관은 이렇고 직업이 이럴 것이다' 하는 부분을 가능하면 차단하자는 겁니다. 그리고 습관과 직업의 인자로 들어가자는 것입니다.

그것을 위해서 五行에 대한 이해를 다각도로 할 수 있습니다.

대부분 논리를 가져와 쓰는 것이 여러 가지가 있는데 우리가 五行의 성질을 아는 것 보다도 木일주라고 하는 것 자체에서 제한하는 것이 너무 많다는 것이죠. 木일주이기 때문에 제한하는 것, 木일주이기 때문에 水를 印星으로 삼고, 그다음에 木을 比劫으로, 火를 食傷으로, 土를 財星으로, 金을 官星으로 삼습니다.

이것만으로도 이미 木일주이기 때문에 제한되어 있는 것이 너무 많다는 것이죠. 뒤에 干支하고 연결해 해석해야 될 것이 많이 있지만, 기본적으로 土가 '財星이므로'가 됩니다.

우리가 干支的으로 옮겨 쓰면 어떻습니까? 戊, 己, 辰, 戌, 丑, 未라고 하는 6개의 인자로서 財星을 삼습니다. 여기에서 天干에 戊나 己라고 하는 기상이 드러나 있는 것은 말 그대로 土의 어떤 정신적인, 추상적인 뜻이 잘 드러나 있는 것입니다.

그래서 그 사람 팔자를 관찰해 戊가 財星이냐? 己가 財星이냐? 辰이 財星이냐? 戌이 財星이냐? 丑이 財星이냐? 등을 따져 봐서 거기서 길흉을, 좋고 나쁨을 보게 되는데 戊와 己가 세력이 있는 모양인가를 먼저 따져 보겠죠.

그다음에 地支에 있다는 것은 辰하고 戌하고 丑하고 未하고는 그 속성이 현실에 드러나서 실현되는 것입니다.

그러면 그 사람과 財星과의 관계라는 것은 실제로 가정 형성을 하든, 재물을 다루든, 행동양상이든 사실형태로 드러납니다.

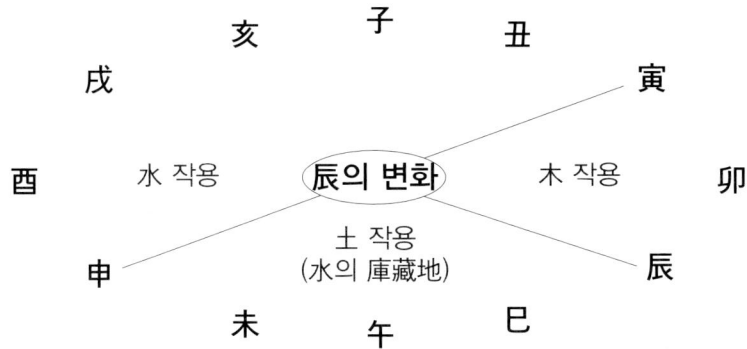

그럴 때 辰이라고 하는 글자가 土로서 작용을 제대로 지키는 시간이 언제입니까? 辰은 언제 土로 작용을 합니까?

辰에서 巳, 午, 未까지입니다. 그다음에 寅이나 子가 오면 三合에 의하여 허물어지죠. 그 작용력이 약해지고 丑도 마찬가지로 破에 의한 작용이 이루어집니다. 그다음에 辰이 土로서 작용을 잘 못하죠.

寅, 卯, 辰은 전부다 方合을 유도함으로 辰이 제 역할을 못하고 辰이 水를 에워싸고 土로서의 작용을 그대로 유지하는 것은 辰, 巳, 午, 未가 되죠. 이 시기를 지나가고 申에 이르면 다시 三合에 의하여 土가 허물어지죠. 申子辰으로 그렇습니다.

酉에 이르면 酉도 마찬가지로 六合에 의하여 土의 속성을 잃어 버리고, 戌에 이르면 戌이 辰을 沖하여서 辰중에 있는 壬水[14], 즉 辰중의 亥水라고 해도 되고, 壬水가 辰에 入庫해 있는데, 入庫해 있는 놈을 도로 열어줌으로써 결국은 戌에 辰의 土 작용이 크게 약화된다는 것입니다.

---

14) 辰중에 있는 壬水 - 원래 辰중에는 乙, 癸, 戊가 들어 있으나 癸水가 戌대운을 만나면 결국 亥를 열어 주는 인자로 보아서 표현을 辰중의 亥水라고 표현된 것이다. 박청화 선생의 강의 중에는 같은 원리로 戌중의 巳火라고 표현되는 내용도 있다.

亥도 마찬가지로 辰이 土로서의 자기 모양을 지키기 못하게 하는 것이 됩니다. 이것이 怨嗔도 되지만, 12神殺로 따지면 亡身도 되는 것입니다.

그래서 辰은 辰, 巳, 午, 未라고 하는 이 구간에서만 제대로 土로서 작용하는구나! 하는 것을 알 수 있겠죠.

확률적으로 따지면 12분의 4입니다. 약분하면 3분의 1 정도를 土로서 작용하게 됩니다. 이것도 '유년에 의하여 변한다' 가 되는 것이죠. 양적으로 3분의 1이 변한다는 것이 아니라 유년이나 조건에 의하여 변합니다.

그다음에 土를 여러 부분에서 강조를 많이 했지만 戌하고 丑은 기본적으로 모양은 土를 갖추고 있되 五行的인 의미에서 土의 작용이 약하다는 것이죠.

戌의 위치라고 하는 것이 申, 酉, 戌, 亥, 子, 丑이라고 했을 때 戌의 작용력이라고 하는 것은 火의 고장(庫藏), 火의 入庫입니다.

火의 入庫를 이루어주는 작용을 함으로써 결국 土의 운동을 하게 되는 것이죠.

土의 운동 속성은 2가지를 하는 것이에요. 五行的으로 土의 작용을 하는 것이고 그다음에 수렴하여 지킨 후에 다음 운으로 연결해주는 土가 있다고 했습니다.

辰, 戌, 丑, 未의 작용이라고 하는 것은 五行的으로 土의 속성에 그대로 맞물려 있는 것이 아니라 어떤 기운이 펼쳐지고 지켜지고 다시 열리는 그런 중요한 중매 역할이 되는 것이죠. 중매자로서의 土이지, 五行的으로 말하는 土로서의 역할을 제대로 못 한다는 것입니다.

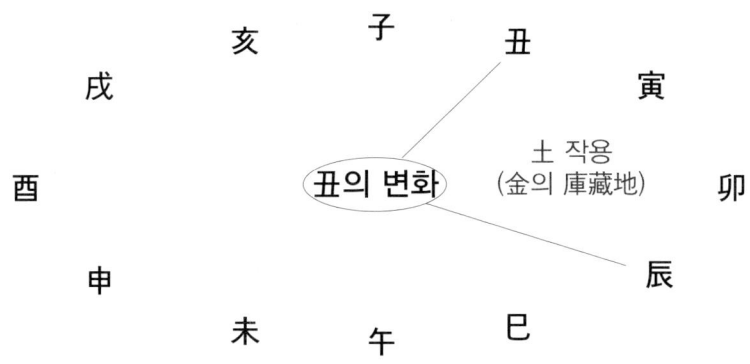

丑도 마찬가지입니다. 丑은 金을 入墓하여 무력화시키고 木氣를 열어 주고 다시 金이 올 때까지 훼손되지 않도록 지켜주는 작용을 하죠. 그런데 五行的인 土로서의 金, 水가 太旺하여 土로서의 작용력이 제대로 없죠. 그러면 戌과 丑도 아주 제한적이고 조건부로서 土의 작용이 있다는 것이죠. 12분의 1도 안됩니다. 그래도 辰은 시간적으로 3분의 1이라도 土로서의 작용력을 해줍니다.

그다음에 未가 흘러가는 것을 보세요. 未가 흘러가는데 子와 未하고는 怨嗔殺 관계가 됩니다. 그래서 未가 삭감당하거나 훼손당하는 모양입니다.

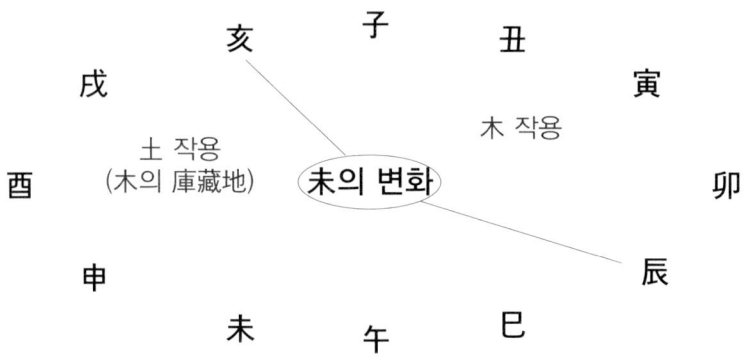

그다음에 丑은 未의 五行的인 木의 入庫 작용을 막아 놓은 모양이 되고 水氣에 의해서 火氣가 손상을 당한 모양으로 생각하면 됩니다.
'추위가 오니까 더위가 물러나고' 이렇게 생각해도 되고요. 그다음에 寅이 五行的으로 대세를 가지면 未의 기운이 木의 入庫를 제대로 못하게 합니다.
卯는 三合에 의해 마찬가지로 土의 작용이 크게 훼손이 되죠. 辰도 마찬가지로 木氣가 크게 유여하게 남아 있으므로 未의 작용이 많이 약화됩니다.
뒤에 神殺論에 가면 보게 되지만 巳는 五行的으로 巳가 未를 돕고 있는데, 巳酉丑, 亥卯未 隔角이 됨으로써 절반만 써먹습니다.
午, 未는 六合으로서 土의 속성을 그대로 지켜줍니다. 그다음에

未의 세력을 강화 시키는 것이니까 그대로 쓰게 되고 그다음에 午, 未에, 그다음에 巳에 반, 辰도 아주 약하게 쓰죠.

申에 이르면 五行的인 대세에 의해서 서서히 약화되는데 훼손이 아주 크지 않을 뿐이지 五行的으로 土로서의 역할이 점점 하락하고 있는 단계가 됩니다.

酉에 이르면 隔角이 되어서 未의 작용이 조건부가 됩니다. 그다음에 戌의 작용은 마찬가지로 未의 작용을 구체적으로 삭감한다고 해서 刑이 됩니다.

丑도 마찬가지로 丑戌未 刑이 됩니다. 辰만 五行的으로 木의 기운이 강화되어 있는 반면에 삭감의 정도가 크지 않습니다.

그다음에 亥는 亥卯未 三合에 의해서 未의 작용력이 크게 약화가 됩니다. 未에 가두어 놓았던 木을 亥에 다시 풀어놓았죠. 돼지 亥자에다가 다시 풀어놓음으로써 未가 土의 작용을 제대로 못 합니다.

木일주 하나만 가지고 가만히 생각하니까 土를 財星으로 삼는데 戊, 己라고 하는 정신적인 뜻을 땅바닥에서 오랫동안 제대로 계승하여서 그것을 지키는 놈이 거의 없죠.

그러면 木일주는 土를 財星으로 삼으니 '財星이 골병이구나!' 라는 것을 대번에 알 수 있죠. "아! 그래서 木일주에 태어난 사람은 처첩에 고달픔이 있겠고…" 라는 것이죠. 우리가 성정적인 측면이 아니고, '처첩에 고달픔이 있겠고'란 한마디만 해도 팔자에 점사의 내용으로 넘어오잖아요. 넘어오니까 처첩에 고달픔이 있습니다.

그러니까 戊, 己, 辰, 戌, 丑, 未 무엇이 있든 간에 처첩에 고달픔이 있다는 말이죠.

"지금은 괜찮은데…"라고 하면 "두고 보면 안다."란 말 한마디로 됩니다. 지금 그래도 괜찮다는 것은 그래도 마누라를 未土라든지, 원래는 木일주에 제대로 財星을 이룰 수 있는 별이 巳나 午밖에 없습니다.

戊의 기운이 巳에 祿하고 그다음에 己土의 기운이 午에 祿하고 그래서 그것을 제대로 실현시켜서 작용하게 하는 것은 巳나 午밖에 없다는 것입니다. 그래서 '처첩에 애로가 없는데요?' 하는 사람은 무조건 巳나 午가 있단 말이에요.

그다음에 未정도 까지는 그래도 陽氣가 土의 기운에 제대로 펼쳐져 있는 모양이니까 괜찮다는 것인데 나머지는 무조건 애로가 있다 보면 됩니다.

여기서 힌트를 얻은 사람은 "아! 나는 다 알았다 다음에 뭐가 나올지 알겠다." 하면 '아!~~ 土가 문제가 많은 놈이구나!', 문제가 많은 놈이라면, 여인이 壬, 癸일주라면 水일주입니다.

여자 水일주는 土로서 짝을 삼으니 土가 천태만상의 천변만화의 인자를 가지고 있고 여인 壬, 癸 일주는 전부 서방에 애로가 있습니다. "아닌데요. 잘 사는데요"라고 하면 "마 시끄럽다. 두고 보면 안다."입니다.

그래서 五行的으로 土가 운동 방향에서는 무성하여 기운이 펼쳐진 것을 의미하지만 실제 干支的으로 土의 작용이 제대로 이루어지는 것은 매우 드물구나! 하는 것을 알 수가 있죠. 매우 드물게 土의 뜻이나 현실이 지상에 실현된다는 것입니다.

그러면 남자 팔자에 壬, 癸 일주라면 土를 官星으로 쓰니 직업궁에 애로가 있겠구나!, 직업궁에 불안이 있겠구나! 하는 것을 알 수 있겠죠.

그다음에 여자가 丙, 丁일주가 土를 食傷으로 삼으니 자식 궁에 머리 아픈 일이 있겠구나! 잡것들이 모여 살든지, 잡것들이 모여 살려면 시집을 두 번 가면 되는 겁니다.

그래서 전 남편 자식 또 그다음에 새로 얻은 자식, 내 배에서 여럿 낳는 것도 골 아픈 거라. 내 배에서 여럿을 놓아도 土의 속성이 잡것이잖아요. 土가 잡기잖아요. 그래서 이 잡것들이 모여 사니까 잘못하면 고아원 원장이라는 거죠.

이렇게 팔자에 뭔가 하나가 고정됨으로써 벌써 그다음에 정해지는 것이 바로 있습니다. 그중에서 인간의 행, 불행, 애정에 가장 크게 관여하는 것이 바로 이 土라고 하는 것이죠.

木, 火, 土, 金, 水라고 하는 것이 대체로 그 성질이 동일 방향성을 가지고 뻗쳐 나가는 것이니까 그 속성을 주로 취한다는 거죠.

조금 더 확장할 수 있는 사람들은 木의 기상이라고 하는 것을 그대로 취해 가지고 일주만 가지고도 취할 수 있습니다. 이것이 어떤 학파에서는 그대로 강의 내용 중에 나오기도 하는데 土일주를 예로 들어, 土일주가 木을 官으로 삼으니 木은 新生하고, 木은 새롭게 태어나는 것이죠. 新生하여 일어난다는 말은 木의 속성이 타력의 힘을 빌리지 않고 혼자 스스로 일어난다는 말입니다. 자수성가한다는 것입니다.

그래서 여자 土일주는 자수성가의 인연을 만날 때 그것이 원만한 형태로 五行的 陰陽, 짝이 이루어진 것이고 자수성가 인연이 아니라면 일단 木은 깨뜨리고, '흙을 깨뜨리고' 입니다.

土로 에워싸여 木은 찢고 올라옵니다. 木의 성질을 실현시키려고 하면 찢고 올라오는 과정이 있으니 뭔가 재산적인 측면이든 인간관계 측면을 흩어버리는 과정을 거치고 결국 다시 일어설 것입니다. 다시 번영할 것입니다. 이런 식으로 논리를 확장해 놓은 것이죠.

　큰 원칙을 벗어나지 않는다는 것이죠. 그래서 五行的으로 木의 속성이라는 것이 대체로 '新生하고 솟아오른다', '어떤 방향을 바꾸지 않는다', '뻣뻣한 놈'으로 봐도 됩니다. 고집을 굽히지 않는 놈, 그러면 남자 土일주에 木은 官星이죠. 그러면 자식 중 뻣뻣한 놈이 나온다는 거예요. 뻣뻣하니 자기 고집 안 꺾는 놈이죠.
　결국 의가 잘 손상되거나 객지에 나가서 新生, 자기가 새 땅을 이룩한다는 겁니다. 객지로 나가서 번영을 하는 인자가 土일주의 특성이 되죠. 土일주라는 그 자체만으로도 이미 木을 官으로 쓰니 뻣뻣한 놈이 있겠구나 하는 것을 알 수 있습니다.
　태어난 일주 속성 그 자체만으로 고정되고 픽스 되는 것이 많다는 것이죠. 지금은 六親的인 관계라든지 습관적인 인자 이런 것으로 접근하고 있습니다.
　뒤에는 직업으로 연결해서 자기 팔자의 모양과 직업이 딱 부합이 되면 그것 외에 별로 할 것이 없다고 바로 단정 지어도 좋아요. 뒤에 가서 따져 보기로 합시다.

2. 木

　木의 속성이라고 하는 것이 실제로 굽혀 나갈 때 대체로 곡(曲)하고 직(直)하는데 대체로 밖으로 찢고 나가는 놈입니다.
　그래서 "예!" 해 놓고도 자기의 운동이나 방향을 그대로 뚫고 나가는 것이 木의 속성이 되니까 대체로 新生, 새로 만드는 기운입니다. 새로운 것을 이룩하는 존재로 불굴, 굽히지 않는다는 것이죠.

불굴이라고 하는 것은 曲直을 하지 않는다는 것은 아니에요. 그러니까 바위가 있으면 나무는 옆으로 뺑 돌아 가지고 다시 올라가죠? 그래서 굽혔다가 펼쳐졌다하니까 여기서 굽힌 것은 굽힐 굴자가 되기는 되는데 이때 성질은 曲直이죠.

曲直의 목적은 뭐예요? "알았나?" 하면 "예~~!" 해 놓고 자기 하고 싶은 대로 하는 것이죠. 크게 보면 불굴이죠. 불굴을 확장하면 약간 '골통'이에요. 이것이 財星이라고 하면 남자일 경우 아버지 아니면 마누라가 골통이 한 명 있다는 거죠.

"예! 하고 자기 하고 싶은 대로 하는 사람이 있죠? 아버지가 그렇습니까? 마누라가 그렇습니까?", "둘 다 그렇습니다."

그다음에 생활 국면에서는 말 그대로 자수성가의 인자가 되겠죠? 흩어 버린다는 뜻도 됩니다. 기존의 어떤 형식, 양식을 흩어 버리는 것이죠. 그래서 봄 산에 초목이 새로워지는데 결국 딱딱한 나무에 가지를 찢고, 껍질을 뚫고, 씨앗을 깨고 싹이 나오는 것이니까 흩어버리는 작용이나 동작이나 운동도 들어간다는 것입니다.

그다음에 다섯 번째 木이라고 하는 것은 그 속성이 천 리에 닿아 있다는 겁니다. 비결서를 보면 '甲木은 千里連 하고'라고 나오거든요. 甲木은 씨앗으로도 보고 큰 나무가 곧게 그 기상이 실현된 것도 甲木으로 삼는데 이 甲木이라고 하는 것이 천 리에 뻗어 있어서 객지에도 나갑니다. 新生의 땅도 되겠죠? 새 땅으로 간다는 것은 객지로 나간다는 뜻이 되죠.

그다음에 수순으로 보면 '다 큰 아이 하나 있제!' 하는 이런 것이죠. 土일주 여인이 왔다고 하면 土일주 여인은 木을 남편으로 삼으니 '다 큰 어린이와 살고 있다'는 것이죠.

그다음에 행동이 드러나기는 했지만 생각이 많이 남아 있는 상태입니다. 아침과 같으니까 잠에서 '덜 깬' 뜻도 되겠죠. 그래서 대체로 생각이 많고 행동은 잘 굽히지 않고 자기 뜻대로 해 나가는 것이 이 木의 속성이니까 그런 속성을 가지고 있는 존재입니다.

길바닥 '돌팔이 논법'이 이렇거든요. 土일주 여인이 오면 '다 큰 아이 같은 사람하고 사느냐? 객지에 전전하는 놈하고 사느냐?' 물어본단 말이죠. "어떻게 알았습니까? 둘 다 됩니다. 틈만 나면 기어나가고…"

길에서 점 봐주는 논법이 이것인데 이게 틀린 것이 아니에요. 만약에 이렇지 아니하면 제대로 이것을 취하지 못했으니, 土 일주의 남편이 木의 속성이 있어야 되는데 木의 속성이 없다면 반드시 남편의 덕을 지키지 못하리라 딱 단정 지어도 돼요.

이렇게 기본적으로 木의 속성은 다 우리가 알고 있는 내용들이죠. 알고 있는 내용들을 기본적으로 정리하고 있는 것입니다.

3. 火

火의 속성으로 넘어와서 만물이 붉어진다 함은 급하다는 것이죠. 그래서 성질 급한 놈하고 짝이 되는데 여인이 金으 일주에 태어났다면 火를 남편으로 삼죠? 火를 남편으로 삼으니 성질이 급한 사람, 한다면 불같이 뛰어드는 사람입니다. 그런데 때려치워야지 하면서 계속 간다니까요. 자기가 태어난 날짜와 그 관계가 생긴 대로 설정되었기 때문입니다.

 '급하다', '빠르다'. '天地가 밝아진다'는 세 가지 속성은 게으른 놈도 세수하고 깨끗하게 단장을 하니 꾸민다는 것이죠. 그다음에 폼에 살고 폼에 죽는다, 누구든지 조명 비추면 '폼생폼사'가 됩니다. 불기운의 작용입니다.

 다섯 번째 속성은 화무십일홍(花無十日紅)입니다. 붉은 기운이 열흘을 가지 못한다는 말은 성패다단, 성패가 빠르다, 속성속패가 되겠죠. 그 운명적인 속성이 속성속패합니다.

 그다음에 띄워 주면 한없이 뜹니다. 불기운은 그 위치가 높이 있어야 하기 때문에 '당신 최고다' 하면 거기서 날아갑니다.

 그다음에 '급하다, 빠르다' 하는 것은 다혈질입니다. 이렇게 볼 수도 있는 것이고, 대체로 火氣라고 하는 것은 펼쳐지는 것이니까 고함을 지르는 서방, '최고요' 소리를 들어야 잠을 자는 그런 서방입니다.

4. 土

 土의 속성을 봅시다. 土는 陽氣가 펼쳐져서 더 이상 펼쳐지지 않고 무르익은 상태, 무성하여져 있는 상태, 자랄 만큼 다 자랐습니다. 그래서 대체로 '오래되었다'는 뜻이죠. 또는 늙은, 이제는 다 커버린, 호박으로 치면 다 익어서 무르익고 있는 중이란 뜻이 되겠죠. 그래서 그 속성이 대체로 과거의 것을 그대로 지탱하려는 보수성입니다.

 그다음에 영감 같은 사람입니다. 그래서 癸일주나 壬일주가 보면 대체로 서방이 영감 같은 서방, 애늙은이 서방 이런 것이 있잖아요.

그다음에 土라고 하는 것은 묵은 것이고 전통적인 것이다. 그래서 전통적인 것, 옛날 것, 몸에 좋은 것을 챙기는 것이 土의 속성에서 오는데 보통 몸에 양잿물도 마시는 것이 土의 속성에서 옵니다.

그다음에 火 일주보다는 덜해도 '폼생폼사'겠죠. 무성하여 번들번들 한 것을 좋아하니까 나도 폼 잡는다는 거죠.

그다음에 하여튼 폼 나는 물건, 의상 이런 것들에 관한 관심이 지대한 것들이 土의 속성이 강화되면서 오는 것들이죠. 또 이것저것 주워 모으는 동작으로도 연결이 돼요. "전부 다 가져 온나." 하고 보통 물건 아까워서 잘 못 버리는 서방, 써먹지도 않는데 '그것 버리지 말고 놔두라' 하는 서방 있죠? 10년 뒤에도 "여보 이것 버려야 안 돼요?" 하면 "무엇 때문에 버리는데?" 그런 서방이 있죠? 물건 아까워 못 버리는 이런 동작도 土의 속성에 속한다는 것입니다.

이 속성을 확장하여 보면 됩니다. 예를 들어 丙, 丁일주 여인이 자식을 두었다면 그것은 土가 食傷이라 그것은 土의 정신을 계승한 놈이 있으니 애 낳으니 자식이 나겠구나 하고 논리를 확장해서 五行的인 속성을 그대로 취해 온다는 것이죠.

5. 金

金이라고 하는 속성이 견강(堅剛)입니다. 견강, 의리여서 보통 옷을 안 갈아입는 놈들이죠. 어렸을 때 보면 옷을 안 갈아입고 계속 버티는 놈들도 묵어서 굳어진 것을 안 바꾸는 견강이나 의리죠.

그다음에 융통성 부족입니다. 金의 속성에서 혁명이라고 하는 것은 '밀어붙임' 입니다. 자기 고집이라고 하는 것이 甲이 대체로 위쪽으로 자기의 속성을 밀어붙이는 방향이라면 金도 밑으로 떨어뜨림으로써 木의 대대(待對), 반대 운동으로서 자기 운동이 강한 것이죠. 이것도 밑으로 떨어뜨림으로써 고집이 강한 것이죠. 자기 고집, 말 그대로 고집이 강하다는 뜻이 됩니다.

이런 고집이나 밀어붙이는 인자는 약간 무식한 것이죠. '어이구! 무식(無識)한 인간아~!' 하게 되는 이유가 결국 지식이 없는 것이 아니고 밀어붙이거나 고집의 인자가 됩니다.

甲, 乙 일주 여자의 서방은 무식하게 밀어붙이는 서방입니다. 인자하고 뜻이 통하고 의리 때문에 성(盛)하고 의리 때문에 쇠(衰)하고, 이것이 왕래하는 그런 인간관계가 됩니다.

그다음에 그 글자 자체가 木운동이 대체로 흩어 버리는 운동이라면 金운동은 '주워 모은다'입니다. 무엇이든 주워 모으는 운동을 해서 좀 버려라 해도 안 버립니다.

그다음에 집착도 되겠죠. 어떤 것에 대해서 목표물이 생겼을 때 잘 버리지 않고 집착하는 것, 이런 것들도 金의 속성을 가지고 있다는 것이죠. 그래서 木 일주의 여인은 상대적으로 빨리빨리 깔끔하게 하고 정리하고 뭔가 새로운 것을 추구하니까 커튼이라도 바꾸고 하는데 서방님은 "놔둬라, 괜찮은데 왜 그러니?" 하는 운동으로 감으로써 결국은 "내가 저 인간하고 못살아!" 하는데 木하고 金하고는 크게 짝을 지워 놓았으니 짝이 맞습니다. 짝이 맞으니 이렇게 운동성이나 속성이 짝이 맞게 이루어진 사람은 오히려 인연이 오래갑니다.

6. 水

　水라고 하는 것은 은장(隱藏), 숨어들어 가는 것입니다.
　그다음에 귀신모양, 귀신처럼 인간이 亥, 子, 丑시 밤중이 되면 눈알이 빨개지고 게슴츠레해지면서 귀신이 돼요. 水의 기운에 노출되어서 그렇죠. '있는 듯 없는 듯' 水의 운동은 잘 눈에 드러나지 않고 숨어 있다는 뜻이고 그래서 '귀신처럼' 이란 뜻입니다.
　예를 들어 水를 食傷으로 쓰는 경우에 여자 팔자에서 金일주에 食傷이 되잖아요. 있는 듯 없는 듯 하는 놈이 집구석에 누워있나? 아니면 기어나갔나? 이렇게 물어보면 돼요. 기어나가면 없는 놈이 되잖아요. 기어나갔으니까 水는 보이지 않습니다. 밤의 속성으로 인하여 눈에 뜨이지 않는다, 보이지 않는다, 집에 있기는 한데 없는 놈이랑 진배없다는 뜻은 배 깔고 누운 놈이란 뜻이죠. 안 그러면 고동처럼 말은 놈이죠. 그것이 水의 속성이 그래도 드러난 것이란 말이죠.
　다리 쭉 펼치고 돌아다니고 있음은 없는 것에 뜻을 통하여 객지로 나간다는 것입니다. 객지로 나간다는 것은 싸돌아다니며 활동을 하는 것이고 집에 들어오면 생판 말을 안 하든지, 고동처럼 몸을 구부려 가지고 있는 그런 놈 이라는 것이죠. 그래서 있는 듯 없는 듯 한 놈, 서방도 마찬가지입니다.
　여자 팔자에서 丙, 丁일주에서 官을 水로 삼으니 집에 들어오면 말이 없든가 그다음에 조용하게 살려고 듭니다. 안 그러면 내가 잘 때만 들어오든지 눈 뜨면 조금 있다가 기어나가든지 있는 듯, 없는 듯한 모양새로 살아가고 있습니다. 아니면 사해만리를 돌아다니고 있든지, 즉 객지로 떨어져 지내고 있던지 그런 모양이 됩니다.

그다음에 '글에 파묻혀' 이런 뜻도 됩니다. 보통 水운동이라고 하는 것은 고동처럼 말려서 고개 숙이고 있는 모양이거든요. 그래서 사람이 고개를 숙이고 파묻혀 있다는 것은 공부를 하고 있다는 말이거든요. 글에 파묻혀 있던지 글에 파묻혀 세속의 일을 돌보지 않는다는 것이죠.

어린아이가 엄마 뱃속에 있을 때 고동처럼 水운동에 갇혀 있을 때죠. '도 닦는다' 아니면 '책 본다'가 되거든요. 그래서 세상의 일을 모르는 것도 되죠.

여섯 번째 丙, 丁일주에 水를 官星으로 삼으면 水는 유형으로의 '아기처럼'입니다. 그다음에는 '알라(경상도 말로 애기)처럼', '유아(幼兒)처럼', '아기 같은' 뜻입니다. 그래서 "서방님이 애기 같은 짓하죠?" 하면 "예 맞습니다. 밥도 떠먹여 달라고 합니다."라고 합니다.

여자 팔자에 土일주가 水를 財星으로 삼으면 아기 같은 시어머니거나 있거나 있는 듯 없는 듯한 시어머니가 있습니다. 실제로 시어머니가 없는 곳으로 시집을 가면 오히려 水의 모양대로 짝을 지은 것이니 차라리 인연이 오래가거나 五行的인 선후관계가 잘 맞는다는 것이죠.

그다음에 水는 '표류한다' 입니다. 떠돌이, 유랑하는 것이죠. 그래서 예를 들어서 水일주가 자기 자신이 표류, 유랑의 기질이 강하지 아니하면 자기형제가 比肩이 형제가 되죠.

형제가 표류 유랑하고 한 곳에 머무르지 아니하는 정치 없이 지내는 인간이 있구나 하면 그것도 그 그림자를 그대로 따라서 취해보는 논리가 되는 것이죠. 자기가 그런 일주가 되면 자기가 그런 것이 있겠죠?

그다음에 '유아(幼兒)처럼' 이란 말은 많이 확장할 수 있겠죠? 水 운동의 속성은 '다라고 한다', '입장 난처하면 울어 버린다'는 것이 살아가는 수단이에요. '먹고도 모른 척한다'는 속성은 먹고 모른척 해야 또 받아먹을 것 아니에요.

그런 식으로 여기에 있는 글자들의 논리를 그 속성을 훼손하지 않으면서 조금 조금씩 확장을 해 보라는 것입니다. 그러면 반드시 그런 속성의 습관적인 환경이나 六親的인 환경에 놓여 있을 것입니다.

이것이 말 그대로 좌판 펴놓고 하는 논법이거든요. 좌판 펴 놓고 신뢰감을 주기 위해서 '퍼뜩퍼뜩' 그런 五行的인 속성을 펼쳐 놓는데 예를 들면 木일주 여인이 왔다고 하면 "무식한 서방하고 사는가 봐!" "안 무식한데요!?" 하면 "고집이 세다 이 말이다!" 하는 식으로 일주 하나만 가지고도 이야기를 할 수 있어야 되는 것이죠.

여기서 확장을 해서 木일주가 왔다, 여자 팔자다 하면 무식한 서방이나 고집 센 서방이 문제구나! 그다음에 평생 재물이 오고 가는 것이 고달프구나! 하는 겁니다.

그다음에 자식 중에 잘난 척 폼 잡는 놈 하나 꼭 끼어 있겠구나!, 그다음에 엄마는 아직도 보호자다, 빨리 세상을 떠나거나 있는 듯 없는 듯, 귀신처럼, 귀신 흉내를 낸다는 것은 점을 잘 본다는 말이거든요. 꿈을 잘 꾸는 할매거나 애기처럼 줘도 줘도 달라고 하는 엄마구나, 그렇게 보면 돼요. 그렇게 五行 논법을 가지고 육친관계를 그대로 설명하면 되죠. 그러면 그 안에 거의 다 80~90%가 걸려들게 되어 있습니다.

하나의 일주가 정해졌다는 것만으로도 우리가 영고성쇠의 인자가 그 사람에게 크게 픽스되어 있다는 것을 알 수 있습니다.

어떤 일주의 출현이 그 가문의 번영이고 상징되어 있다는 것입니다. 내가 다음에 전부를 엮어서 설명을 해 주겠습니다. 그 집안의 가계를 죽 훑어보면 가족의 포괄적, 공통적 운명도(運命圖)라고 하는 것을 그려 줄 것입니다. 이 집에 이런 놈이 있으니, 팔다리 하나 없는 놈이 나왔으니 이 집에 부자가 되겠구나! 하는 것이 뒤에 가면 논리로서 서로 다 연결되어 있습니다.

그래서 木, 火, 土, 金, 水를 단순하게 相生 相剋의 관계가 아니라 六親的인 부분까지 갈 수 있다는 것입니다.

제 9강좌 : 五行에 의한 직업론(2)

지난 강좌는 五行的인 것을 가지고 말씀드렸습니다. 지금 답을 다 얻으려는 것이 아니고 '이러한 논법으로 확장이 가능하구나!' 하는 측면으로 자꾸 생각해 보라는 것입니다. 그것을 실제로 임상에 그대로 써도 됩니다.

우리가 길거리에서 사주를 보는 것을 '노땡'[15]이라고 하는데 '노땡' 논법에서 이런 논법을 그대로 쓸 수 있어요. 그러니까 木 일주이기 때문에 水가 印星이면 병든 엄마이거나 애기 같은 엄마이거나 줘도 줘도 끝없는 엄마, 이런 식으로 그 水의 속성을 취하고 있는 모양을 그대로 볼 수 있다는 것입니다. 그 글자 자체의 의미를 五行的으로 木, 火, 土, 金, 水의 일반적인 뜻을 통하여 확장해 봤죠. 연습해 봅시다.

---

15) 노땡 – 길거리에서 노점형태로 하는 것을 말한다.

1. 木

木일주를 가지고 연습을 해 보자는 것이죠. 木일주가 무엇을 엄마로 삼음으로써? 水를 印星으로 삼음으로써 모친과 인연이 박합니다. '애기 같은 엄마거나 병든 엄마거나 도와줘도, 도와줘도 끝이 없는 엄마거나', 이런 식으로 보든지 아니면 '귀신같은 엄마거나'가 되는 것입니다.

이런 속성을 가진 엄마 인연에 그다음에 土는 財星이 되니 아버지나 마누라죠. 몸에 좋다고 하면 이것저것 다 가져다주면 좋다고 하는 아버지이거나 마누라이거나 이런 식으로 이해하면 되겠죠.

그런데 실제 干支를 펼쳐 놓았을 때는 복잡합니다. 그래서 복잡한, "어떤 때는 아버지 역할을 했다가 어떤 때는 아버지 역할을 못 지키는 부친과의 인연이 되는구나!"로 이해를 하면 되겠죠.

2. 火

火는 여자일 경우에는 食傷이 되니까 자식궁에서 '폼생폼사'하거나 설치고 날뛰는 자식이 되니 성패가 다단한 자식 인연이 오고 그다음에 남자 입장에서는 食傷이 장모입니다.

그래서 장모가 설치거나 활발하거나 어찌 되었든 폼 잡고 살려고 하는 장모인연이라는 것이죠. 金은 여자 팔자에서 쓴다면 우악스럽거나 우격다짐, 고집 센, 밀어붙이는 무식한 서방이거나 그다음에 남자 팔자에서 자식 중에 그런 자식이 있겠구나!, 그다음에 木은 똑같이 '고집이 센 형제가 있겠구나!'가 되는 것입니다.

그런 식으로 육친적으로는 논리적인 확장이 가능합니다. 그대로 부합이 된다면 인연이 오랠 것이요. 그대로 부합이 되지 않는다면 인연이 멀 것입니다. 엄마가 부지런하고 설치고 활달하고 활동력이 있는 엄마라면 한 집에서 안 살고 멀리 살 것입니다.

필시 내가 태어나서 호흡하고 나하고 응하는 기운이 木기운이라면 그런 모양새를 취하고 있을 때는 나와 근접하여 작용을 할 것이요, 이런 모양새를 취하고 있지 않다면 한집에서 살지 않거나 멀리 살거나 인연이 빨리 끊어진다는 것입니다.

이것이 간단하게 육친적으로 五行의 속성을 취해 가지고 쓰는 것인데 그 만큼 五行的인 운동성이나 속성이라는 것이 쉽게 사라지는 것이 아니라 그대로 제한적으로 한정적으로 그대로 쓰고 있다는 것이죠.

이것이 六親的인 측면이었죠. 우리 성격적인 측면하고 조금 같이 섞인 형태로 쓸 수 있습니다.

3. 土

土를 財星으로 쓰므로 이 여인 저 여인을 전전합니다. 土는 무성하여 펼쳐져 있으니 이 여인 저 여인이 다 내 것 같구나! 그래서 이 여자 저 여자를 전전하게 되는 것입니다.

이렇게 조금 더 확장을 하면 행위적인 측면이라든지 그 사람 자체에 이루어지는 측면이 습관과 행위적인 측면으로 연결해 볼 수 있습니다.

4. 水

水를 印星으로 삼으니 공부를 어느 곳에 가서 하는 것입니까? 자신을 다시 모태 속에 집어넣는 동작과 같고 쉬게 하는 존재와 같은데 실질적인 사물로서는 물가가 될 것이고 조용한 곳에서 학문적인 발전을 도모하게 될 것입니다.

학문적인 발전을 어디에서 이룬다? 물을 상징하는 곳에서 이룩하게 되니 조용한 곳이나 사람이 많이 살지 않는 곳 이런 속성을 취해서 자기능력을 발전시키고 개인적인 능력 계발을 한다는 것이죠.

5. 金

金을 官으로 삼으니 여인은 우악스러운 남편을 구하는 모양이요, 金이라고 하는 것은 일종의 공(工)으로 무기, 돌멩이가 되는데 무기, 돌멩이를 다룬다 함은 무시무시한 물건을 다루는 직장입니다. 무시무시한 물건이란 일종의 권력성이 있는 곳이고, 권력성이라고 하는 것은 사람을 살리고 죽일 수 있는 곳이니 법무, 의료, 세무가 된다는 것이죠. 요새 사람을 가장 많이 살리고 죽이는 것은 금융입니다.

실제로 돌멩이, 무기를 다룬다는 것은 주로 금속이겠죠? 금속중에서 사람을 살리고 죽이는 것이 자동차, 조선, 항공이라는 겁니다.

그래서 木일주가 이런 분야의 직장을 가지고 있다면 그 인연이 길 것인데 팔자에 드러나 있기까지 하다면 이것은 분에 맞는 것이라 할 수 있겠습니다.

뒤에 가면 분론을 다 하겠지만 팔자에 분에 맞는 것이라! 그래서 분에 맞는 것임으로 오래갈 것이고 그것이 유용성이 생긴다는 것입니다.

뒤에 분론과 연결하려면 지금 잘 들어 놓는 것이 좋은데 甲, 乙 일주가 木일주에 해당하는데 水가 팔자에 드러나지 아니하였다면 그래도 엄마는 있었을 것이요, 그를 낳은 자는 필시 五行的으로 水에 속할 것인데, 팔자에 드러나 있지 않다는 것은 그 활동성이 두드러지지 않다는 것입니다.

부정적인 측면으로 주로 많이 쓰므로 아프거나, 귀신처럼 살거나, 소극적으로 살거나, 그런 부모 엄마 인연이 아니었다면 그 인연은 빨리 멀어지거나 끊겨 버린다는 것이죠.

그래서 맨날 '골골골' 하여 아파 있거나 촌에서 벼 심고, 보리 심고 그냥 있는 듯 없는 듯 그렇게 사신 어머니라면 이 사람과 인연이 있을 것이고 그런 어머니가 아니라면 필시 인연이 빨리 끊어질 것입니다.

팔자에 명조에 드러나 있다는 것은 이것이 좀 적극적으로 모성의 작용, 엄마의 작용이 이루어지고 있다는 뜻입니다. 엄마의 작용이 적극적으로 이루어지고 있다는 것이죠.

이럴 때는 水 운동을 긍정적으로 해석해서 봅니다. 水동작이라고 하는 것은 매일 달라고 하는 동작이고 모으는 동작이죠. 그래서 억척스럽게 모으거나 水 운동이 강한 엄마, 木 일주 중심으로 그런 운동의 엄마 인연이 되었고 그것을 이길 수도 없고 바꿀 수도 없습니다.

水운동에서 팔자에 드러나 있다는 것은 대체로 적극적이고 긍정적인 면으로 보통 해석을 해준다는 것이죠. 그리고 땅바닥에 子라든지 이런 것이 오면 실질적으로 경제적인 실리 측면에서 더 적극적입니다. 그래서 열심히 모으는, 사탕 많이 주면 아이들이 이 손 쥐고, 저 손 쥐고 꽉 다 보듬듯 그렇게 동작을 취하는 엄마입니다.

직업론으로 쭉 확장을 해 나가는 것이 이제 이런 일주 자체 하나의 속성만 가지고도 그대로 취한다는 것입니다.

木일주가 火를 食傷으로 취하고 있는데 사업을 구하고자 한다면 火의 속성이라고 하는 변화를 빨리 일으키는 것이죠. 물성을 가장 빨리 변질시키고 바꾸는 것이 화학입니다. 그다음에 대체로 그 속성이 가볍고 타 버릴 수 있는 것이므로 인화성입니다.

인화성이 강하고 가벼운 것은 무거운 금속류에 비하면 섬유, 의류라는 것이죠. 그다음에 그 속성이 빨리 날아다니는 것은 통신, 소리, 빛, 전기, 전자 이런 것에 관련된 사업을 한다면 그것이 오래갈 것입니다.

팔자 안에 드러나 있다면 그것이 밥그릇이 될 것입니다. 그다음에 무형으로 빨리 날아가는 것은 필설, 이것을 食傷으로 삼고 있는 겁니다.

그래서 간단하게 보는 논법 중에 이런 것이 있습니다.

해석하는데 일주가 木이다. 土가 財星이라 가색(稼穡), 심고 뽑는 토목건축, 원예 그다음에 土에 관련된 이것저것 모두라는 뜻의 '잡것들'이라는 것이죠. 그래서 장사는 장사인데 잡화, 이것저것 다 있으니 수퍼입니다.

그런 식으로 여러 가지를 다루는 형태의 일에 가담하면 팔자에 이것으로서 활동무대로 삼고 그다음에 金이 官星이라 함은 지난 강좌에서 설명한 금속, 사람을 살리고 죽일 수 있는 기운이 몰려 있는 물건, 이런 곳으로서 조직으로 삼으니 이것이 직업, 이렇게 써 놓은 것도 있습니다. 그래서 금전이나 사회활동으로 이루어지는 것이 食傷, 財星, 官星인데 食傷, 財星, 官星에 관련된 것이 팔자에 드러나 있고 그것을 그대로 취하고 있다면 그것이 그 사람 직업인 것입니다.

학생 질문 – 木 일주가 땅 이런 곳에 투자해도 됩니까?

선생님 답변 – 당연히 되지요. 土를 財星으로 삼으니 부동산, 건축 등에 인연하여 재물 번창의 수단을 삼는다고 보면 됩니다.

학생 질문 – 庚, 辛일주가 土를 印星으로 쓰면 易學이나 이런 것을 많이 할 수 있다는 것입니까? 잡학을 많이 한다는 것입니까?

선생님 답변 – 그렇죠. 토속, 말 그대로 토속이죠. 토속이면서 이것저것 다 섞인 잡학이죠.

학생 질문 – 그러면 土가 印星일 때는 땅을 사도 된다는 말입니까?

선생님 답변 – 되죠! 재산의 형태라고 하는 것은 꼭 財星만을 의미하는 것은 아닙니다. 印星도 재물입니다. 財星은 현금재산이라든지 유통재산이고 印星은 문서라든지 재산창고를 조절하는 열쇠 같은 것입니다. 金일주도 土가 印星이요 그다음에 木이 財星이라 그래서 토목업이라는 것이죠. 土와 木을 통하여 財星과 印星을 조절하니 부동산이나 토목건축에 인연하여 성공한다고 보는 거죠.

학생 질문 - 모텔하는 사람들 완전히 죽어가고 있잖아요. 그러면 이것을 五行으로 간주해서 모텔의 흥망을 점칠 수 있습니까? 모텔을 사는 사람의 70~80% 이상이 어렵다고 하던데?

선생님 답변 - 일종의 수급인데 대체로 모텔업도 자기 재산을 다 들고 하는 것은 말 그대로 임대사업이거든요. 자기가 왕창 돈을 다 들고 하면 임대사업이 된다는 것이죠. 임대사업일 때는 印星을 잘 쓰고 있는 팔자들이 되어서 수익의 많고 적음만 있을 뿐이지 운의 영향을 별로 받지 않습니다.

문제는 모텔의 구조가 대부분 다 자기 것이 아니라는 것이에요. 모텔주인이라고 등기부에 등재는 되어 있지만 실질적인 주인은 은행입니다.
　이 경우에는 官하고 손을 잡은 것으로 보는 것이에요. 기본적으로 부채비율이 예를 들어서 30억짜리 모텔을 한다면 대부분 금융이 20억이 이루어져 있어요. 주인이 은행이고 官이라는 것이죠. 官하고 손을 잡은 일의 속성이 대부분 명고이박이죠. 官은 財의 설기체라는 것이죠. 財의 설기체라고 하는 것은 그 자체가 명고이박의 요소를 가지고 있다는 것이죠. 금융을 많이 일으켜서 사업을 하는 사람들은 다 명고이박입니다, 소문난 잔치에 먹을 것 적은 구조를 가지고 있다는 것이죠.

이런 구조를 가지고 있기 때문에 구조가 굉장히 취약하다는 것이죠. 印星이라는 것이 본래 내 것이라는 것을 하늘과 땅이 보증해 주는 것이에요. 하늘과 땅이 보증해 주는 것이 법원, 등기소에 가면 다 나옵니다.

분명히 이름은 내 것이 올라가 있는데 주인은 은행이라는 말입니다. 官의 속성을 많이 취함으로써 印이 제대로 된 도장이 아니라는 것이에요. 내 도장은 3분의 1, 10억뿐이라는 것입니다.

도장을 3분의 1만 가지고 임대사업을 하고 있다는 것이죠. 제조업도 아니요, 유통업도 아니요, 그냥 방 빌려주고 시설 빌려주는 주차장과 다를 바가 없다는 말이죠.

결국 임대사업인데 임대사업의 속성은 印星의 속성을 제대로 띠고 있어야 돼요. 印星이든 比肩이든 財星이든 하나만 잘 생겨야 돼요.

印星 100%인 사람이 예를 들어 10억 가지고 내가 시내에 있는 땅을 빌려서 주차장을 했다면 빌렸다 하더라도 거기에 대한 지분이라든지 그곳의 지배권은 100% 있는 것이죠. 그런 경우에는 내가 100% 임대사업이 되는 것이에요. 100% 格에 정확하게 짜진 것인데 지금은 格도 안 되는 사람들이 임대사업이라고 하는 것이죠. 진짜 임대사업은 印星이 확고한 사람이라는 것이거든요. 그러면 자기 것 100%인 사람은 도장이 동그랗게 해 가지고 홍길동 써 가지고 있죠. '홍길동인' 입니다.

자기자본 100% 　[동홍 印길]　　은행자본일 경우 　[행홍 印은]

금융을 많이 일으켜서 하는 것은 도장에서 '홍' 하고 '길' 쓰다가 '은행' 이렇게 되어 있다는 것이죠. 그러니까 제대로 내가 권리를 주장하고 주도해 갈 수 없는 권리를 가지고 있으니 印綬格의 破格이란 말이죠. 제대로 된 印綬 사업이 아닙니다.

그래서 항상 기본적으로 취약한 구조를 가지고 있는데 결국 경기적인 측면하고 수급적인 측면이죠.

어차피 남녀가 사랑하고 연애를 하는 공간은 필요한데 마누라 빼고도 그런 수급이 있기는 있어야 되는데 수요는 어느 정도 일정한데 아무리 힘이 남아도 모텔 더 생긴다고 그것을 더 할 수는 없잖아요. 그러니까 결국 수요는 일정한데 공급이 너무 지나친 것이죠.

여기서 구조적인 문제가 있고 그다음에 경기적인 측면에서 호주머니가 비어있으면 그곳도 부지런히 갈 수가 없으니까, 두 번 할 것 한 번 하고, 그다음에 한 번 만에 원가 다 빼버리려고 하죠.

사업자는 대부분 경기와 수급적인 차원의 문제가 생기지요. 그래서 모텔사업이라는 것은 印綬사업이 맞거든요. 팔짱을 딱 끼고 안 움직이는 것이잖아요. "어서 오세요. 안녕히 가세요!" 이것만 한단 말이에요.

食傷을 쓰는 것도 아니고 財星을 쓰는 것도 아닙니다. 그렇다고 官星은 내가 손님으로 받아들이는 것인데 사업 속성의 특성이 印星인 겁니다.

그러니까 印星의 속성을 '홍길은행인' 이렇게 찍어 놨죠. 그렇기 때문에 수급 경기 동향이 취약할 때는 이런 사람들부터 자빠집니다.

印星 100%인 이 사람들은 튼튼해요. 서면 로터리에 수리도 안하고 컴컴한 것 붙들고 있는데 빚이 10원도 없다든지 하는 사람은

'왜 모델이 안 되는지 모르겠다. 적게 벌면 되지!' 인데 문제는 이 사람들은 적게 벌면 골병이 들잖아요. 바로 이것 때문에 문제가 되는 것이죠.

학생 질문 - 印星이 天干에 떠 있기는 있는데 변색이 되면 부도가 난다고 보면 됩니까?

선생님 답변 - 그렇죠. 印星이 무력해지거나 그럴 때는 결국은 타인과 나를 보증할 수 없다는 것이에요. 타인과 나를 보증할 수 없는 관계로 가기 때문에 불안해지는 것이죠.

이것은 六親論 할 때 나오지만 印星이라는 것이 매우 중요한 것이에요. 印星이 얼마나 중요하냐 하는 것을 印星만 가지고 한 시간 내내 해야 돼요. 그래서 印綬 사업에서 취약한 구조를 가지면 안 된다는 거죠.

본래 이야기로 돌아옵시다. 일주 하나 때문에 고정되는 것들이 많이 있다고 했습니다. 木, 火, 土, 金, 水 중에서 이제 뒤에 格用으로 넘어갈 때는 水가 하나만 반듯하게 잘 있어도 잘 살고, 火만 하나 반듯한 것이 있어도 먹고 살 수단이 있습니다.

무엇이든지 하나만이라도 똑똑하면 되는데 干支的으로 딱 펼쳐놓고 나면 空亡 맞고, 冲 맞고, 刑 맞고, 隔角 되고 하는 것입니다.
팔자에 반듯하게 생긴 놈이 하나도 없으니 결국 내가 어느 기운에 편승하지 못한다는 것이죠. 편승이라는 것이 나쁜 것이 아니에요. 편승이라는 것이 생존양식이라는 것이에요.

이 시대의 조류가 그렇게 흘러간다 하면 그 시대에 편승해야 됩니다. 그것이 생존양식이에요. 그러니까 날마다 뜰 앞에 풀이 자란다, 이건 木氣가 충실하다는 증거입니다. 막 보면 매일 풀 난다는 거죠. 그러니까 매일 풀만 베어 가지고 살아가는 수단이 있다는 것입니다.

그런데 풀도 노란 풀이 올라오지, 열매도 전부 다 벌레 먹은 놈들 오지, 木氣도 그렇고, 金氣도 그렇고, 그다음에 흙이라고 팔아 먹으려고 하니 흙도 물에 젖어서 안 되고, 그렇다고 물장사라도 하려고 하니까 샘물도 안 맑지, 木, 火, 土, 金, 水 모두 다 '어리벙' 하니까 팔자에 편승하여 살아갈 수단이 없으니 결국 이것이 건달(乾達)로 간다는 겁니다. 하늘만 쳐다보고, 하늘 건(乾), 통달할 달(達), '하늘의 이치를 알았다'가 되는 것이죠.

학생 질문 - 저희 어머니 丁일주인데 제산 선생님께 가니까 둘째 아들한테는 죽 한 그릇도 못 얻어먹는다고 이야기하더랍니다. 실질적으로 그것을 몇 번째 아들이 어떻다 하는 논리를 펼 수 있습니까?

선생님 답변 - 그것이 12神殺입니다. 12神殺에서 팔자를 六親的으로 따져서 食傷의 세력을 열어주거나 강화시켜주는 인자가 있을 것이고, 그다음에 띠에 의한 관계에 의해서 할 수 있습니다.

天干적으로 비교하는 방법이 있는데 丁일주가 예를 들어 甲, 乙 년에 자식을 얻었다면 이것은 食傷을 얻은 것이 아니라 모성을 얻었으니, 엄마를 얻었으니 食傷의 역할이 지극히 부족합니다. 그래서 食傷으로 혜택을 보기 어렵거나 食傷으로 혜택을 볼만할 때는 서로 무정, 즉 정이 없이 멀리 떨어져 살 것입니다. 이렇게 논리적으로 확장을 할 수 있는 것이죠.
　天干的으로 추상적인 뜻을 비교하는 것이 있고 그다음에 地支에서 우리가 神殺的으로 따져 보는 방법이 있다는 것이죠.

학생 질문 – 그게 맞습니까?

선생님 답변 – 맞게 되어 있습니다. 우리가 지금 한 개 가지고 다 보는 방법을 하고 있잖아요.

학생 질문 – 그렇다면 丙, 丁일주 자체가 食傷이 문제가 있고 그다음에 天干이나 神殺에서 비교해서 그렇게 이야기를 한 것입니까?

선생님 답변 – 그렇죠. 그것을 벗어난 띠가 있을 것이고, 그것에 걸려든 자식이 있을 것이고, 그래서 사실은 팔자에 壬이 그 날에 태어났기 때문에 고정되어 있는 것들이 너무나 많다는 것이죠.

우리가 뒤에 가서 이 부분을 다 끝내고 나면 해 볼 것이 여러 가지가 있습니다. 실관 방법 중에서 떨어진 잎이 있으니, 떨어져 바보 같은 놈이 있으니 반드시 이 나머지 식구들은 번영할 것입니다.

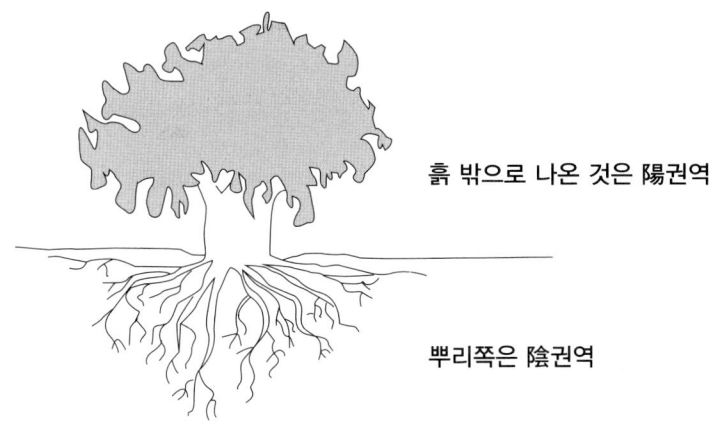

흙 밖으로 나온 것은 陽권역

뿌리쪽은 陰권역

　이렇게 논리를 확대해 가는 것이 있어요. 그러니까 '뿌리 없는 큰 나무는 없고'입니다. 뿌리가 크죠? 뿌리가 크고 그다음, '뿌리가 깊은 나무는 바람에 아니뮐세' 꽃이 좋다고 했죠? 그다음에 열매도 좋다 했죠? 열매가 많으니, 그러면 뿌리가 깊어야 될 것이잖아요. 그러면 깊은 뿌리를 수행하는 누군가가 있다고 하는 것이죠. 그래서 부모와 자식 간에도 陰권역 陽권역이 바로 형성되어 있다는 것입니다.

　매일 "이런 죽일 놈, 죽일 놈" 하지만 그놈이 그 짓을 함으로써 결국 알고 보면 부모가 번영하고 있다는 것이죠. 그리고 그 부모가, 이 뿌리가 자기 역할을 되돌리려고 하면 밖의 陽권역에서 무엇인가가 바뀌어야 돼요.

　부모가 죽어야 다시 뿌리가 밖으로 솟아 나와 새로운 공기를 구하고 자기가 지엽을 새롭게 만들고, 이런 식으로 결국은 그 집안에 陽권역, 陰권역 이렇게 길흉을 서로 나누어 가지고 있거든요. "그래서 너는 왜 항상 그 모양이냐?" 이렇게 말하지만 결국 그것 때문에 자기가 그 복을 지키고 살아간다는 말입니다. 그래서 천지만물이 두 몸이 아니라 한몸이고 가족이 일가 동체이기 때문에 서로가 서로를 존재하게 하는 큰 힘입니다.

매일 밥 사는 놈에게 밥을 사게 되고, 얻어먹는 사람한테 매일 얻어먹게 되고, 인간관계도 마찬가지예요. 이상하게 그놈한테는 밥을 사게 되는데 그런 것들도 두 사람과의 관계에서 '누가 陽권역이냐, 陰권역이냐' 이거든요. 陰권역으로 들어가 버리면 상대적으로 매일 이상하게 나는 돈이 있는데도 불구하고 그 사람한테는 밥을 얻어먹을 일이 계속 생기는 것이죠. 인간관계에서도 거꾸로 나는 가진 것이 없는데도 이상하게도 저놈한테는 계속 밥을 사게 되는 것이예요. 그런 것이 결국 서로 陽권역, 陰권역을 바꾸어 쓰기 때문에 오는 것이고 가족관계에서는 더 극명합니다.

그다음에 직업론으로 연결해서 가 봅시다. 직업론으로 연결해 갔을 때에 바로 木일주가 火, 土, 金에 속하는 즉 火의 속성이라고 하는 것은 화학이라든지 하는 것을 쭉 설명했죠? 水의 속성, 土의 속성, 金의 속성을 설명했습니다.

이것과 관련하여 직업을 구성하고 있다면 그것은 오래갑니다. 또 번영의 기운을 가진 것이라고 보면 됩니다. 그래서 사실은 점을 봐서 맞히려 하지 말아요. "니 뭐하는데?" "예! 학원 합니다." 하면 木일주가 학원을 한다는 것은 食傷이라는 필설의 기운을 쓰고 있다는 것으로 그러면 "열심히 해!"라고 합니다. 그다음은 火氣가 색깔이 약해질 때가 좀 힘들 것인데 이때만 넘기면 다시 좋아집니다. "그것 말고 다른 것은 하면 안 되겠습니까?" 하면 그것 말고 방법은 있지만, 火의 속성을 그대로 취하여 쓰거나 土를 통하여 발전을 구할 때 그럴 때는 가능하다고 합니다.

　이런 논법에 능숙해 지면 水의 속성만을 골라서, 그런 업종을 가지고 오면 '절대 안 돼고!' 하는 말을 써 줄 수 있어요.

　조금 전 논리가 단순한 과거 시절에 '水는 물장사요'라고 했는데 물장사라는 것이 워낙 포괄적입니다. 수산업, 목욕탕 등등이 여러 가지로 물장사의 속성을 취하는데 하여튼 물 들어가면 식품도 물장사라는 식으로 끼워 놓습니다. 그러니까 金은 소리 나는 것, 쇳덩어리 소리 나는 것이니까 '소리 나는 것 해라!', 소리 나는 것도 이것저것 다 소리 나는 것이 되는데 그래서 너무 포괄적으로 설명함으로써 그 사람의 六親的인 뜻을 많이 왜곡해 버립니다.

　그런데 六親的인 것을 조금 더 가미해 가지고 보면 水 印星은 물장사에 가까운 水의 속성을 띠고 있더라도 이 사람의 업은 되지 않고 단지 재산을 지키는 수단은 될 수 있을 것입니다.

　예를 들어 水의 운동이 숙박업입니다. 숙박업의 속성이 여러 가지로 치우쳐 있는 것이에요. 동작이 별로 없는 것이죠. 내가 물건을 가져다 놓고 파는 것도 아니고 내가 영업을 뛰는 것도 아니고 印綬속성을 그대로 가지고 있습니다. 그다음에 야중(夜中)입니다. 요즘은 주야가 별로 없어 바쁜 사람은 아침에도 추리닝 입고 가서 해결한다는 거예요.

　근본적으로는 어떤 환경을 만들어 놓습니까? 주간에도 커튼을 친단 말이에요. 커튼을 친다는 것은 水氣를 쫓는 것이죠. 어둠을 싹 내리게 하고 더듬습니다. 더듬는 것은 火도 아니고 土도 아니고 金도 아닙니다. 金은 마구 베어버리는 것이죠.

　그런데 水운동은 안 보이니까 더듬죠. 더듬는 동작은 바로 水운동에 속한다는 것이죠. 水 운동이 아주 강한 형태가 숙박업이겠죠?

그래서 木일주가 숙박업을 구한다면 이것은 재물번영의 수단이 아니고 재물을 지키는 수단입니다. 印星의 뜻만 좇으므로 내가 그 집의 머슴이면 인연이 될 것이라는 것이죠. 직장형태 중에서 관리인 정도로 한다면 이런 업종의 일을 할 수는 있으나 이것을 장사나 사업으로 구한다면 여러 가지 방해 난조가 따르게 됩니다.

물론 팔자 안에 水가 강하게 드러나서 '나는 이것을 할 수밖에 없다' 할 때는 임대업의 속성을 그대로 따라서 그것을 자기사업으로 이어나가게 되는데 그것은 운에서 財神이 와서 그것을 보조하여 줄 때 재물을 이루었다가 그다음에 財神이 물러갈 때 자꾸 재물이 약화되어 결국 인연이 강해 버리면 그것이 재산을 지키는 수단으로 가더라는 겁니다. 그래서 오랫동안 자기 재산으로 관리하고 있는 印綬로서의 속성을 가지고 있을 경우에는 자기가 숙박업을 하게 되는 것입니다.

무엇을 우리가 喜用하느냐 안 하느냐가 아니라 이미 그 사람 일주에서 財, 官, 食의 인자를 활동분야로 삼는다는 것은 쉽게 사회적으로 유용성과 경제적인 목적이 실현이 된다는 것입니다.

그러니까 천지만물이라는 것이 두 가지 五行的인 속성이 섞여야만 유용성이 발생해요.

무슨 말이냐면 나무 지팡이의 물성 자체는 부드러워요? 딱딱해요? 딱딱하죠. 무엇이 실현 되었다? 金氣가 실현이 되었죠. 그런데 形은 어떤 형태예요? 길게 빠져 있는 모양이니까 木形이죠. 그러니까 木形으로서 형태가 드러나 있고 金氣가 실현된 것이라는 것이죠.

우리가 쓰는 모든 사물들의 유용성이 있을 때는 그렇다는 것이죠. 그러면 치우친 것은 뭡니까? 얼음을 예로 듭니다. 얼음은 그 성질이 단단하다? 부드럽다? 단단하죠. 차갑다? 덥다? 차갑죠. 아무리 봐도 水의 성질이 강화되어 있죠. 내가 그것을 오랫동안 손에 쥐고 있으면 유용하다? 유용하지 않다? 치우쳐져 있으므로 유용하지 않다는 것이죠. 언제 유용해져요? 외부적으로 더운 기운이 와서 차가운 것을 쓸려고 할 때, 유용성이 발생해 한시적으로 사용하게 된다는 것이죠. 그러니까 여름에는 얼음이 많이 유용해지죠.

항상 반대 기운이라든지 財, 官의 기운이 소통하고 있는 뜻을 가지고 있을 때 유용성이 오래 발생하고 금전 활동이나 사회활동도 오랫동안 발생 한다는 겁니다. 그래서 그 생긴 모양 그대로 봐 주라는 거예요.

"그대는 土일주로 태어났다. 水가 財星이니 해외사업을 구하거나 물에 관련된 밤이슬 장사를 구한다면…"

水는 밤이슬이죠. 밤이슬과 함께 모든 기운이 내려옴으로써 그것이 되는데 그것을 財神으로 삼습니다. 어두운 곳을 財神으로 삼죠. 그래서 음성소득이 있다? 없다? 음성소득이 발생한다는 것이죠. 눈에 잘 안보이는 곳에 주고받았다는 것이잖아요. 財星이라는 것이 활동무대고 시장이지요.

그러니까 우리 돈하고 자기들 돈하고 확 섞어 버리든지 해외수출입을 하면 자기들 돈, 우리 돈 섞이면서 '어! 이상한 돈이 생겼다', '사라졌다' 한단 말입니다.

그래서 土 일주로 태어났다는 그것 하나만으로 밤이슬과 해외사업에 인연을 하든지 물의 속성인 저장성을 가진 물건을 다루던지, 눈에 잘 뜨이지 않는 물건을 다루던지 아무튼 水의 속성을 취하고 있는 것을 장사나 사업으로 한다면 이것은 인연이 길게 간다는 것입니다.

그다음에 土 일주가 金의 기운을 쫓아 장사나 사업을 구한다면 말 그대로 金의 속성을 가지고 있는 물건을 다루어야 하는데 주로 다루는 것이 금속 또는 가을의 열매와 같이 딱딱한 것이죠.

木의 기운도 식품, 金의 기운도 식품으로 火라든지 土라든지 이 것이 다 食神이 붙으면 먹는 것이 되는데 이것은 土가 낳았으니 토산(土産)입니다. 흙 위에 '뻘뻘뻘' 기어 다니는 놈이나 축산입니다. 네발 달린 짐승, 농산, 축산 그다음에 가공을 거친 가공성이 金입니다. 또는 열매, 쌀입니다. 쌀은 열매처럼 딱딱하게 굳어 있는 놈입니다. 그다음에 木은 길게 쭉 자란 놈이니 녹채류나 그 성질이 위로 솟구치다만 나물 그런 놈들에 그 성질이 드러난 것이죠.

土 일주로 돌아와서 金이 그 사람에게 食傷으로 작용한다면 食傷을 그대로 취하고 있는지 모양을 잘 관찰해 보아야 합니다. 금속을 다루든지 아니면 식품 중에서 가공성을 거친 것과 열매류를 다루는 것입니다.

그래서 木하고 金하고 비교했을 때, 장사를 하고 싶은데 채소를 하는 것이 좋겠느냐? 열매를 하는 것이 좋겠느냐? 과일가게가 좋으냐? 채소장사가 좋으냐? 土 일주는 무슨 장사? 金의 장사인 것이죠.

水는 꽁꽁 얼어붙어서 저장되어 있는 냉동식품. 부정적인 의미를 가해서 '뽕' 가게 하는 것, 약물도 됩니다. 누구든지 밤의 기운을 만나면 전부 다 '해롱해롱' 하잖아요. 그래서 술, 약물입니다. 이렇게도 봐서 이런 것을 다룬다면 성공번영의 인자를 가지고 다루는 것입니다.

내가 97년 IMF 때 조직생활을 하는 분보고 "당신 이제는 官을 쓰지 못하고, 농산물을 다루어 부자가 될 것이다." 하면서 설명을 한 것이에요. 대운의 교차로 인해서 官을 쓰지 못하는 것이에요. 이제는 食傷을 통했는데 食傷의 모양이 金이었다는 거죠. 金인데 거기에 풀이 붙어 있더라는 거죠. 예를 들어 己일주라고 하면 乙酉를 食神으로 써요. 그게 풀도 붙어 있고 밑에 단단한 것이 붙어 있다함은 무엇입니까?

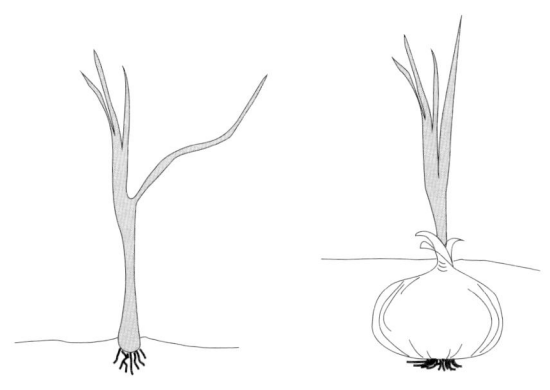

이게 乙인 것은 보이죠? 밑에 동그란 것은 생긴 모양 그대로 보면 '酉'로 생겼습니다. 뿌리 속에 있는 것은 양파 아니면 마늘장사란 말이에요. 그래서 양파나 마늘장사를 해서 밥그릇을 바꿀 것이죠. 乙이 官星이고 丙, 丁을 印綬 소통의 인자로 중요하게 쓰고 있는데 丙子, 丁丑년에 火氣가 絶地에 이르죠. 그래서 결재도장을 놓고 조직을 떠나 乙酉를 만져서 재물을 다룰 것인데 이 위에는 풀이나 있고 밑에는 단단한 것이 있으니 이것은 필시 양파가 아니면 마늘이라는 것입니다.

그리고 酉가 식품입니다. 食神이고 乙 官星 偏官은 '삑~~~' 하는 호각소리입니다.

새 乙자로 봐도 되죠. 호각소리가 간간이 들리는 시장이라 함은 대규모 시장이거나 줄 쳐 놓은 시장입니다. 거기에서 양파나 마늘장사를 할 것인데 뒤에는 부전시장에서 마늘장사를 했다는 말이죠. 줄은 쳐 놨는가?, 호각은 부르는가? 모르겠는데 하여튼 호각소리 간간이 들리는 곳에서 내 먹을 것을 구하고 있더라는 것입니다.

그래서 팔자에 생긴 모양을 해석해 주는데 金하고 木하고 붙여 놓은 것이죠. 金하고 木하고 붙여 놓아서 보니까 이놈이 마늘이요 양파더라는 것입니다.

命

時	日	月	年
	己	乙	
		酉	子

그다음에 이 옆에 쥐 子(子-己일주 옆에 乙酉있고 거기에 子가 간섭을 하는 모양)자가 붙어 재미있는 사람들이 있습니다. 내가 그런 사람보고 '식품은 식품인데 숙성을 잘 지킨 발효식품' 이라고 했습니다.

이건 장(醬) 아니면 젓갈입니다. 子가 五行的으로 水죠? 그다음에 닭 酉자 그대로 내려오면 술(酒)이죠. 그다음에 이 쥐가 미생물, 세균이란 말이에요. 이 쥐 子자가 제일 조그만 것이잖아요. 미생물, 세균이 꽉 붙으려고 하는 그것이 숙성이나 발표한 식품이니 그런 장사를 다루어서 성공을 할 것이라고 했는데 실제로 발표식품과 간장, 된장 장사를 해요. 이렇게 글자가 간섭하는 것을 조금씩, 조금씩 확장해 나가는 것이죠.

　기본적으로 식품을 다루느냐? 金의 속성을 다룬다는 것은 '갇혀 있다, 닫혀있다'입니다. 金의 속성이나 운동으로 인해서 단지 안에 갇혀 있다는 것이죠.

　결국 3년 지나서 간장 장사를 하고 있더라니까요. 앞에 있는 글자를 못 써먹고 뒤에 있는 글자가 간섭을 하기 시작하니까 뒤에 있는 글자 모양 그대로 가는데, 이것이 干支的으로 확장을 한 것으로 제일 먼저 우리가 이런 것을 연습하지 않는다는 것입니다.

　土일주니까 이미 정해져 버린 것이 너무 많아 食傷, 財星, 官星도 정해졌습니다. 그러니까 土 일주에 印星이 火의 속성을 지니고 있으므로 엄마가 성격이 급하거나 폼 잡거나 설치거나 그런 속성을 지니지 않은 어머니라면 반드시 인연이 멀 것입니다. 火를 엄마로 삼기 때문이에요.

　뒤에 가면 이것이 '그림자론'으로 들어가 저 뒤편에 배울 것입니다. 이 논리를 다 떠나서 그림자가 흐트러지는 것도 한계가 있다는 것이죠.

　그러니까 개 그림자는 개를 닮고, 소 그림자는 소를 닮고, 그림자를 뿌려서 서로의 존재 양식을 만드는데 만약에 개 그림자에 소 그림자가 나왔으면 이것은 분명히 깨진 그림입니다. 잘못된 그림이기 때문에 인연이 끊어져 버린다는 거죠.

　아무튼, 일주에서 이미 제한되고 정해진 모양을 가지고 있습니다. 그래서 제한되고 정해진 모양대로 이루어져 있다면 '싫다! 싫다!' 소리를 해도 인연을 오래 하고 살게 되더라는 것이죠. 그것이 원망하는 마음이 깔려서 '아이고 내가 어쩌다가 저런 인간을 만나 가지고…' 하지만 그것이 기본 五行的 분에 그대로 맞아떨어져 있으므로 인연을 길게 하고 살아가더라는 것입니다.

직업론도 마찬가지라고 했습니다. 그것을 財神으로 삼고 있느냐 하는 것이죠. 財神으로 삼고 있지 않은 사람들도 있어요. 아닌 경우는 제한적으로 쓰는데 제한적이라는 것은 공간적인 제한도 포함되고, 시간적인 것도 포함됩니다.

공간적인 제한은 국내에서는 못하고 해외에서는 하고, 마누라는 안되고 첩한테는 되고, 안방에서는 안되고 대문 밖에서는 되고 이렇게 반대 기운을 어느 정도 형성시켜서 공간적으로 안과 밖, 내(內)와 외(外) 이런 식의 공간적인 어떤 차이가 됩니다.

그다음에 시간적으로 계속 12년 중에 많이 써야 6년, 이런식으로 짧게 쓴다는 것이죠. 12년 중에 12년을 계속 쓰려면 6년은 근처에서, 6년은 해외에서 제한적으로 쓴다는 것이죠. 그다음에 정통으로는 잘 쓰지 못한다는 것이죠.

그런데 대부분 그 근처에서 써먹다가 비슷하게 정통으로 자꾸 올라오려고 한다는 것이죠. 대부분 여기서 명이 듭니다.

그러니까 빌려 살고 그다음에 부부간에도 잔치도 못하고, 호적도 못 만들고 이런 식으로 뭔가 근처에 있을 때는 그 모양새를 갖추고 있다가 그것을 정통이나 제대로 된 모양을 만들려고 할 때 반드시 문제가 발생한다는 것이죠.

뒤에 五行하고 六親하고 같이 믹싱을 했을 때는 아주 극명하게 드러나거든요. '당신은 이 업을 하면 절대 안 되고' 하는 것을 '절대로'란 옵션으로 붙일 수가 있는 것이죠.

지금 五行的으로 포괄적으로 표현하고 있습니다만 아무튼 일주 하나에 食傷이 제한되어 있고 그다음에 財星이 제한되어 있고 官星이 제한되어 있다는 것입니다. 그다음에 印星도 제한되어 있어 五行的으로 木일주가 水를 印星으로 취한다고 합시다. 부동산이나 문서를 취하는 양상도 水의 형태를 취하느냐 취하지 않느냐는 것입니다.

뒤에 가면 六親하고 믹스해 '이놈이 偏印이냐 이놈이 正印이냐', '傷官의 간섭이 있느냐, 없느냐', '食神의 간섭이 있느냐, 없느냐' 이런 것을 봐서 결정하는데 水의 속성을 가지고 印星을 쓴다 하면 '어떤 문서를 쥐어야 되겠구나!' 하는 것이죠. 있는 듯 없는 듯, 저 놈이 개발이 될지, 안될지 아리송한 모양입니다.

밤에만 간간이 포장마차를 치거나, 거기서 내 땅도 아니고 남의 땅도 아니고 어정쩡한 모양이거나, 아니면 남들 눈에 잘 뜨이지 않으면서 등기를 떼 봐야만 알 수 있는 그런 땅이거나, 그다음에 水는 陽光이 없는 곳이란 뜻이니까 이 건물 저 건물에 에워싸여 한가운데 복판에 갇힌 집의 모양인 것입니다. 그래서 생긴 모양이 역세권은 역세권인데 역세권에 앞 건물, 뒤 건물, 옆 건물 다 가리고 골목으로 들어가서 뒷골목 안에 박힌 건물인 것입니다.

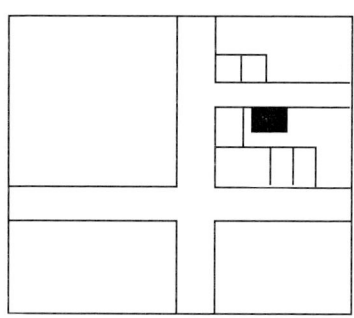

이런 모양이 陽光을 취하지 못하여 水의 기운에 가로막혀 있는 모양이고 그 주둥이도 좁은 모양이죠. 건물 다 있고 법적으로 하는 수없이 길을 내어주는 그런 길만 나 있는 이런 집 모양으로 '그런 모양에 인연을 하여 집을 샀다'는 것이 됩니다.

재개발되는 집들 보면 전부다 水氣에요. 큰 건물, 상가 건물이 동네 입구에 몇 개 있는 나머지는 전부 더덕더덕 붙어 있어서 陽光이 들날이 별로 없습니다. 이런 꼬불꼬불하고 입구가 비좁은 모양의 속성이 水의 속성을 취하고 있다가 어느 날 운이 돌아오면 전체적으로 크게 움직여져서 거기에 따른 부가이익이 동반하게 된다는 것이죠.

그래서 그 모양 그대로 땅을 가지고 있는 사람, 그다음에 水의 속성은 꼭 물가만을 이야기하는 것이 아니라 대평원, 도시 환경에서는 가린 집이고 아주 평평하여 있는 모양이 수평이죠.

논밭처럼 논이 아주 넓게 되어 있는 것도 수형(水形)이에요. 그래서 수형의 속성을 가지고 있는 논이나 매립지라든지 이런 환경에 노출되어 있는 印星을 취하고 있을 때 아니면 계곡과 계곡 사이에 햇볕이 양광이 부족하여 있는 모양일 때가 된다는 것이죠.

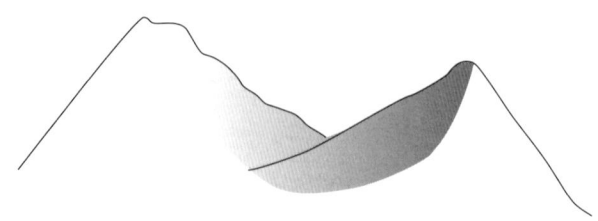

陽부족이니까 당연히 陰태과가 됩니다. 陽부족 陰태과의 자리라

든지 이런 것이 水의 속성을 드러내고 있으니 거기에 맞는 부동산을 취했을 때는 반드시 돈이 돼요. 생긴 대로 맞추고 사는 것이 얼마나 중요하냐 하면 그것이 반드시 돈이 되기 때문입니다.

예를 들어 부동산 문서의 속성을 볼 때 傷官 같은 것이 개입되어 있으면 무조건 경매를 받거나 남이 망한 자리를 사야 부자가 된다고 보면 됩니다. 팔자 안에 傷官이 있다면 남이 망한 터에 들어가야 성공하기 시작하는 것이죠.

예를 들어 偏印이라면 덩치가 큰데 쓸모가 적거나, 쓸모는 있는데 삐딱하든지 그런 식으로 印星의 모양을 취하고 있는 부동산을 잡아야만 그것이 제대로 나에게 재산 인자가 된다는 것이죠.

그것도 뒤에는 크게 보면 팔자에 六親이라든지 이런 것을 확장한 것이죠. 六親이라든지 神殺이라든지 그것을 확장한 것인데 五行으로도 이미 너무나 많은 것이 제한되고 있습니다.

설명하려면 너무 복잡하고 많기는 한데 이것을 쪼개서, 머릿속에 생각해야 됩니다.

실관을 해 나가기 시작할 때 土 일주다, 土 일주는 財星이 水다, 그러면 '아버지 아니면 시어머니인데'가 되죠?

그다음에 남자 팔자에서는 여인인데 여인의 모양이 水의 성질을 취해 가지고 있는가? 그것만 점검해 보세요. 그래서 아버지가 빨리 세상을 떠나거나 아니면 애기 같은 부인을 만났던지 이런 속성을 그대로 대조해 보려는 것입니다.

그래서 거기에 부합되어 있다면 인연이 길고 짧고를 그대로 따져보면 되고 그것을 잘 보면 이 아이의 성씨는 '김씨가 아니고 장씨다' 이런 것까지도 논리적인 확장이 가능해져요. 그런 것이 많습니다.

학생 질문 – 火의 속성으로 집을 산다면?

선생님 답변 – 火의 일반적인 속성을 취한다면 火의 속성이 번화가 라든지 사람의 활동이 많은 공간, 시장골목 가까운 곳 거기다가 木까지 갖다 붙이면 깃발 붙어놓은 곳은 관공서이죠.

아까 내가 닭 酉자 옆에 쥐 子가 발효식품이요. '술이다' 라고 했 듯이 깃발 올려놓은 곳이 있으면 관공서 옆에 번화가, 상가 이렇게 해석하면 되죠. 다른 논리를 설명하면 길어집니다.

제10강좌 : 五行에 의한 직업론(3)

時	日	月	年
甲	丙		
午	戌	子	

命

　子월은 기본적으로 子가 正官이 됩니다. 뒤에 가면 六親的으로 논리를 확장할 수 있는데, 기본적으로 正官 속성이 강하잖아요. 그런데 태어난 날하고는 神殺的으로 寅午戌, 申子辰 隔角되어 있습니다.
　官星은 官星인데 '隔角의 속성을 취한다' 함은 驛馬의 속성을 주로 취하여 쓰는 조직 중심으로 인연을 구할 수 있되 꼭 자기사업을 구하려고 한다면 먼 곳에 본점을 둔 해외브랜드라든지 아니면 서울에 본사를 둔 대리점, 체인점 형태의 사업을 기본적으로 우선적으로 취하고 그다음에 子를 버리고 개 戌자만을 취하여 장사나 사업을 구하는 방법이 있습니다. 개 戌자는 여러 가지 속성을 가진 업종으로 연결되어 업종이 다양합니다.

개 戌자가 이것저것을 다 모아 놓은 것이니까 주로 요식사업이라든지 유흥이라든지 여러 가지를 다 취해서 그 글자 옆에 간섭하는 것을 봐서 가감해 개 戌자를 그대로 식록으로 쓴다고 보면 되죠. 장사나 사업을 취하려면 食神, 개 戌자의 모양을 그대로 쫓아서 장사나 사업을 할 수 있도록 해 주면 됩니다.

학생 질문 - 사업을 하려면 金이 財星인데 庫中에 있습니까?

선생님 답변 - 庫中에 들어 있는 것이 아닙니다. 戌 중에 있는 辛金은 그것을 庫中에 있는 것으로 보면 안 된다는 것이에요.

酉의 餘氣로 戌 중에는 酉金이 쭉 뻗쳐서 들어와 있단 말이에요. 늦가을의 기운이 더 강렬해져서 뻗어져 있단 말이에요. 그래서 天干에 辛金이 戌을 만나면 羊刃이 되잖아요. 가을의 기운이 더 강해지는 곳이 戌이기 때문에 庫中에 들었다 함은 辰이 와서 戌을 冲할 때 開庫되는 것은 巳火라는 것이에요. 天干으로 치면 丙火란 말이에요.

그러니까 뱀은 개 戌을 만나면 또아리를 틀고 숨어들죠? 그 작용이 있는데 金氣는 그대로 펼쳐져 있다니까요. 그것을 庫中에 있다고 보면 안 된다는 것이죠. 庫中에 있는 것이 아니라 단지 金氣가 펼쳐져 있는데 이 戌이 火氣를 잡아들이는 과정에 제대로 戌 중의 辛金이 작용을 제대로 못 할 때가 있겠죠? 그 시기가 巳, 午, 未 이럴 때입니다.

학생 질문 - 그러면 그 시간이 午時란 말입니다.

선생님 답변 – 午가 되어 있으니까 이 경우에는 戌중의 辛金을 제대로 못 쓰는 것이죠. 잘못 쓰면 이 세상에 못 쓸 물건뿐이냐, 그게 아니라는 겁니다. 그러면 이 시에 있는 午라는 것이 羊刃이죠. 空亡이 되어서 작용이 반감되었는데 羊刃이라고 하는 것은 일종의 압력 기술이단 말이죠.

그런데 空亡이라고 하는 것은 유형이 아니라 무형의 기술입니다. 무형의 기술은 주로 교육적인 것이 되고 기술적인 노하우가 되고, 그래서 내가 수리를 하거나 기르거나 기술적인 것을 써서 장사나 사업을 하되 그런 요소가 들어가는 장사나 사업을 하면 된다는 것입니다.

학생 질문 – 조금 전에 말씀하신 것 중에 해외하고 관련된 일을 해야 된다고 했는데 그 사람이 해외와 관련된 여행사를 하거든요. 지금 독립사업을 하려고 하는데…

선생님 답변 – 독립사업을 하더라도 그 패턴이나 분을 벗어나서는 안 되고 일종의 대리점이나 체인점의 형태로 독립사업을 구하는 것이 바람직하다는 것이죠. 그게 隔角으로 쓰는 것의 의미를 아시겠죠?

내가 궤도로서 망신으로 한 칸 벌어진 것이 있고 두 칸 벌어진 것이잖아요. 두 칸 벌어진 것은 驛馬로 쓴다는 것이죠. 그래서 羊刃이 空亡되지 아니하면 실제로 '자르고' '붙이고' '만들고' 라는 이거죠. 그런데 그것이 空亡을 해 버렸으니까 입으로만 '나불랑' 하든지 머리로만 써서 하는 기술이라는 것이죠. 고도의 영업인자도 되는 것이죠.

학생 질문 – 관광사업도?

선생님 답변 – 그렇죠. 개 戌자가 종합선물이거든요. '묻지마!' 부터 시작해서 교육까지, 먹는 것, 자는 것에다가 기타 등등까지 갖가지를 해결해 주는 것이 개 戌자인 것입니다. 꾸며 주는 것도, 밤에 나이트에 꾸미는 것도 개 戌자, 밤에 무스 바르는 것이 개 戌자거든요.

학생 질문 – 그러면 그 사람이 甲午時가 되는데 偏印이 옆에 있으니까 문서, 부동산은?

선생님 답변 – 그런데 거기서 쓰는 것은 空亡에 앉아 있으니까 대체로 그냥 일에 관련된 사회적인 이권 정도로 해석하는 것이 좋고, 시에 空亡이 되어 있다는 것은 보통 국내활동 환경보다는 말년에 해외에서 주거나 정착인데 偏印의 속성 때문에 넓은 집은 아닙니다. 해외에서라도 그렇게 넓게 터를 쓰지 않는 형태의 주거, 그다음에 금전관리, 즉 돈을 묶어 놓는 곳이니까 그런 형태로 해석하면 됩니다.

학생 질문 – 임대업을 하면 안 됩니까?

선생님 답변 – 偏印이라고 하는 것은 임대를 하더라도 결국은 계절적으로 차이가 많이 나는 것이죠. 리조트라든지 팬션이라든지 이런 것처럼 여름에 장사가 잘 되었다가 또 다른 계절에 재미가 없다가 하는 굴곡이 발생할 수 있는 형태가 되는 것이죠.

학생 질문 - 계속 유지가 됩니까?

선생님 답변 - 그렇죠. 나와 隔角되어 그대로 官星을 쓰고 있으니 항공, 해운, 관광, 통신 이런 것에 관련된 명함을 들고 다닌다면 길게 인연할 수 있다는 것이죠.

六親과 神殺을 그대로 생긴 대로 보라는 것입니다. 空亡 했으니까 입으로 하죠. 그런 것들을 우리가 六親, 神殺 편에 다루어 보기로 하고 干支부분은 이해를 돕기 위해서 내가 몇 시간을 더 할애해야 지요.

사실 五行도 할 것이 많은데 빨리빨리 해석하기에는 간단하잖아요. 이것 써먹을 것이 많은데, 생각의 기초를 드리려고 이런 논리로 팔자를 다시 한 번 짜 보라는 것이죠. 짜 본 것에 안 맞는데도 번영하는 놈과 번영하지 않는 놈의 원인을 분석해 보라는 것입니다. 그렇게 하면 공부가 좀 많이 확장이 될 것이에요. 그리고 지난 시간 '노땡'(노점) 논법으로서 일순간에 상대방의 특징을 빨리 캐치(catch)해 오는 수단으로서 五行論으로 써도 좋다는 것입니다.

철학적인 부분이나 이론을 설명하려면 너무 많아서 실관에 쓸 만한 것들 중에 간단한 논리를 수업해 봐야 되겠다고 해서 이렇게 이 부분을 다루어 드린 것입니다.

다음 시간에 五行편하고 干支편하고 서서히 확장해 수업을 하도록 하겠습니다.

제4강

제 11강좌 : 天干에 의한 직업론(1)
일간에서 사주를 바로 보는 방법을 고안해 본다

지난 시간에 五行 가지고 공부했죠. 五行에서 명조로 돌아오면 日干으로 들어오는데 日干에서 사주를 바로 보는 방법들을 고안해 봅시다.

日干을 五行的으로 木으로 표시되었을 때 바로 고정이 되는 것이 있다고 했죠. 고정되는 것이 火가 食傷이고 土가 財星입니다.

그 사람이 사업이나 금전 활동을 구하고 있는 것이 火 食神이라고 예를 들었을 때 食神이 먹는 것입니다. 기본 의식주에 관련된 것이고 이런 요소를 빼 버렸을 때 火나 土의 속성을 지니고 있는 어떤 분야의 일을 하고 있느냐가 중요한 기준이 된다고 했습니다.

그러니까 이 양반이 木일주인데 말 그대로 토목업을 한다고 했을 때 그 활동분야가 팔자의 五行的인 분에 그대로 떨어져 있는 것이죠. 그래서 웬만하면 그것을 바꾸지 않습니다.

그것 때문에 흥하기도 하고 쇠퇴하기도 하지만 팔자에 있는 인자와 五行的인 그 사람의 분야가 그대로 맞아떨어졌을 때는 그것을 그 사람이 거의 안고 가야 된다고 고정적으로 보세요. 제산 선생님의 감정지를 보면 간단해요.

> 〈대가의 사주감정풀이〉
>
> ① 일주는 木
> ② 金이 官이다.
> ③ 고로 금속 회사다
> ④ 水가 약하여 고관(高官)이 아니다. 그러니까 높은 감투가 아니다.
> ⑤ 丑, 寅, 卯 년에 金이 꺾이니 전직한다.

 1-일주가 木, 2-土가 財, 그래서 토목업, 재물이 나오는 것이 土입니다.
 간단하게 그렇게 했는데 사실은 그런식으로 설명할 수 있는 명조들은 편의상 그렇게 설명을 해 버리는 것이에요. 보통 문점자들이 이론적인 근거를 물어볼 때 간단하게 설명을 하기 위해 쓰는 것이기는 한데 이것이 가장 중요한 논리입니다.
 뒷날에 가면 부득불, 부득이하게 水가 比肩, 劫財인데도 불구하고 물과 친하게 지낼 수밖에 없으니 소위 물장사, 유흥업 이런 것을 할 수밖에 없다고 설명해 주는 팔자가 있는데 그런 소수의 팔자 외에는 전부 이런 것을 가지고 크게 '火가 食傷이고 土가 財星이니 火에 관련된 분야의 일로서 밥벌이로 삼고 또는 土로서 무대로 삼고' 이런 식으로 고정해 놓고 팔자를 접근해야 된다는 것이죠.
 그래서 木일주가 소위 물 기운의 속성을 많이 띠고 있다면 물 기운에 관련된 일에 관련할 수밖에 없는데, 물 기운의 속성을 모르겠으면 그냥 '밤 장사', 밤에 물 틀어 놓고 하는, 밤이슬과 함께 돈이 들어오는 업, 이것이 水의 속성을 가장 대표하는 것이라고 하는 것이죠.

고정된 것을 연습해 봤었지요. 우리가 팔자를 보아 나갈 때 日干의 五行的인 속성을 취해서 유년(流年)을 볼 때 간단하게 응용해서 쓸 수 있습니다.

天干	名	정신적
地支	實	경제적, 현실

이 유년의 일반적인 흐름에서 天干을 대체로 정신적인 측면이나 명(名)의 측면으로 취합니다. 그다음에 地支를 실(實)로 취한다고 했죠. 경제적인 실속이라든지 實의 어떤 환경으로 보고 그다음에 정신적, 현실적 경제적 측면을 취한다고 했을 때 日干의 五行的인 속성이 하나 드러나 있으면 유년에서 오는 것을 그대로 봐 가지고 그 운세를 보자는 것입니다. 그러면 어떻게 봅니까?

子, 丑, 寅, 卯, 辰, 巳, 午, 未, 申, 酉, 戌, 亥, 子, 丑, 이렇게 다시 돌아옵니다.

子	丑	寅	卯	辰	巳	午	未	申	酉	戌	亥
水			木			火			金		水

寅, 卯, 辰 / 巳, 午, 未 / 申, 酉, 戌 / 亥, 子, 丑 이렇게 끊어 놓았을 때 辰을 볼 때도 五行的으로 그냥 木의 큰 환경으로 보라는 것입니다.

그다음에 火, 그다음에 金, 그다음에 水 이렇게 木, 火, 金, 水가 五行的으로 그 속성이 운에 의해서 드러난다는 것입니다. 이럴 때 본인의 일주가 木, 물론 天干으로 표현하면 甲, 乙이 되겠죠.

木일주가 보러 왔을 때 이 木일주가 寅, 卯, 辰이라고 하는 환경이 왔을 때 比肩, 劫財라고 하는 환경을 무조건 먼저 보라는 겁니다. 그러니까 比肩, 劫財의 속성에서 가장 큰 인자는 뭡니까?

比肩,劫財의 환경											
寅	卯	辰	巳	午	未	申	酉	戌	亥	子	丑
木			火			金			水		

財분탈의 인자, 官분탈의 인자죠. 財분탈, 官분탈을 무조건 먼저 전제해 놓고 생각해 보세요. 그러면 財분탈, 官분탈 이후에는 무엇입니까? 이것이 조금 확장을 한다면 食神이 長生을 하죠. 그러면 食神이나 傷官이 長生하는 인자의 어떤 글자로서 환경을 먼저 설정해 두는 것이죠.

그래서 이때 성공하는 것은 일반적인 유통업은 굴곡이 심합니다. 財는 주로 유통이나 시장이라는 것이죠. 유통이나 시장의 길을 갔을 때, 즉 유통업을 했을 때 굴곡이 심하다는 것이죠.

官분탈도 마찬가지입니다. 比肩, 劫財가 좋은 것은 자꾸 쪼개는 것이니까 조직사회 인연에 계속 경쟁적인 상황 속에서 자기 발전을 구한다는 것이죠.

이때 성공을 하는 것은 주로 기르는 행위, 만드는 행위, 제조라는 말이죠. 제조 또는 교육적인 행위 그다음에 食傷에 관련된 일이 있죠. 먹이는 일, 기르는 일이죠.

그러니까 축산, 원예, 임업 기타 등등 우리가 기르는 동작이나 만드는 행위와 관련해서 寅, 卯, 辰의 환경 속에서 성공할 수 있는 분야입니다. 이때는 실제로 그것을 해서 돈을 벌고, 벌면 계속 食傷 長生으로 간다는 것입니다.

만약 지금 여기 카페에 와 있다, 이런 比肩, 劫財운에 食傷 長生이 와 있다면 먹이는 일을 했잖아요. 돈을 벌었죠.

돈을 벌면 또 일을 벌입니다. 또 키우고, 또 키우고 해서 그 외형이나 규모를 자꾸 확장시키는 동작이 이루어진다고 하는 것을 미리 전제해 두는 것이죠. 이것이 어긋나는 것은 그냥 문제가 아니라 무조건 문제가 있습니다.

그러니까 格局 用神 생각할 필요가 없습니다. 이미 이놈이 강한 놈인지 약한 놈인지 알 수는 없으나 대자연은 그 사람에게 봄이라는 환경을 주었고 봄의 동작을 통해서 그 사람에게 比肩, 劫財가 성하여 있는 모양이 되고 食傷이 長生하여 있는 모양을 주고 있습니다.

이때는 돈을 벌더라도 반드시 자꾸 일을 키우는 데 힘을 쓰게 되어 있을 것입니다. 그래서 공장 사이즈를 남들이 보면 엄청나게 많이 번 줄 알아요. 그런데 현실은 공장뿐이라는 겁니다. 그런 식으로 기본 환경이 조성이 됩니다.

比肩,劫財의 환경			食神, 傷官의 환경 財星을 돕는 환경								
寅	卯	辰	巳	午	未	申	酉	戌	亥	子	丑
木			火			金			水		

그다음에 巳, 午, 未는 물론 財星을 바로 거들어 주는 구간이기도 한데 食傷이 무리 지어서 있는 구간이 됩니다. 巳, 午, 未 운에는 命이 강약을 떠나서 유통이라든지 시장, 금융의 환경 속에서 움직이게 됩니다.

또 실제적으로 돈의 교환이 이루어지는 공간이니까 시장이나 금융, 유통 이런 것을 통해서 금전 활동이나 사회활동이 이루어집니다.

물론 이 자체도 食傷으로도 쫓아 쓴다면 食傷의 행위에 관련된 것이 그대로 있습니다. 제조, 생산, 교육 이런 것들이 기본적인 활동분야로 이루어져 있다는 것이죠.

그래서 이런 행위나 동작에 관련되어 있으면 이 양반이 자기가 주인이 아니라 하더라도 그것을 조직으로 쓰든지 남의 마당을 쓸던지 그대로 금전 활동이나 사회적인 활동 발전의 근거가 된다는 것입니다.

比肩,劫財의 환경		食神, 傷官의 환경 財星을 돕는 환경			官의 환경				
寅	卯	辰	巳	午	未	申	酉	戌	亥	子	丑
木			火			金			水		

그다음에 申, 酉, 戌에 이르러서는 기본적으로 官 대운이죠. 官 대운이든 세운이든 조직성이 되고 실제 조직 또는 큰 조직과의 관계, 일을 하더라도 조직성 속에서 일이 이루어지고 있는 형태가 이 시기의 시간의 분, 세월의 분이라는 것이죠.

인간이 甲일주든 乙일주이든 癸일주든 庚일주든 겨울이 되면 옷을 두껍게 입는 것처럼 기본적으로 일주가 木의 속성을 가지고 있기 때문에 이 시기에는 官의 간섭이라는 환경 속에 그대로 노출되어 있다는 것이죠.

대운을 볼 때도 마찬가지입니다. 申, 酉, 戌 이런 대운을 지나갈 때는 장사를 하더라도 큰 조직과 손을 잡습니다.

그러니까 대리점을 하든 납품을 하든 용역을 하든지 이런 환경에 노출되어 있는 것이고 조직이라면 계속 조직성이 강화된 형태의 환경 속에 지나게 된다고 보면 됩니다.

그다음에 글공부를 한다면 글공부는 목적이 官을 얻기 위한, 官의 간섭을 많이 받는 환경 속의 글공부나 학문적인 연구를 가담하는 것이 되는 것이죠. 그러니까 일주 하나만 가지고 한해 한해의 운을 볼 때나 대운을 볼 때 그 기본적인 간섭을 자꾸 전제해 두고 해석을 해 두는 것이 중요합니다.

比肩,劫財의 환경			食神,傷官의 환경 財星을 돕는 환경			官의 환경			印星의 환경		
寅	卯	辰	巳	午	未	申	酉	戌	亥	子	丑
木			火			金			水		

마찬가지로 亥, 子, 丑에는 득세하는 구간이 되죠. 印星의 득세운에는 글과 학문이라고 하는 학문적인 속성이나 국가가 주든지 개인이 주든지 자격, 이권, 인허가, 계약 그다음에 부동산 문서형태의 재산형태가 되겠죠.

그런 형태를 취함으로써 태어난 일주의 속성과 대운의 분, 환경 이런 것들을 그대로 유지시킨다는 것이죠. 이것이 한눈에 연습이 될 필요가 있습니다. 한눈에 쪽 연습을 해 놓고 육친으로 조금 더 확장해서 보는 논리들을 연습해 보면 팔자라고 하는 것을 어떤 地

支라든지 대운의 글자 하나만 오는 것만 보더라도 바로 해석에 가담할 수 있습니다.

이제 地支를 보아 나갈 때 甲, 乙일주 라는 것을 봤을 때 地支는 조금 더 정밀한 해석이 필요한데 지금은 좀 포괄적인 것을 이야기 했습니다.

만약에 甲일이나 乙일이 丑 대운을 만났다고 했을 때 기본적으로는 亥, 子, 丑이라고 하는 인자를 가지고 무리 지어서 印星의 속성을 취해봐야 되겠죠. 그래서 학문적인 성격이나 결재에 관한 일이나 문서형태의 재산 이런 것을 볼 수 있지만 조금 더 확장하는 것이에요.

甲일주나 乙일주가 丑을 만났을 때 바로 뭐를 봐야 됩니까? 丑에서 入庫되는 것이 庚이 入庫가 되고 丁이 入庫 되지요.

丁과 己하고 똑같이 속성을 취해서 庚, 丁, 己가 入庫 되고 있습니다.

入庫되고 있는 모양을 보았을 때 "그렇구나! 官이 뭔가 入庫 되어 가지고 그 모양이 손상되고 있구나!", 그다음에 "食傷이 손상되고 있구나!", 그다음에 "財星의 모양이 그 뜻을 제대로 계승하지 못하고 있구나!" 하는 것입니다.

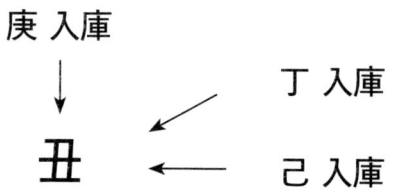

물론 땅바닥에 五行的으로 丑의 인자로 흔히 土로서 취하기도 하지만 天干에 드러나서 제대로 된 財星의 모양을 취하고 있는 놈이 움직이지 못하는구나 하는 것을 알 수 있죠. 그래서 甲이 丑을 만났을 때 못쓰는 것이 세 개입니다. 제대로 못 쓴다는 것이에요.

그래서 유년을 볼 때 甲 일주가 丑을 보았을 때 官星의 入庫 작용을 보아야 된다는 것이죠. 그래서 甲이나 乙일주가 丑, 寅을 지나거나 卯, 辰을 지나갈 때에 묶여서 방해받는 것은 金氣의 허결이 발생한다는 것이죠. 金氣가 官星의 의미가 되죠.

이때 丑, 寅에서 庚을 중히 쓰는 사람은 庚이 墓地, 絕地가 되죠. 그다음에 卯, 辰에서 辛이 墓地, 絕地가 되죠. 이렇게 함으로써 이 시기에 조직사회에서 자리변동이나 부득이 이직, 명예를 버리고 직업을 전변해야 되는 상황이 잘 발생합니다. 이렇게 五行과 地支와의 관계 속에서 설정해 둘 수 있는 것입니다.

이것만 훈련되면 우리가 格用법이니 복잡한 것을 쓸 필요가 없습니다. 이 丑의 모양새만 해석해 주면 되는 것이죠. 유년에서 甲, 乙일주가 丑년을 만났다면 丑중의 辛金을 官星으로 쓰고 있다고 하더라도 辛金이 養地에 들어가죠. 養의 모양이라고 함은 밖으로 두드러지지 못하고 뱃속에서 촉지되는 정도이지요.

촉지되는 정도라고 하는 것은 동네 골목 안에 간판은 보이는데 그놈이 있는 것은 분명한데, 사거리나 대로변에 간판은 없다는 것입니다.

'때깔 안 나는' 조직에서 세월을 보낼 수 있으나 폼 나는 형태로 조직사회 참여나 사회활동은 힘들고 그다음에 庚을 중히 쓰는 사람은 이때 명예나 감투가 사라진다는 것이죠. 명예 감투가 사라지니까 '丑년에 떠나리라, 寅년에 떠나리라,' 이것이 시간문제라는 겁니다.

이것을 많이 훈련하면, 머리가 잘 돌아가는 사람은 '다 알았다! 이씨~~! 저렇게 보면 되는 것인데!' 하는 겁니다.

그러니까 이제 유년법에서 쓴다는 거죠. 유년법에서 쓰면 글자 하나 보면 일주가 무엇이든, 일주가 강하든 약하든, 官格이 印綬格이든 상관없이 벌써 官星이 묶여 들어갔구나, 官星이 묶여 들어가 명예가 땅에 없어졌으니, 丑년을 만났으니 필시 명예에 훼손이 이를 것이다, 하는 겁니다.

旺者는 身旺, 官旺의 모양을 가져서 官이 중요한 사람은 더욱 그럴 것이요, 官이 미약하여 허덕허덕해서 미약한 사람은 더 심할 것이다. 그러나 정도의 차이는 있더라도 이 丑에 이르러서 명예에 쇠퇴는 많으냐 적으냐의 차이지 반드시 발생한다는 것이죠.

그러면 이것을 조금 더 머리가 좋은 사람들은 어떻게 넘어갑니까?

甲日이나 乙일주가 丑이 있으면, 필시 명예의 길에서 오래 구할 수 있는 것을 방해를 구해놨죠. 그러니 높은 명예를 구하기에 힘든 인자를 부여해 놓았구나 하는 것을 알 수 있습니다.

그래서 이것이 기본적으로 六親을 취할 때는 잡기나 財로 취하겠지만, 조직사회 인연이 매끄럽게 갈 수 있는 팔자가 아니라는 겁니다.

그다음에 寅이 출현했다면 바로 이것 또한 유년법에서 보았듯이 寅의 출현이 官의 안정된 형태를 막아 버리죠.

官을 안정된 형태로 막아 버린다는 말은 결국 이 사람은 조직사회 중심의 활동이 팔자에 잘 맞지 못한 사람이다, 하는 것을 유년에 있는 것을 그대로 팔자에다가 끼워 넣어서 보는 순간 답을 알 수 있겠죠. 보는 순간에 답을 어떻게 아느냐는 표정들인데, 훈련을 안 했기 때문에 안 보이는 것일 뿐입니다.

時	日	月	年	**命**
卯	寅	子	申	

명조 안에 저런 地支글자가 출현했다 봤을 때 이것을 하나의 유년법에 적용하는 것처럼 써 보세요. 써 본다면 甲일이든 乙일이든 木일주가 寅, 卯가 官星이 기립할 수 없는 모양을 갖추고 있다는 겁니다. 그러면 申에 旺地, 祿地의 글자가 있다는 것은 한때 조직생활에 인연하여 활동을 구하게 되나 세월이 지나면 조직사회와 인연이 필시 멀어질 것이라고 해석합니다.

그러니까 팔자 안에 이미 대운이나 유년도 포함되어 있어요. 대운이 뒷날에 가면 필요가 없습니다.

팔자 안에 官의 旺地와 祿地를 주었다가 子에서는 官의 死地를 주게 되죠. 辛金을 쓰는 경우에는 子에서 長生地를 주었으니까 어찌되었든 官印소통의 인자로서 地支환경이 주어져 있고 그다음에 寅이나 卯로 넘어가고 있으니 즉 그 官이 높은 官으로서 오랫동안 지켜지지 않는다는 것이죠. 그것을 보는 순간 머릿속에 한눈에 팍 그려야 됩니다.

甲이 丑을 보는 순간에 떠올라야 됩니다. 正財다, 天乙貴人이다, 이것이 더 되는 것이 아니고 官의 入墓地가 있다는 것은 명예가 있다가도 소진되어 사라지는 날이 필시 오겠구나 하는 것을 알아야 돼요. 재떨이가 있다는 것이 담배가 여기 와서 필시 꽂힐 것이라는 것이죠.

학생 질문 – 만약에 申, 寅, 卯, 子가 있다면 어떻게 해석을 해야 됩니까?

時	日	月	年	命
子	卯	寅	申	

이 경우에는 여기서는 寅이 가까이서 간섭을 해 버리죠. 寅申 두 글자가 相冲으로 되어 있습니다.

冲도 되고 刑도 되고 여러 가지 인자가 되는데 이 양반이 官을 썼더라도 驛馬 官을 쓰든지 刑 官을 쓴다는 거죠. 형벌 官 아니면 驛馬官입니다.

驛馬를 쓰는 형태로 官을 쓴다면 상당 세월 인연이 될 것입니다. 寅과 申의 두 글자를 다 쓰죠. 寅, 申을 두 개 다 씀으로써 그런 속성을 가진 조직사회와 인연하여 세월을 보내게 됩니다.

　그다음에 여기서 있는 印星 子라고 하는 것이 결국 멀리 있는 申 官星과의 소통이 약하죠. 그래서 官印소통이 멀다는 말이죠. 이 사람은 형벌에 관련된 官, 수술에 관련된 官 또는 의료, 법무 그다음에 항공, 해운, 무역, 건설 등 이렇게 驛馬에 관련된 官을 쓸 때에 한 세월 쓰더라도 그 감투의 발전이나 번영이 느릴 것입니다.

　그러니까 땅바닥에 나와 있는 글자만 보더라도 이미 알 수 있는 것이죠. 그다음에 寅木은 食傷을 長生하니 세월 따라 食傷의 세력을 주는 글자가 오면 반드시 독립적인 일을 구할 것이라고 이해하고 운을 관찰하세요.

　운을 관찰하면 이 官, 印소통으로 가고 있으면 驛馬 官으로 가고 있고 그다음에 食傷이나 財星으로 돕는 운으로 가면 그런 쪽에 한세월 인연 했다가도 결국은 독립하여 자기사업을 구하는 형태로 갑니다.

　그러니까 복잡하게 생각할 것이 없습니다. 이것의 훈련이 일일이 안 되어 있기 때문에 庚이 辰을 보았을 때 그 의미를 초보자가 생각하면 偏印을 만났으니까 '偏印에 관련된 직업을 가지고 어쩌고, 저쩌고…' 하는데 틀린 말은 아닙니다.

　틀린 말이 아닌데 辰을 보았을 때는 寅, 卯, 辰이라고 하는 方合에 의한 木氣가 성하여 있는 모양을 항상 생각해야 됩니다. 그러면 辰 印星이 偏印과 친하다고 기본속성을 알 수 있겠는데, 偏印이 正印이 아니고 偏印이므로 正印이 대체로 벼슬이나 학문성 위주로 간다면 偏印은 기술성이나 재능 중심으로 가겠죠. 재물과 무리 지어있음으로써 대체로 재물을 쫓는 기술로 가는 것이죠.

그런데 그다음에 壬水가 入庫 한다는 것이죠. 食神이 入庫를 한다는 말이죠. 食神이 入庫를 한다는 말은 팔다리 없이 돈 받아먹는 것입니다. 팔다리 없이 하는 일은 서류 들고 팔짱 끼고 돈을 버는 일인데 대체로 자격증이고 임대죠. 주인집 아줌마가 팔짱 끼고 돈을 받으러 다니지요.

월세 받으러 올 때 팔짱을 딱 끼고 오죠. 팔짱을 딱 낀다는 것이 食傷 入庫의 무기입니다.

庚이 辰을 만났다 하면 대번에 속성의 기미, 이런 속성을 취하는 형태의 장사나 사업을 구하고 있느냐? 이런 것을 바로 대운에서 점검해 주어야 됩니다.

뒤에 五行 강약에 의한 辰의 강약, 午의 陰陽的인 강약 이런 것은 五行的인 측면에서 포괄적으로 봐 주지만 그 속성 자체를 미리 글자하나로서 파악을 해 놓아야 된다는 것입니다.

그래서 보는데 2초 이상이 안 걸리려면 바로 팔자 안에 펼쳐진 글자가 무엇으로 되어 있느냐 하는 것을 '주르륵~~' 보아야 된다는 것이죠. 그러면 아! 이놈은 무엇이다, 무엇인데 여기서부터 변태가 된 종류 이것만 관찰하면 되는 것이죠.

時	日	月	年	命
	甲,乙			
子	卯	寅	申	

　月支에 범 寅자가 있으면 우리가 格用으로 친다면 甲일주라면 建祿格이 되죠. 그러면 建祿格인데 申에 의해서 冲이 되어 祿이 훼손되어 있습니다. 그다음에 羊刃에 의하여 다시 뭔가 인자가 변형되고 있다, 간섭받고 있다는 것이죠.
　그래서 이 변형된 모양대로 직업이나 일이 펼쳐지고 있느냐? 하는 것을 그냥 보면 돼요. 못 맞히겠으면 물어보세요. 맞히려고 하니까 머리가 아픈 것이에요. 답안지는 알고 있으니까 물어보라는 겁니다.
　"글쎄!" 그러면 자료를 가지고 필터링을 해 보는 것이죠. "100% 맞는 것은 아닌데." "그것이 뭐 잘 안됩니다." 그러면 "이렇게 요렇게 해서 해보라." 실제로 팔자의 글자들을 다 쓰게 한다는 것이에요.
　좋은 운동에 비유해서 팔자라고 하는 것이 머리 쓰고 다리 쓰고 팔자에 있는 것을 다 쓸 때 그것이 대체로 오래가고 효율적입니다. 효율성을 높여주자고 하는 것이 바로 干支에 의해서 그 사람의 팔자를 분석해 주는 이유입니다.
　간단하게 제일 빨리 과정을 그려 드렸는데 사실은 팔자를 볼 때 일일이 연습을 해 보아야 됩니다. 연습을 집에 가서 해 보세요. 연습을 어떻게 합니까?

戊일주나 己일주라고 했을 때 戊, 己일주가 예를 들어 辰에서 未년사이까지 辰, 巳, 午, 未가 되겠죠.

이 辰을 보는 순간에 무엇을 봐야 되죠? 財星의 入庫, 壬水의 入庫 작용이라는 것이 제일 먼저 눈에 뜨여야 되겠고, 그다음에 印星이 득세하여 있고 官星은 甲과 乙을 달리 쓰겠죠. 官星은 巳, 午, 未에서 病地, 死地, 墓地가 되겠죠. 未는 官星의 入墓입니다.

財星, 入墓, 官星 入墓, 印綬 득세 이런 모양을 하고 있을 때에 甲木을 쓰는 사람은 未년에 또는 申년에 명예의 불안 요소가 동반할 것입니다.

그다음에 乙木을 쓰는 사람은 巳, 午, 未 운에 체면유지의 감투를 유지할 것이라는 것을 알 수 있죠.

그래서 글자를 하나 볼 때도 이것이 하나 가지는 의미의 比肩이다 劫財다, 이것만을 보지 말고 똑같은 戊일주가 未나 丑을 만났을 때 똑같은 劫財죠. 모양상 劫財지만 전혀 다르다는 겁니다.

여기서 丑은 庚의 食神 入庫작용 그다음에 未는 甲의 官星 入庫 작용이죠. 그러니까 똑같은 比肩, 劫財를 만난다 하더라도 官星의 入墓와 食神의 入墓 작용은 정 반대의 인자가 入墓 작용을 일으킨다는 것이죠.

여인이 戊 일주에 丑 세운이나 대운을 만났다 봅시다. 比肩, 劫財 작용이 온다 하더라도 주로 어떤 작용을 합니까? 劫財가 오면 자꾸 남편을 가르잖아요. 남편을 '자꾸 쪼갠다'는 거죠. 배우자가 자꾸 부정행위를 저지르거나 이런 것이 올 수 있다고 보는데, 丑운에는 그것이 안 되겠죠. 도리어 食神이 入庫 작용을 하니까 자식에 여러 가지 고충이나 근심거리가 발생하는 인자로 보라는 것이죠.

그다음에 戊가 未를 만났을 때는 官星의 入墓 작용이 뚜렷하게 일어나겠죠. 官星의 入墓 작용이 뚜렷이 일어나면서 배필의 애정이나 남편으로서의 역할이 크게 삭감됩니다.

학생 질문 – 선생님! 甲木이 巳를 만났을 때 庚金이 長生을 하는데 偏官星을 어떻게 해석을 합니까?

선생님 답변 – 그렇죠! 偏官이 長生을 띄우죠. 이런 경우가 食傷이라고 하는 기본적인 행위, 활동 속에 庚金이 동반하는 것이죠. 그래서 여자들이 甲일주가 巳운을 만났을 때 자기가 금전활동이나 사회활동을 자꾸 구하는데 그 사이에 징그러운 놈이 끼인다는 것이죠. '징그럽다' 하는 놈은 돈도 안 되는 놈이 무임승차를 하려고 한다는 것이죠. 무임승차를 하는 놈은 징그러운 놈이 되는 거죠.

그래도 돈이라도 갖다 주고 사랑도 주면서 작업이 들어와야 되는데 그것이 사랑만, 돈만 주려고 하고 이렇게 한쪽으로 편중된 형태의 인간관계가 이런 시기에 동반해서 따라오는 것이죠.

저 글자끼리의 작용을 그냥 그대로 하나의 팔자에 이야기로 연결해 가면 格局 用神을 설명할 필요가 없다는 것이에요. 단지 그 사람의 그릇에 의하여 강약의 차이만 있을 뿐입니다. 어떤 사람도 그 뱀 巳자의 글자를 만나서 그것을 食神으로서만 해석해 나가서는 안된다는 것이죠.

항상 이중성이라고 하는 것이 깔려 있는 것이죠. 밥도 먹고 잠도 자고 하는 것처럼 행동이나 동작이라고 하는 것은 하나의 기운 일색으로 몰려 있을 수 있는 것이 없습니다.

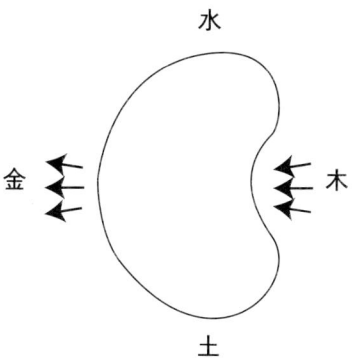

다만 어느 것이 두드러져 있는 것이 봄, 여름, 가을, 겨울에 木, 火, 金, 水가 五行적으로 짜여 있을 때 계절적인 환경에 의해서 火가 조금 더 두드러져 있으면 水가 조금 일그러진 형태의 풍선이 될 뿐이지 이 火운이 왔다 하여 木이 없어지고 金이 없어지는 것은 아닙니다. 그러면 저 火운에 존재하는 金의 양식을 보라는 것이죠.

時	日	月	年	命
己	乙			
卯	巳	午		

이런 모양을 가지고 있을 때 여자 팔자에서 官星을 취해오는 방식이 어떻게 됩니까? 여자 팔자에 官星을 취해오는 방법이 巳 중의 庚金을 취하고 있잖아요. 巳 중의 庚金을 취하고 있는데 庚金의 존재 양식은 어떤 모양입니까?

地藏干에 숨어 있는데 그 자리가 巳중에 長生해 있죠. 그러면 그 활동성이 두드러지지 않지만, 長生의 자리에 있다는 것은 그 사람이 활동할 수 있는 활동력이나 근거가 뚜렷한 사람입니다.

그래서 변화가 별로 많지 않은 조직사회나 안정적인 형태의 일에 가담하여 남편이나 인간관계를 통해서 이제 가정정립이 이룩된다는 것이죠.

그러면 이것을 그대로 '똑 떼오자'는 거죠. 이것은 日支의 巳는 모르겠고 巳년에 남편의 존재 양식은 뭐냐 이거죠? 正官의 존재 양식은 뭐예요?

뭔가 새로운 활동환경이나 長生의 형태, 長生이라고 하는 것은 무에서 유, 그다음에 뭔가 새로운 일에 가담하는 형태로 이 시기에 남편이 변동을 구하고 있는 것이란 말이죠.

그 자체도 傷官이니까 밖으로 폼을 잡으면 돼요. 안돼요? 長生은 어린 모양이어서 밖으로 두드러져 폼을 잡을 수는 없으나 폼이 나지 않는 형태로 유지하고 있다면 그대로 남편의 모양이나 인간관계는 지켜지고 있다고 보는 것이죠.

학생 질문 – 午月에서 乙이 長生을 만났다는 것은 어떤 의미입니까?

선생님 답변 – 長生을 만났다는 것은 개인적으로 활동성이 강해진다고 보면 됩니다. 乙 일주에 본인이 長生을 만난다는 것은 사회적인 활동성이 크게 넓어진다고 보면 됩니다.

학생 질문 – 저기서 甲일주가 午년을 만나면 劫財가 長生을 하는데 분탈을 할 때 傷官의 짓을 한다고 생각하면 됩니까?

선생님 답변 – 그렇죠. 甲 일주일 때 午를 만나면 이것이 傷官의 득세를 만들죠. 庚金 官星에 대해서는 12運星으로 보면 沐浴地가 되죠. 서방이 털려 나갑니다. 그 모양이 여러 가지인데 국회의원에 출마해서 지갑을 많이 여는 것도 털려 나가는 것이다. 손장난 노름하고, 술 먹고 저녁에 여인이 좋아서 쫓아다니는 것도 다 털려 나가는 것이죠. 그래서 그런 형태로 배필의 모양새를 유지해 나갈 수밖에 없다는 것입니다.

그렇다면 보는 순간에 甲午일주 여인이라면 "야! 서방이 피곤한 사람을 만나겠구나!" 하고 대번에 알 수 있죠. 그러니까 유년에 적용되고 있는 여러 가지 원리들이 팔자 안으로 옮겨졌을 때 바로 알 수 있는 것이죠.

이것이 훈련되어 있다면 午 보는 순간에 "야! 너희 서방 뭐하노?" "선생님 알고 묻습니까? 모르고 묻습니까?" "어허! 뭐하느냐?" 午의 모양을 취하고 있느냐 아니냐, 아니면 멀어져 가 버렸느냐, 그 역할을 하다가 부부가 정을 잃어버리고 멀리 가버리는 것이냐, 이것만 점검하면 된다는 것이죠.

팔자에 巳가 있다, 午가 있다, 未가 있다 이런 것을 보는 순간에 官의 존재 양식도 동시에 쫙 읽어 주어야 된다는 것이죠. 財의 존재 양식, 印星의 존재 양식 이런 것들이 地支에서 기본적으로 제한을 하고 있는 것이죠.

학생 질문 – 官殺이 두 개 다 있을 때 巳, 午, 未운은 하나는 살아나고 하나는 죽이잖아요.

선생님 답변 – 五行的으로 調候가 크게 허물어지지 않았을 때는 부득이 하나만 쓴다고 보면 됩니다.

학생 질문 – 좋은 것입니까?

선생님 답변 – 좋은 것 나쁜 것 상관없이 偏官이 득세하여 있으면 '偏官을 취하고'가 되는 것이죠.

예를 들어 己土일주라고 하면 己土 일주는 乙木이 偏官이잖아요. 偏官의 역할 밖에는 못한다는 것이죠. 그러면 여자는 남편이 치우쳐서 뭔가 역할을 하고 있다, 官星으로서의 역할을 하고 있다. 치우친 역할이라고 하는 것은 금전이나 애정 이런 면에서 반드시 왜곡이 발생한다는 것이죠.
 뭔가 잘 안 된다는 겁니다. 즉 자기가 번영을 하고 있더라도 금전이나 애정에 왜곡이 있다, 금전이나 애정의 왜곡이 별로 없으면 떨어져 산다는 거죠.

학생 질문 – 득세한 것을 씁니까?

선생님 답변 – 그렇죠. 득세한 것을 쓰죠.

학생 질문 – 正官, 偏官이 같이 있으면 어느 것을 씁니까?

선생님 답변 – 거기서는 선후관계를 따져 가지고 이 사람이 偏官을 먼저 취하고 正官을 쓰느냐 따져 가지고 지금의 나이에 正官을 취하고 있다면 正官의 흐름을 봐 주고 하면 됩니다. 뒤에는 섞어 쓰는 고급논리가 있지만, 甲, 乙이 없다고 챕시다.

戊일주에 乙木하고 甲木이 없는데 돼지 亥자를 만났다. 이 돼지 亥자 운은 甲木이 長生을 하고 正官은 오히려 이 자리에서 死하잖아요. 그러니까 이 양반은 아무리 남편덕을 잘 본다 하더라도 偏官 長生의 모양을 취할 뿐입니다.

戊 일주가 午를 취하고 있다는 것은, 팔자 안에 官이 드러나 있지 않다는 것이고 그 사람의 사회적인 역할이 두드러지지 않거나 아주 변화가 없는 생활환경의 남편이라면 그것을 취하는데 즉 正官이 午에서 長生을 합니다.

그 사람이 많고 적고 차이는 있더라도 금전, 애정 이런 것을 다 채워주기 위한 활동이나 노력이 많은 사람이다, 또는 많은 상태라고 보세요.

亥라는 것은 자기가 잘나가도 남편으로서의 역할이 충실하지 않다는 거죠. 그래서 어느 날 팔자를 해석하는데 戊, 己의 땅바닥에 子가 있는 순간에 財星 아닙니까? 財生官하여 남편덕이 괜찮다고 보면 남의 신세 버립니다.

子는 寅하고 隔角을 하니까 寅이 隔角되어 있다는 말은 자기가 거소(居所), 존재하고 있는 공간에서 偏官의 역할도 제대로 가져올 수도 없고 그다음에 '甲木도 子에 沐浴하고 乙木은 病地에 들었으니'라고 이해를 해야 됩니다.

학문적으로 이 공부 안 하는 사람들, 기도해서 사는 무(巫)에 속하는 사람들 있습니다. 이 사람들이 만들어 놓은 시구 중에 '戊子

일주도 서방복이 없구나!' 그대로 시를 써서 외웁니다. 그 사람들은 '수도 없이 많은 경험을 해보니' 라는 것이거든요. 그런데 이치는 알 수 없으나 戊子일주가 왜 서방복이 없을까요?

五行的인 오류에 빠져 있던 사람들은 '야! 財가 官을 生하니까 남편덕이 어느 정도 오지 않겠느냐?' 하지만 미안하게도 甲木도 沐浴地요 乙木도 病地가 되고 寅木은 隔角이요 卯는 子를 만나면 刑이 발생하는 것이니 이 地支끼리는 결국 뭔가 실제 하는 것이기 때문에 삭감하는 것이 되죠. 子卯 刑이 됩니다.

학생 질문 – 그러면 이런 사람은 어떻게 살아가야 됩니까?

선생님 답변 – 오늘 공부 끝나 버립니다. 그런 여인이 남편하고 어떻게 살아야 되느냐? 그때에 살아가는 존재 양식이 있다는 것입니다.

귀신으로 살아가는 것이 6종, 귀육종(鬼六種)입니다. 戊子일주의 여인이 도저히 남편 덕으로 살아갈 수가 없다고 했을 때 귀신의 모양으로 살아가는 남편의 모양이 여섯 가지가 됩니다.

첫째가 속세의 논리를 버리고 산에 가서 있으니 그를 일컬어 '仙'이라고 합니다. 선(仙)의 직업에 가까운 것이 종교인이죠. 세속의 뜻을 버리고 수도를 한다, 도 닦는다, 그래서 그 배필은 수도인이 되거나 종교인이 됩니다.

두 번째가 이념이나 정신적인 일만 감당하여 사는 사람들이 있는데 교육이에요. 그 사람들은 정신의 세계에 모든 기운을 두고 살아가는 사람들입니다. 그래서 교육을 담당하고 있는 일을 하고 살아가는 사람이 두 번째가 됩니다.

세 번째 변화가 아주 없는 공(公), 공직입니다. 그 사람은 만인이 쳐다보는 사회의 구조라든지 이념을 쫓아서 일신의 삶이 선택된 것이 아니에요. 그냥 시간표대로 일어나야 하고 누워야 하는 것이 공직입니다. 그래서 이 양반의 남편이 공직에 있다면 그대로 그 인연을 오랫동안 붙여서 쓰게 되는 것이죠. 그 이유는 부인의 그림자는 남편을 귀신으로 쓰고 있는데, 귀신의 모양새를 닮은 모양이 그렇다는 겁니다.

네 번째 표류직업입니다. 어떤 날은 들어 왔다가 어떤 날은 안 들어옵니다. 귀신처럼 나타났다가 귀신처럼 사라집니다.
그러니까 결국 무늬만 붙여 두고 사는 것인데 실제로 여자 팔자에 그런 기운에 가린 사람은 기타의 일을 하면 하는 일이 자꾸 굴곡이 오게 됩니다. 이런 일을 하는 사람들은 오히려 성공하더라는 것이죠. 왜냐하면, 귀신의 모양에 가까이 갔다는 거죠.

다섯 번 째 밤중에만 돌아다니는 놈입니다. 귀신은 밤에만 돌아다니는데 야중 행(行)입니다. 밤에 술 퍼먹든지 밤에 돈을 벌든지 눈에 안보이는 것인데 도둑도 포함됩니다.

道부터 유흥업까지 포함이 돼요. 이 팔자의 여인이 그런대로 남편의 덕을 유지하고 살아가는 것을 보고 '종교인이냐, 수도인이냐?'고 물으니 그것도 아니요 교육자냐고 물으니 그것도 아니고 공직에 있느냐고 물으니 그것도 아니고 표류직업이냐고 물으니 그것도 아니라, 그러면 필시 야중 행(行)입니다. 밤에 내도록 돌아다니는 직업이나 일 이런 사람은 귀신의 기운에 가려진 것으로 보아서 존재 양식이 생깁니다.

귀육종(鬼六種)이 된 사람의 입장에서 볼 때는 주간반으로 바꾸려 하면 마누라를 바꾸어야 되거든요. 부인을 버리지 아니하면 이렇게 귀육종의 형태를 지녀야 안정할 수 있습니다.

여섯 번째 옥중, 병중입니다. 감옥 속에 있거나 병중에 있거나 그래서 아주 고치기 어려워서 사람이라 할 수 없으니 이것을 귀신이라 부릅니다. 옥중에 있어서 생명은 있으나 죽은 것으로 간주합니다. 그래서 대체로 좀 남들의 눈에 띄는 세계에 있는 직업은 이런 직업입니다.

학생 질문 – 그런 직업을 해소가 됩니까?

선생님 답변 – 그렇죠. 죽지 않으면 반드시 싸우거나 인연의 갈등이 와서 그 그림자를 서로 끝내 해소시켜 버리는 것이죠. 여인의 팔자에서 이것도 저것도 쓰지 못할 때는 남편이 이런 형태로서 직업이나 활동분야를 삼음으로써 결국 해소된다는 것이죠.

학생 질문 – 남자가 比肩, 劫財가 많은데 亥 중에 甲木을 財星으로 쓸 경우에도 마찬가지입니까?

선생님 답변 - 그렇죠. 도 터지는 소리죠. 그런 식으로 제대로 쓰지 못하여 부득불 하게 그 인연을 맺어 살아야 할 때 그 상대방을 보면서 나는 사람의 세계에 들어오고, 부부간에 하나는 자세히 보면 사람이 아니고 귀신으로 살거든요. 이게 어려운 논리인데 귀신 중에서 가장 반듯한 모양이 이 모양입니다. 당연히 그렇죠. 그래서 당신 서방이 오랫동안 인연하여 살고 있다면 직업이 필시 종교인, 역술인 여기에 걸려 있을 것입니다.

옥중에 있거나 병중에 있는 모양새는 귀신도 자기가 운이 나쁘면 이런 곳에 있다가 다시 운이 돌아오면 이런 쪽의 세계로 들어오게 되는 것이죠. 말 그대로 귀신은 발이 없어도 잘 돌아다니고, 낮이 아니고 밤에 다니고, 헛소리 잘하고, 공(公)이라고 하는 것이 그렇습니다. 그래서 동작 뜨는 것을 보고 '공무원 출신이다' 하는 거죠. 주로 名의 세계에 살다 보니까 實하고 踐, 실천, 실제로 옮기는 것에 대한 시간이 굉장히 걸린다는 것이죠. 이것이 공(公)의 세계에 있는 것입니다.

학생 질문 - 그럼 남편이 저러한데 애인을 두면 長生地가 달라지니까 반대가 도리 수도 있겠네요?

선생님 답변 - 그렇죠. 애인은 사업하는 사람이죠.

학생 질문 - 반대의 글자에 바로 다 죽이는 것이 아니라는 말씀입니까?

선생님 답변 – 그렇죠.

학생 질문 – 이런 부인의 남편이 다른 여자를 두거나 첩을 둔다면?

선생님 답변 – 그러면 팔자에 그림자를 따른 것이죠. 예를 들어 교육이나 종교인인데 끗발이 오르면 본부인은 두고 본부인의 그림자에서 살짝 빠져나와요. 운이 경제적인 실력의 세계로 나오기 시작하면 본부인을 빠져나오면서 보면 부단히 애인이 생겨요. 그 애인 팔자의 그림자를 보면 서방이 사업가죠. 그 서방이 사업가 그림자를 가지면서 이렇게 가족관계나 인간관계가 상당세월 유지되는 것이죠.

그래서 鬼하고 人이 하루에도 왕래하는 것이에요. 사람이 하루에도 밤이 되면 다 귀신이 됩니다. 눈이 게슴츠레 해 지면서 제대로 못 보고 못 듣고 냄새도 못 맡고 해서 자빠져 자잖아요. 자빠지면 귀신이 되는 것입니다.
이 人鬼가 하루에도 왕래하는데 배우자가 주는 그림자에 의해서 결국은 人으로 살아가는 사람, 귀신으로 살아가는 사람이 정해지고 남자 팔자도 마찬가지예요.
남자 팔자에 여인의 그림자가 그렇게 되면 멀쩡한 여인도 시간이 흐르면서 鬼로 돌아가 버립니다. 그래서 매일 '허리 아파 죽는다' 하잖아요. 사람으로 바로 설 수 없으니 귀신처럼 자빠져가지고 있는 것입니다.

학생 질문 – 그러면 반대로 여자의 운명이 쫓아갈 수도 있는 겁니까?

선생님 답변 – 그렇죠. 남자 팔자에서 그런 그림자를 줄 때 그렇습니다.

학생 질문 – 巫病이 걸려 무당으로 가는 이유가 이런 부분에 해당이 되는 것입니까?

선생님 답변 – 자기 팔자 안에도 그런 그림자가 있고 그 배우자가 주는 그림자도 있다는 것이죠. 두 가지 다 있습니다. 원래 타고난 그릇이 官鬼에 걸려들어서 귀신을 논하고 살아야 되는 운명들이 보통 50%로 배우자를 만나 결혼하고 아이를 낳으면서 그렇게 되는 경우가 있습니다. 주제하고 벗어났고 다음 강좌에서 연결해서 하도록 하겠습니다.

제 12강좌 : 天干에 의한 직업론(2)

학생 질문 - 戊나 己일주 여성이 甲이나 乙중에 官星을 쓰는 것은 무엇을 보고 판단하십니까?

선생님 답변 - 선후를 보고 판단합니다. 戊일주가 있으면 월에 甲이 있을 수가 있고 뒤로 시에 乙 일 수도 있잖아요.

이럴 때 선후관계를 따져 결혼이 늦었다면 시에 있는 것을 취하고 결혼이 빠르다면 月에 있는 것을 취하고, 반드시 甲木과의 관계를 어떻게 청산하느냐에 따라서 새로운 가족 형태가 만들어진다고 보면 됩니다.

時	日	月	年	命
乙	戊	甲		
		申		

甲木과의 관계에서 월에 甲申이 되어서 자식을 두고 있습니다. 일주를 중심으로 申을 보면 자식이잖아요. 월간에 甲이 자식을 낳은 남편인데 태어난 날과 궤도가 다릅니다.

時	日	月	年	命
乙	戊	甲		
	午	申		

궤도가 다르면 남편과 자식을 모두 떠나 내가 혼자 사는 세월을 거치게 되고 다시 乙木과 짝을 짓고 하는 식으로 가족관계가 재편되고,

時	日	月	年	命
乙	戊	甲		
	子	申		

이런 경우에 다시 戊子 일주가 되어 일지가 다시 자식과 궤도도 같잖아요. 자식을 쉽게 품에서 버리지 못하는 거예요. 이것이 아주 중요한 것입니다. 자식과의 관계를 쉽게 버리지 못한다는 것이죠.
 자식과의 관계를 쉽게 버리지 못하니까 자식 때문에 결국 남편도 쉽게 버리지 못합니다. 그러나 대문 밖에는 乙木의 유혹이 어느 정도 노출되어 있어서 그것이 사회생활을 통해서 해소하거나 아니

면 실제로 관계가 생기는 것이죠.

학생 질문 – 官이 드러나지 않으면 어떻습니까?

선생님 답변 – 官이 아예 없으면 허공중에 '甲, 乙이 있다' 라고 생각하고 보세요.

戊일주가 亥년에 남자를 만났을 때는 甲木 長生을 만났잖아요. 예를 들어 亥나 未를 견인해 와서, '물론 未중에서 甲木이 入庫해 있는 모양이 있지만' 亥水가 어찌 되었든 견인되어서 들어와 이때는 甲木 長生의 속성을 가진 남자가 온다고 보면 되는 거죠. 그래서 여기에는 적극성, 현실성 차이가 있습니다. 어느 한 쪽은 채워지지만 다른 것은 잘 채워지지 않는다고 보면 됩니다.

학생 질문 – 여자가 미혼인데 官이 없다면?

선생님 답변 – 여자 팔자에 官星이 없으면 食傷을 관찰해 食傷이 있다면 혼인을 구할 것이고 혼인을 구할 때 食傷과 合을 이루는 인자가 들어왔을 경우 자식 생산의 용도를 채우기 위한 인간관계나 애정관계가 생긴다는 것이죠.

그렇게 해서 결국 결혼이 이루어지는데 食傷을 얻고 나면 팔자에 설계도를 채웠으므로 결국은 남편이 귀육종이 아니면 그 관계를 오랫동안 지탱하기 어렵다고 보세요. 그래서 그 分에 딱 맞지 않으면 무조건 변태, 뭔가 잘못되었다, 잘못된 것이 오래 유지되지 않는다, 그래서 결국 깨어진다, 이렇게 보면 정확하게 해석되는 것입니다.

時	日	月	年	**命**
	庚			
	申	午		

이런 경우가 正官입니다. 자기 일지하고 궤도가 다릅니다. 궤도가 다르니까 결국 자기가 正官을 추구하지만, 안방에 들어오면 그 모양이 안 지켜지고 밖에서 떨어져 볼 때는 正官의 모양을 그대로 유지하다가 안방에 들어오면 부부인연이 불안해 집니다.

이것을 丁일주가 申에 목욕한다고 봐도 좋고 아니면 申子辰, 寅午戌이 궤도가 다르다고 봐서 떨어져 있을 때는 남편 역할을 합니다.

'여보 사랑해' 하면서 눈물 뚝뚝 흘리고, 안방에 들어와 시간만 조금 지나면 '이게 반찬이가?' 하면서 짜증을 내기 시작합니다.

학생 질문 – 여자도 자꾸 그렇게 만드는 것 아닙니까?

선생님 답변 – 여자가 그렇게 만들죠.

時	日	月	年	**坤命**
甲	庚			
申	午	巳		

예를 들어 이런 경우가 더 '골 때리는' 경우죠. 庚午일주를 가지고 있으면서 食傷이 드러나지 못했습니다.

물론 偏官, 正官이 섞여 있는 모양인데 食傷이 세력이 없잖아요. (食傷이 申中에 있지만) 태어난 날과 시가 서로 궤도가 다르죠. 궤도가 다르니까 대문 밖에만 기어나가면 마음이 후련합니다. 食傷 長生이 대문 밖에 있기 때문입니다. 正官으로서 대문 밖에 있으면 후련한데 안방에만 들어오면 숨이 꽉 막힌다는 거죠.

그런데 자기가 正官과 조화를 부리는 수단인 印綬 소통이 '확' 되어 있으면 좋은데 印綬 소통이 안 되어 있거나 食傷으로서 소통이 잘 안 될 경우 남자가 느끼기에 여인에게서 잘 생기고 맛없는 '무' 같은 느낌을 받는다는 겁니다.

– 時는 불분명

오늘 샘플 중에 이런 팔자가 있었는데, 食傷이 두드러져 있지 못한 모양입니다. 상기에 적은 명조는 정확한 명조는 아니에요. 이런 명조에서 모양을 볼 때는 卯를 보아 官格[16]이죠. 偏官이 日支로 들어와 있어 남편과 결혼해 그런대로 자기는 표현 없이 그대로 지내는 것이죠. 그러나 어느 날부터 '입 냄새가 난다'는 둥 떨어져 살자는 것입니다.

---

16) 官格 – 여기서 '官格' 이라고 표현된 것은 格用論에서 말한 官格이 아니라 저자의 「춘하추동 신사주학」(春편 2005년, 청화학술원 발간)에서 설명한 '旺者入格'의 논리에서 辰中 乙木, 亥中 甲木, 卯木을 보아 官이 득세하여 官格이라고 지칭한 것이다.

그런 원인을 제공하는 이유가 이 官星과 소통할 수 있는 인자가 궤도가 다르죠. 亥卯未, 巳酉丑 그렇죠? 그다음에 食傷이 이 官星을 쳐다보고 있는 모양이 없죠.

그러니까 자기는 역할에 충실한데 상대방은 정말로 잘 생기고 맛없는 과일이라는 겁니다. 그러니까 마누라를 보면 시간이 지날수록 짜증이 나는 것이어서 그런 인자를 줌으로써 결국 이 경우에는 부부인연이 굉장히 불안한 상태에 놓여 있는 팔자입니다.

남편은 亥生 남편이 왔습니다. 亡身殺이면서 일지에 三合을 이루고 甲木 長生의 인자죠. 불안한 것은 이천(二天-己己)이 벌어져 있죠. 二天이 벌어져 있는데다가 辰亥 怨嗔을 주어서 돼지 亥자의 모양새를 亥卯로서 제대로 자기 모양을 갖추기 어렵게 하는 것이죠.

이 亥가 卯를 따라가든지 亥水가 辰에 入庫하든지 함으로써 돼지 亥자가 굉장히 불안하죠. 그래서 亡身殺 인자라는 것은 애정관계가 쉽게 열리고 그 관계가 오래갈 수 있는 것을 의미하는데 怨嗔이라든지 合에 의해서 그 모양을 제대로 지키기 어려운 모양입니다. 그래서 자식 생산의 용도라도 채울 수 있는 존재, 뜻 이런것이라도 있어야 남편과 관계가 매끄럽게 유지되고, 午月의 庚申일주의 예처럼 食傷도 長生하고 있고 官格임에도 불구하고 계속 부부인연에 갈등이나 방해가 자꾸 발생하더라는 것입니다.

학생 질문 - 亥중에 甲木을 봐서 남자와의 관계를 한번 겪었다고 봐야 됩니까?

선생님 답변 - 辰中에 乙木도 있잖아요. 그래서 남자와의 인간관계가 있었는데 食傷을 통해 뭔가 자식 생산의 뜻을 채우지 못하였기 때문에 쉽게 결혼으로 연결하지 못한 것이죠.

학생 질문 – 偏官이 있는데 正官이 강해지는 쪽으로 간다면 어느 것을 더 우선하여 봐 줘야 됩니까?

時	日	月	年	命
辛	庚			
巳	申			

| 未 | 午 | 巳 | 辰 | 卯 | 寅 | 丑 | 子 | 순행할 때 | 大 |
| 巳 | 午 | 未 | 申 | 酉 | 戌 | 亥 | 子 | 역행할 때 | 運 |

이런 모양의 경우에는 正官이 없잖아요. 없으면 偏官을 官으로 취합니다. 그다음에 偏官이지만 寅, 卯, 辰, 巳, 午, 未로 나가면서 偏官득세의 모양을 그대로 가집니다.

그러나 偏官이 세력을 가졌다 하더라도 남편이 偏官으로서의 역할을 결국 주도하게 됨으로써 부부갈등이나 애로가 어차피 따른다고 보면 됩니다.

그다음에 역대운으로 들어가서 偏官의 작용이 많이 미세해졌을 때에 서방복이 正官으로 돌아오느냐? 천만의 말씀입니다. 偏官으로서 역할이 어느 정도 위축된 모양으로 가져갈 뿐입니다. 드러난 모양 따라서 다른 것인데, 네 가지 케이스가 있습니다.

天干에 丙이 있는 경우 그다음에 地支에 巳가 있는 경우 세 번째 天干에 丙하고 地支에 巳가 다 있는 경우, 네 번째 아무것도 없는 경우입니다.

이때에 天干에 丙만 있는 경우에는 天干은 정신적인 뜻만을 계승했죠? 이때가 바로 地支의 영향력을 어느 정도 받더라도 귀육종(鬼六種)으로 살아가면 아무런 상관없어요. 그러니까 天干에 노출되어서 땅바닥에 세력이 없으면 귀신이 되어서 살아갑니다. 그래서 인(人)이 아니라 귀(鬼)로 간다는 鬼의 개념인 것입니다. 컨디션이 좋다 안 좋다, 짭짤하게 영양가가 있다, 없다, 이런 정도의 개념이지 별로 地支의 영향을 받지 않고 그대로 간다는 것입니다.

땅바닥에 있는 놈은 地支의 영향을 그대로 받으면서 모양을 손상시키면서 갑니다. 그러면 巳가 酉나 戌을 만나면 巳酉丑으로 따라가 버리죠. 丙火가 酉에 死하고 戌에 入庫하죠. 그러니까 死地나 入庫地에서 벌써 巳의 역할은 크게 훼손되어 버립니다. 이렇게 地支환경에 의해서 그대로 영향을 받는다고 생각을 하세요.

天干 地支에서 세력을 가지고 있어서 쉽게 훼손되지 않는 모양은 그 역할이 정신적인 측면으로, 즉 땅바닥은 酉와 戌에서 入墓地로 가 있습니다. 그때는 정신적인 뜻을 따라갔다가 그다음에 다시 地支에 五行的인 대세(午, 未 운)를 가지기 시작하면 偏官이 득세를 하는 모양을 다시 가진다는 것이죠.

직장생활을 가다가 그다음에 자기사업으로 넘어온다는 것입니다. 귀신으로 살아가다가 사람으로 넘어온다는 거죠.

귀신처럼 살았다 하잖아요? "어떻게 살았는지 모르겠다!"는 것이 다 귀신처럼 산 것이거든요. 잠을 잤는데 어떻게 자다가 일어났는지 모르겠다. 똑같이 반복되고 변화 없는 시간이, 결국 귀신처럼 시간이 흘러가 버리는 것입니다.

地支에 세력을 얻지 못했을 때는 (申, 酉, 戌), 丙과 巳가 다 드러났을 때는 丙의 모양이나 뜻을 계승하여 살아간다는 것이죠.

둘 다 없는 경우에는 완벽한 귀육종(鬼六種)입니다. 그래서 멀리 가고 없든지, 밤중에만 돌아다니는 사람이든지, 정신적인 일만 하는 사람이든지 하는 것입니다.

학생 질문 – 남자 사주에 財星이 운에서 와서 결혼을 했다가 초년에 이혼했는데 時支에 財가 있으면 또 씁니까?

선생님 답변 – 時에 있으면 또 씁니다. 時에 있다는 것은 '오래' 라는 단어를 붙이세요. '오래간다', '막판까지' 이런 뜻이기 때문에 時에 있는 것을 쓰는 것은 대체로 그 인연이 오래갑니다. 그래서 처자 인연법에서 時에 있는 것을 따라 취했을 때는 그 인연이 오래갑니다.

예를 들어 이 사람이 巳생 인연을 만났다면 대문 밖을 뱀이 지킵니다. 그러니까 그 뱀하고 인연이 오래간다는 것이죠.

학생 질문 – 두 번째 만나는 인연은 오래간다는 뜻입니까? 운이 받쳐주면 별문제가 없습니까?

선생님 답변 – 해석의 융통성에 관한 문제입니다. 지금 우리가 未년,

申년, 酉년, 戌년, 亥년, 子년, 丑년을 지나간다고 봅시다.

이럴 때 未에서 戌까지, 戌에서 丑까지라는 구간에서 일주마다 일어나는 현상들을 관찰을 해 보자는 것이죠.

甲, 乙 일주							
入墓작용							
未	申	酉	戌	亥	子	丑
	壬水 長生			財星 약화			

예를 들어 甲, 乙일주가 왔다면 未나 申이라고 하는 그 자체에서 入墓地나 絕胎地가 됩니다. 이때 甲, 乙일주가 잘 살아가는 것이 무엇입니까? 入墓되어 있다는 것은 내 몸이 건강하고 약하고를 떠나서 '고개를 숙이면' 고개를 숙인다는 자체가 일종의 入墓작용입니다. 入墓를 해 버렸을 때 모양을 물상적 취상으로 보면 상 받을 일이거나 벼슬에 관련된 감투나 명예 발전의 기운이 됩니다.

그다음에 申이나 酉에서 활발하게 이루어지는 작용은 壬水 長生이 되겠죠? 水 長生이 이루어지니까 주로 문서 발전의 기회가 되겠고 이 때 문서발전을 구해두면 결국 亥, 子, 丑에 가면 財星이 약화됩니다. 그럼 현금 유동성이 나빠진다는 것이죠. 그래서 이때 부동산이나 문서를 잡았을 때 장기적으로 현금이 묶일 수 있으니 규모 조절하여 변동을 이룩하는 것이 답입니다.

그다음에 여인은 官星이 득세해 있으니까 여자가 고개를 숙이면 시집을 가는 것이지요.

"신랑 신부 경례!" 하면 "예~!" 하면서 고개를 숙이고, 허리를 숙이잖아요. 허리 숙임, 고개 숙임이 되니까 그것이 入墓나 絶地작용이라는 것이죠.

그다음에 食傷은 어떻게 됩니까? 甲, 乙일주의 食傷이 되는 丙을 쓰는 경우에는 病地로 가죠. 그다음에 丁을 쓰는 경우에는 밖으로는 그 모양새가 펼쳐져 있으나 그 세력이 다음에 오는 글자를 보니까 '허부하다'는 겁니다. 그래서 이게 외형적으로 뭔가 모양을 유지하고 있지만 한 순간에도 꺼질 수 있는, 陰이라고 하는 것은 그 굴신의 성질이 굉장히 강하다는 것이죠. 조그만 했다가 꺼졌다가 하는 陰의 속성에서 丁을 食傷으로 쓰면, 丁이 지금은 그 모양새를 長生, 沐浴, 養地 이렇게 해서 어느 정도 모양을 유지하더라도 그다음에 들어오는 亥, 子, 丑 운에는 크게 위축될 수 있습니다.

그다음에 財星은 戊, 己라서 마찬가지로 病地로 들어가거나, 모양새는 이루었으되 己를 중심으로 봤을 때 酉에서 長生입니다. 己를 중심으로 長生의 모양을 갖추고 있으니까 금전융통은 어느 정도 열려 있으나 내부적으로 서서히 소진하여 있는 형태입니다.

거꾸로 壬, 癸라고 하는 印綬 인자는 五行的 세력을 얻고 있으니까 대체로 글공부 발전이나 글공부를 통한 조직사회의 참여 이런 것에는 상승 인자가 이루어진다는 것이죠.

그래서 甲, 乙일주가 오면 格局도 보지 말고 用神도 보지 말고 이러이러한 일들이 있을 것이다, 조직사회를 가면 직책이나 감투에 발전 변동이 올 것이고 장사나 사업을 구한다면 官星을 쫓으니 접객성을 쫓는 사람이나 큰 조직과 손을 잡는 사람은 기본적인 외형발전을 유지할 것이다. 그러나 이때 부동산이나 문서 발전을 구하는 것은 무방하지만, 장기적으로 금전이 묶일 수 있다. 이렇게 세운의 글자 하나에서 甲, 乙을 만났을 때 하나만 해석하는 것이 아니라는 것이에요. 그 관계에서 종합적으로 전부 다 유추를 해 보라는 것입니다.

壬, 癸 일주						
食神 入墓작용						
未	申	酉	戌	亥	子	丑

지금 제일 골병이 많이 든 사람이 누구인지 아십니까? 庚, 辛일주보다 더 골병이 든 일주가 있습니다. 壬, 癸일주입니다. 壬, 癸일주가 왜 골병이 듭니까? 甲木이라는 食神의 入墓작용이 未에 이루어지죠. 申에 絶地죠.

食傷이라고 하는 활동처가 완전히 허물어져 있는 것이잖아요. 癸일주는 그래도 이 시기에는 食傷 入庫의 작용이 크지 않죠. 酉, 戌에 이르러서 활동성이 乙木을 食傷으로 쓰니까 이때 戌에 乙木이 入墓죠. 그다음에 酉에 絶地가 되죠. 食神이 入墓하니까 사회적 활동성이 크게 둔화가 된다는 것입니다.

지금 오는 일주 중에 寅木 食傷을 쓰는 사람들이 제일 '개구리' 되어 있습니다. 꼼짝도 못하고 있죠. 그 이유가 말 그대로 食傷의 入庫작용을 유도해 놓았기 때문입니다.

이 글자들이 그 작용을 안 해주면 이 지구의 순환이 새로운 궤도를 찾기 시작했다는 말과 똑같습니다.

그다음에 庚, 辛일주는 왜 골병이 듭니까? 활동처의 근거지가 되는 財星이 자꾸 絶地에 들어가죠. 絶, 胎地에 들어가서 금전이 여러 가지 부담이 발생하기 때문입니다.

학생 질문 – 壬, 癸 일주가 말려도 할 것 아닙니까?

선생님 답변 – 이때 壬癸일주는 '말려서 안 한다'가 아니고 이미 활동성이 위축되어 버린 것이에요. 말리고 말고 할 것이 없습니다. 벌써 저질러진 것 때문에 팔 다리 다 묶여 있는 상태입니다. 그래서 조금 답답하지만 그나마 편하게 사는 사람은 조직 생활하는 사람이라는 것이죠.

申, 酉가 결재권입니다. 印星이 祿地를 띠고 있죠. 그러니까 새로운 결재권이나 일을 맡아서 조금 답답한 형태로 세월이 흘러가기는 하지만 극단적 피해를 당하지는 않습니다.
조직에서 관리자로서 조금 위에 올라간 사람들은 食傷이 入墓, 絶地니까 수하인이 말을 잘 안듣는 것이죠. 그것으로 인한 여러 가지 고통이 동반합니다.

학생 질문 – 財 入庫 보다 食傷 入庫가 더 무서운 것이네요?

선생님 답변 – 더 답답합니다. 왜 庚, 辛일주는 버팁니까? 申에 壬水가 長生을 하니까 즉 食神이 長生을 하거나 傷官이 長生을 하니까 뭔가 비집고 나아갈 수 있는 그림이 그려집니다.

지금 돈은 안 되는데 뭔가 그림은 그려져 있어 食神이 長生을 해 준다는 것은 새로운 활동력의 창고가 드러나 있다는 것이죠. 그러니까 거기서 어느 정도 마음의 보상을 이룹니다.

학생 질문 – 壬, 癸 일주가 亥, 子, 丑 比劫 때문에 계속 힘이 드는 것입니까?

선생님 답변 – 원래 未, 申에 제일 힘든데 酉, 戌까지 힘들다고 해요. 亥에 食神이 長生을 하니까 나갈 돈도 들어와서 나갑니다. 내 호주머니에 돈이 없다는 것입니다. 그러나 甲木이 長生을 하잖아요. 그러면 傷官으로 쓴다고 하더라도 무엇인가 반칙을 써서라도 돌릴 수 있는 힘이 생긴다는 것이죠.

어찌 되었든 丙子년이나 丁丑년까지는 금전이나 사회활동에 여러가지 위축이 발생하는데 어쩔 수 없습니다.

학생 질문 – 업종이 무엇이냐 따라서 차이가 납니까?

선생님 답변 – 조금씩 차이가 나죠. 그래서 壬, 癸일주가 임대사업을 한다면 저 경우에 영향을 덜 받습니다. 돈은 조금 묶여있고 잘 돌아가지는 않지만 어차피 내가 금융을 일으킨 형태의 부동산 소유 같은 것이 아니라면 버티면 되는 것이니까요. 그래서 이런 경우 印星을 그대로 쓰는 경우는 괜찮고 그다음에 亥, 子, 丑 이런 운에는 食傷을 밀어주고 있죠.

壬, 癸 일주가 亥, 子, 丑에 왔을 때 食傷을 밀어 주고 있으면 교육적인 일이나 기르는 일이나 만드는 일은 자꾸 食傷이 강화되니까 돈이 들어와서 재투자되더라도 食傷이 자꾸 세력이 생깁니다. 食傷이 세력이 있어지니까 폼은 많이 나는 것이 아니라도 아이들을 가르치는 일을 하는데 시간이 지나면서 자꾸 아이들이 불어나는 것이에요.
　　그래서 寅년에 이르면 땅바닥에 食傷이 정립이 되니까 남의 눈에 뜨이는 곳에다가 학원 같은 것을 하게 되는 것이죠. 이때부터 다시 未년까지입니다. 寅, 卯, 辰, 巳, 午, 未가 食傷과 財星의 득세 구간으로 일이 확장되어 간다는 것입니다.

　　학생 질문 - 亥, 子, 丑 구간에서 水 일주니까 먹는 것도 되는 것입니까?

　　선생님 답변 - 먹는 것도 됩니다. 육체적으로 길러주는 것이기 때문에 대체로 테이블 하나 가지고 장사하다가 돈이 조금 만져진다 싶으니까 테이블을 하나 더 안 놓을 수가 없더라는 겁니다. 그래서 테이블 하나 더 놓고 또 돈이 되니까 테이블 하나 더 놓고 해서 자꾸 시설이나 규모에 확장을 유도하고 대체로 그 업도 서서히 커져 나가는 양상이 생기는 것이죠.

　　그래서 壬, 癸 일주가 왔을 때 지금 이 부분은 무조건 물어야 됩니다. 직장생활을 하면 답답하게 세월이 흘러갑니다. 장사나 사업 하는 사람은 완전히 멍들었습니다. 밑에 사람을 쓰는 사람은 더 멍듭니다.

이런 식으로 기본적인 유년을 봐 줄 필요가 있는 것이죠. 그다음에 봐 줄 때 다가오는 丙戌년 이런 것을 볼 경우 조심해 주어야 됩니다. 壬, 癸 일주를 중심으로 볼 때 이것이 正財, 正官입니다. 正財, 正官이 들어오니까 힘들었다가 正財의 요소가 밖으로 드러나거든요. 새로운 일을 해 보려고 하든지 변신, 운신, 뭔가 바꾸어 볼 수 있는 계기가 생기는데 이때 큰일을 벌이면 어떻게 됩니까?

이 戌의 작용이 丙의 入庫작용이죠. 그러니까 財星의 入庫 작용을 진짜로 완벽하게 하는 것이죠. 이제는 팬티 팔아 가지고 '밑천 다 넣어라'고 하는 것이거든요. 돈인 것처럼 사람을 홀려 가지고 "이거는 돈 되니까 다 가져 온나!" 하면 진짜 양말 팔고 다 팔아 가지고 배팅을 했는데 그다음에는 亥, 子, 丑이 기다리고 있어서 亥, 子, 丑에서 완전히 개구리 한 마리 되는 것이에요.

학생 질문 - 壬, 癸 일주가 食傷이 空亡일 때는?

선생님 답변 - 원래 팔자에 空亡이 있다고 하는 것은 수하인을 제대로 못 쓰고 있었지만 결국 약한 食神이라도 어찌 되었든 入庫가 되면, 또 食神이 없다고 해도 마찬가지예요. 그래도 자기가 마음대로 못 움직이니까 팔다리를 제대로 얻지 못하니까 어차피 고달픔을 겪는다는 것이죠. 그래서 조직사회에서 결재권이나 문서발전의 기회는 오더라도 사회적인 활동성에는 무조건 위축되어 있다고 보세요.

학생 질문 - 저런 경우에 만약에 부동산과 연관되면 '무조건 땅을 더 확보하고 규모를 줄이라' 해도 하나의 상담이 되겠네요?

선생님 답변 - 그렇죠. 사업적으로 하나를 줄여 버리고 부동산이나 문서재산으로 안전하게 묶어 버려야 된다는 거죠. 그렇게 되면 이제 날아가지 않는다는 것이죠. 현금재산을 없애 버렸기 때문에 재산을 없애버리고 부동산에 묶여 버렸기 때문에 재산 형태를 조정하는 거죠.

학생 질문 - 반대되는 글자가 살아 있다는 뜻으로 써 주면 된다는 겁니까?

선생님 답변 - 그렇죠. 印星이란 것하고 똑같은 것이죠. 그래서 문서 형태의 재산은 지킬 수 있으나 장사나 사업에서는 상당한 위축을 만날 수밖에 없다는 것이라고 해석하는 것이죠. 열에 아홉은 다 골 아프고 한 명은 그나마 직장생활을 하는 사람은 조금 나은 것이죠.

학생 질문 - 기술 사업을 하는 사람들은?

선생님 답변 - 기술성을 가진 사람들, 偏印 자체를 쓰는 사람들은 기술을 그대로 쓰고 있을 때에는 그 기술업 자체는 괜찮아요. 그런데 대체로 외부적인 금전 환경이 자꾸 뭔가 묶인 형태로 간다는 것이죠.

壬일주가 偏印으로 쓴다면 偏印의 업은 재능을 발휘할 수 있는 환경이잖아요. 그러면 돈은 들어오는데 그 돈이 어딘가 자꾸 묶여 들어간다는 것이죠. 그런 환경에 노출된다는 것입니다.
그나마 간간이 경사가 오는 것이 壬, 癸일주들이 未, 申년이나 酉, 戌년에 시집을 갑니다. 보통 食傷이 강한 여자들이 빳빳하게 꼬리를 세우고 있다가 이상하게 未년이 되면 꼬리를 내려요.

壬일주가 未년이 되면 食神이 득세해 있는 팔자가 꼬리를 내리고 남자 말을 잘 듣는다는 것이죠. 官(官-未), 正官을 만나니까 "예! 저는 아무것도 몰라예~" 하면서 "모르기는! 내숭떨고 있네" 하면서 혼사가 이루어집니다.

甲하고 未하고 무엇입니까? 入庫작용도 오지만 甲하고 未중의 己土하고 合이 됩니다. 食傷과 官星이 合을 이룰 때, 보통 연애사가 발생한다는 것이죠.

예를 들어 여자일주가 壬寅일주라고 할 때 寅木이 未를 만나면 入庫작용이죠. 그다음에 申년을 만나면 絶地에 이르죠. 그래서 완전 꼬리를 내리는 것이죠. "시키는 대로 하겠습니다"인데 亥년부터 드디어 꼬리를 치켜들면서 亥년부터 寅木의 속성이 강화되니까 "너 말 다했나?", "그동안 내가 얼마나 참았는지 아나?" 하면서 퍼붓기 시작하다가 子년, 丑년에 子가 오면 궤도이탈이 발생하면서 남편이 劫財를 쳐다보겠죠. 그래서 가정을 돌아보지 않습니다.

남편이 가정 불고의 세월을 만나고 골이 점점 깊어져서 寅, 卯년에 이르면 절대로 남편이 온전한 모양으로 자기를 지킬 수 없으니, 일 때문에 떨어져 살면 상관이 없지만 동거하여 지내면 질병이 오든지 두 사람 사이에 극단적 갈등이 발생한다는 겁니다.

戊, 己 일주						
	偏財 長生					
未	申	酉	戌	亥	子	丑

그다음에 戊, 己를 봅시다. 戊, 己일주들은 기본적으로 地支에 대세는 食傷이 旺地에 와 있죠. 그래서 새로운 밥그릇을 만들려는 활동이나 환경이 旺盛해지고 상대적으로 甲, 乙의 入庫, 絶地작용입니다.

甲, 乙이 入庫 絶地한다는 것은 官星이 허물어져서 여인들이 어떻게 합니까? 남편의 활동성이 크게 둔화되거나 또 남자들 중에 주로 조직생활하는 사람들 중에는 조직사회에서 명예나 감투에 불안이 오고 정신적인 갈등을 여러모로 겪으면서 독립적인 일을 자꾸 추구하게 되는 것이죠.

여인은 남편의 여러 가지 활동성의 근거를 잃어버리거나 불안해지고 결국 그런 것으로 인해서 자기 사업을 자꾸 구하는 식의 환경이 발생한다는 것이죠.

그다음에 申, 酉에는 偏財가 長生을 하니까 비록 잡음이나 구설이나 소모 이런 과정을 거치더라도 재물 발전의 인자가 동반한다는 것입니다.

그럼으로써 이것이 申, 酉 食傷세운에 새로운 사업의 구축, 거기에 따른 경제적 보상 이런 것들이 동반을 하겠죠. 그래서 대운이 크게 불리한 모양이 아니면 기본적으로 이런 패턴 속에 간다고 보면 됩니다.

丙, 丁 일주						
印星 入墓						
未	申	酉	戌	亥	子	丑

그다음에 丙, 丁일주는 印星이 入墓 되었습니다. 저절로 나를 묶어 두었던 것으로부터 자유를 의미하기 때문에 사회적 활동성이 강화됩니다. 또 부동산이나 문서재산을 없애고 부동산 매도 등을 통하여 큰 돈 융통이 이루어집니다. 그다음에 官星이 長生하게 되니까 새로운 명함이나 감투를 이룩하기 위한 초기 단계의 일이 시작된다고 보면 됩니다.

그다음에 여인은 官星이 일어나니까 사회활동을 통해서 인간관계 발전이 남자 쪽으로도 자꾸 이루어지기 시작한다는 것이죠. 그런 것이 申, 酉, 戌운에 이루어진다고 보면 됩니다.

이런 경우에 戊, 己일주에 戌의 해석은 어떻게 됩니까? 물론 印綬 入庫의 고달픔이 발생을 하고 그 地支의 모양이 劫財입니다. 劫財가 와서 뭔가를 다투는 과정을 가져다주지만, 戌의 작용이 결국은 印綬 入庫의 작용이니까 財星을 열어주기 위한 중간의 진통 단계입니다.

그런 진통단계를 주고 결국 매듭의 과정을 亥, 子, 丑이라고 하는 구간을 통해서 이룩됩니다. 그래서 주로 상속이나 증여 주변변동으로 인한 경제적인 혜택들이 잘 발생하는 경우가 戌 같은 경우가 되겠죠.

물론 未년에도 무엇인가의 소진, 소실, 망실 이런 것을 통해 의

식주 확장의 발판이 이루어지는 것이죠 辰, 戌, 丑, 未 구간에는 주변의 변동, 나의 선택과 무관한 변동으로 보면 됩니다.

　서산에 일몰하는 것은 나의 선태과 무관한 것입니다. 7시에서 9시 되니까 해가 지더라는 겁니다. 해가 지는 것은 내가 지게 한 것이 아닙니다.

　丙, 丁도 마찬가지입니다. 戌운을 단순히 食神으로 보아서는 안 되고 戌운에 食神을 중히 쓰는 사람은 戌운에 선택을 잘 해야 됩니다. 이때 食傷의 기운을 쫓아서 사람이나 수하인을 많이 쓰는 형태의 일, 食神이 도리어 絶地로 갑니다. 丙, 丁일주에 食神이 絶地로 들어가니까 이때 일을 벌이면 도리어 食傷으로 인한 여러 가지 고충이(亥, 子, 丑운에) 동반한다고 보면 됩니다.

　학생 질문 - 丑에서는 자기 자신이 入庫되니까…

　선생님 답변 - 개인적인 신수, 건강 그다음에 丙 일주는 군신대좌(君臣對坐)가 되니까 말 잘하면 영의정, 말 못하면 유배형 이런 식의 극단적인 환경을 만들 수 있는 계기가 일어난다고 보면 되는 것이죠.

　그래서 유년을 볼 때 어렵게 보지 말고, 五行과 12運星의 일반적인 속성을 그대로 취해서 해석하는 것입니다.

　財星은 어디로 가고? 官星은 어디로 가고? 食傷은 어디로 가고? 이런 것만 가지고도 일주하나로 대비해 가면서 다 해석이 된다는 것이죠. 더 이상 써 주지도 말아요.

　喜神이 오니 忌神이 가니, 이런 말 써 주지도 말아요. 그래서 글자를 잘 쓰고 못 쓰고의 폭은 생기더라도 폭이 작지는 않습니다.

어떤 사람은 아주 크게 쓰는 사람이 있고 아주 작게 쓰는 사람이 있기는 하지만 이런 주기성이나 경향성은 어쩔 수 없이 오고 갑니다.

어차피 타고난 그릇이나 인자 속에서 어떤 인자가 강화되어서 그것을 직업으로 쓸 수밖에 없느냐? 어떤 길을 가야 되느냐? 이것을 가감해서 그대로 써 주면 됩니다.

그런 원리로 戌, 亥, 子, 丑도 어떤 기운이 닫히고 열리는 것을 기준으로 해서 五行的인 속성으로 간단하게 취해도 좋고 그다음에 세세하게 이런 글자 하나하나의 작용을 그대로 취해도 좋다는 것이죠. 그것은 뒤에 六親을 하면서 다루어 보도록 하겠습니다.

五行的인 속성을 조금 더 地支별로 확장해서 쓰는 논법 속에 있는 것이니까 이것을 가지고 잘 연구해 보세요. 그래서 유년 도사 간판 걸고, 다른 것 놔두고 유년은 기차게 본다. '운 잘 봄' 이렇게 써 놓아도 되는 겁니다. 12運星을 잘 보면 아주 정밀한 구간 해석을 다 할 수 있습니다. 예를 들어 己土 일주가 乙木을 쓰고 있을 때 申년을 만났다면 이럴 때에 여성이라면 연애사가 발생한다는 거죠.

乙木이 申에 胎 한다고 봐도 좋고, 乙庚 合으로 봐도 좋아요. 胎는 항상 슴이 항상 깔려 있습니다. 陰陽合이 되어 있어서 胎되어 있다고 하는 것은 모양이 남들 눈에 드러나 있지 않게 손을 잡는다는 뜻이에요. 甲木이 酉를 보아도 胎가 되고, 甲木하고 辛金하고는 正官관계입니다. 이것이 陰陽 슴이 되어 있는 것입니다. 胎는 다 그렇습니다.

癸일주는 胎가 巳에 있단 말이에요. 그래서 이런 경우에도 마찬가지로 己土가 辛金을 만난 것을 가지고 '傷官을 만났으니 남편하고 깨어진다'가 아니고 기존에 있는 인간관계에는 고달픔이 오더라도 新生, 胎한다는 모양, 잉태한다는 것이죠.

그러니까 사랑이 깨어지는 그곳에 새로운 사랑이 기다리고 있다는 거죠. '복도 많네!', 복 많은 년은 어떻게든 된다니까요.

그래서 팔자에 일주 하나만 가지고 경향성이나 이런 것을 설명했는데 다른 글자와의 관계도 마찬가지로 이처럼 관계를 비교하는 훈련을 하다보면 格用이 필요 없습니다.

학생질문 - 戊일주인데 乙木이 없을 때는?

선생님 답변 - 乙木이 없을 때도 허공중에 乙木을 한 번씩 끌어다 씁니다. 己土가 申년을 만나면 傷官이잖아요. 傷官의 행위를 하게 되는데 팔자에 傷官이 없는 사람도 한 번씩 나이트클럽을 간다든지 부단히 탑돌이를 한다든지 합니다. 옛날 '탑돌이'가 지금의 '나이트'라는 거죠. 오밤중에 뭐 하려고 탑을 돕니까?

학생질문 - 戊일주가 남자라면?

선생님 답변 - 이 申 자체가 壬水 長生이잖아요. 壬水 長生이니까 새로운 사업의 근거지이면서 애정이든지 인간관계의 형성이 되는 것입니다.

학생질문 - 乙庚 합에 대한 해석은?

선생님 답변 - 이 경우에도 마찬가지에요. 남자 팔자에 乙木이 자식을 만들어 내는 곳이잖아요. 자식을 만들어 내는 傷官의 행위가 여자하고 그런 것과 똑같습니다.

남자 팔자에서는 乙이 자식이고 여자 팔자에서는 申이 자식이고, 자식을 만드는 통로나 관계의 발생, 이런 것이 결국 연애사를 만드는 과정이 되는 것이죠.

이것을 놓고 잘 연구해 보세요. 내가 왜 이렇게 강조를 하느냐 하면 뒷날에 팔자를 딱 놓고 팔자에 일종의 분론(分論)을 할 것인데 그 사람이 타고난 운명에 무엇이 있으니 어떠하고, 어디에 있으니 어떠하고, 天干에 있으니 어떠하다. 여기에는 格用的인 개념이 전혀 필요가 없기 때문입니다.

時	日	月	年	坤命
	乙	辛		
	巳	卯		

예를 들어 팔자를 봐 나간다면 그대의 남편을 찾아보니 辛金이 남편으로 보여지는데 絶地에 있으니 경제적인 실력의 세계는 아니요, 명(名)의 세계에 있으니 조직사회나 변화적은 형태의 직업 환경을 가지고 있는 사람을 인연으로 삼는데 그 궤도가 卯와 巳가 궤도가 다르니 직업이나 일로 인하여 간간이 멀리 떨어져 지내는 그런 사람을 짝으로 구할 것이라는 해석이에요.

그 辛金이 卯년이나 辰년에 이르렀으니 또는 巳년이 되면 絶,

墓, 死地가 됩니다. 그래서 가까이 남편이 있으면 필시 패망하거나 그다음에 몸이 아파 누워 있거나 아니면 사해만리 멀리 떨어져 있을 것으로 봅니다.

이렇게 그 글자의 분(分)만 정확하게 파악하고 그 글자의 분(分)대로만 이야기하면 돼요. 거기에다 월이 空亡이죠. 그래서 이것은 필시 서방이 귀신과 같다. 그래서 귀신같은 서방은 그 용도를 오래 채우지 아니하고 그다음에 巳中에 庚金이 正官의 모양을 취하는데 인간 속에 에워 싸여 있으니 애기 같은 남편이거나 말 잘 듣는 남편이라는 말입니다.

활동력이 아주 고정적이고 변화가 없는 형태인데 그것은 주로 명(名)을 구하는 것도 아니요 실(實)만을 취하는 사람인데 주로 대낮에 불 밝히고 쭈그려 앉아 하는 일을 하는 사람이니까 전문적인 분야의 일을 하는 사람입니다. 그래서 "그 분(分)을 벗어나면 필시 인연이 오래가지 아니할 것이다"고 했는데 대답을 안 하는 것으로 봐서 역시 감정을 많이 안 해 봤군요.

실관을 해 보면 어찌하여 저런 사람은 저런 사람을 짝을 지워 살고 있는가? 하는데 팔자에는 분(分) 모양대로 10에 9는 다 그러한 분(分)대로 짝을 지워 살고 있고 그 분(分)을 어긋난 사람은 반드시 부부인연이 왜곡되어 있다는 겁니다.

학생질문 - 여자가 정신병자가 되는 경우는 어떤 경우입니까?

선생님 답변 - 地支에 刑이 되어 있는 경우에는 실제로 六親的이고 구체적인 현상이고 天干的으로 合이 되어 있다든지 이런 모양일 것인데 실제 명조를 불러 보세요.

時	日	月	年	乾命
丙	辛	辛	辛	
午	丑	卯	丑	

時	日	月	年	坤命
	丁			
	亥	子		

　남자 팔자에서 이 卯가 결국은 丑에 의해 隔角이 되어 있죠. 隔角이 되어 있는 모양에서 卯가 안방으로 들어오면 어떻게 돼요? 卯가 丑에 들어오면, 卯가 한겨울 섣달로 들어오면 '오들오들' 떤단 말이에요. 살아 있는 나무가 丑이 사는 안방으로 들어오면 '오들오들' 떠는 '정신과'가 됩니다.

　학생질문 – 여자 사주가 子월에 丁亥일주입니다.

　선생님 답변 – 여자 팔자에 官星 득세를 해서 官星이 강해지면 그것도 귀(鬼)입니다. 남편이 그림자를 줘서 하는 귀신이 아니고 자기가 귀신이라. 자동 귀신이다.

　학생 질문 – 이혼을 하면 여자가 살 길이 생깁니까?

　선생님 답변 – 이혼도 잘 못하죠. 왜냐하면, 닮은꼴을 어느 정도 유지시키는 어떤 관성의 법칙이에요. 팔자가 닮아있으면 일종의 닮은 꼴을 유지하려고 한다는 것이에요. 변화를 주지 않는 한에는 닮은 꼴을 유지하려고 합니다.

　그래서 여인 팔자에 官印소통이 잘 안되고 食傷과 官星이 '확' 붙들어 놓은 모양이 아니죠. 이런 경우는 偏官, 正官의 인자가 두 가지 다 감당하기 어려운 모양이 되어 있는 것이죠. 그래서 이것이 길 가다가 호랑이를 만나니까 신통력이 생기는 것이에요.

호랑이를 만난 것은 '정신이 번쩍 든다'는 것이에요. 그래서 그때 보통 초능력이 발생되는 것이죠. 초능력을 빌려서 보통 무당이 된다는 거죠.

학생 질문 – 정신병원을 가면 낫고 또 다시 오면 몸이 또 아프고 하는 거에요.

선생님 답변 – 그렇죠. 그러니까 이게 '오들오들' 떠는 병이에요. 오들오들 떨린다, 그다음에 天干에 있는 辛金의 인자들도 卯가 卯로서의 역할을 제대로 못하게 하는 것이죠.

학생 질문 – 이혼하는 것이 답입니까?

선생님 답변 – 답은 나와 있는 것인데 관성의 법칙에 의해서 상당세월 인연이 됩니다.

왜냐하면 운명의 법칙은 잘못된 것도 연출을 해야 되거든요. 연출의 시간이 필요합니다.

아무튼 五行的인 것을 12運星하고 조금 확장을 해서 이렇게 유년에서 쓰는 방법을 해 봤는데 이 유년법을 자꾸 연습하세요.

時	日	月	年	命
	甲			
戌	寅	申	亥	

 유년법에 능숙해 지면 상기의 예와 같이 이렇게 나왔을 때 바로 "꽝"이 나옵니다. 유년법에서 글자와 글자와의 관계가 훈련됩니다. 이것은 물론 12運星的인 요소가 충분히 가미가 된 것입니다.
 戌을 봤을 때 偏財인 것 같으나 食傷이 入庫하는 글자요, 祿을 이루어주나 比肩인자가 되고 그다음에 官星을 주었지만 偏印 長生의 인자가 되고, 相冲의 인자에 노출되어 있고, 지상에 제대로 짝을 지울 財도 없고, 제대로 짝을 지울 財는 午하고 未입니다. 제대로 짝 지우는 것이 酉죠. 그다음에 申은 반타작의 조건부로 쓰는 모양인데 이게 冲을 맞아 있다는 것이죠. 이런 경우에는 보자마자 '꽝'입니다.
 그렇게 해 놓고 거기서부터 해석을 가져다 붙이는 것이죠. '잘 되면 동네 부자고 대강 살면 밥만 먹고산다' 이런 것을 天干하고 地支의 관계를 통해서 자꾸 관찰을 하면 저절로 보는 순간에 '이건 돈 된다, 안 된다' 하는 것이 나옵니다.

時	日	月	年	命
	甲			
寅	午	午		

'썩어도 준치'가 되려면 짝을 지을 놈이 두 놈이 놓여 있죠? 비록 午午 自刑殺에 의해서 어느 정도 삭감이 된다 하더라도 지상에 짝 지을 놈이 있으니, 집구석에 마누라가 있는 놈은 그래도 술 처먹고 들어가도 '밥 내놔라' 해서 밥 먹습니다. 그러니까 살아가야 할 절반의 뜻은 '채운다'는 말입니다.

이것이 어떤 旺衰强弱이나 12運星하고 뒤에 매치해서 겨우 터득되는 것입니다. 그래서 많은 명조를 빨리빨리 처리하려면 이 훈련을 자꾸 하세요. 그러니까 지도에다가 그려 놓고, 큰 종이에다가 甲이 子를 만나면 어떠하고 甲, 乙, 丙, 丁, 戊, 己, 庚, 辛, 壬, 癸가 여러 모양을 취함으로 그것을 팔자 안으로 그대로 끌고 들어와 그대로 써도 좋다는 겁니다.

진도가 갑자기 많이 나가 버렸는데 어떤 형태로 연습하고 공부해야 되는지 알겠죠? 이 정도로 연습하고 다음 강좌에서 干支에 관해서 진도를 나가도록 하겠습니다.

제13강 : 天干에 의한 직업론 (3)

 대자연은 거짓과 진실이 없습니다. 인간이 생각하는 어떤 도덕적인 가치에 의해서 진리를 이야기한다면 진(眞), 가(假)가 없다는 것이에요.
 모기를 잡는다면 이것은 선이에요? 악이에요? 일반적으로 길가는 모기를 미리 잡는다면 사람을 위해서 선이 되는 것이죠. 모기 입장에서 보면 진짜 '죽일 놈'이죠.
 결국, 선악이 없습니다. 진가(眞假)와 선악(善惡)이 없다는 것이죠.
 대자연이라는 것에는 운동세계만 있을 뿐이지 미추(美醜)가 없다는 겁니다. 美醜의 세계가 아름다우냐 하는 것인데 인간 눈에만 美醜가 있을 뿐이지 대자연에 美醜가 없다는 것이에요.
 파리는 똥을 신(神)으로 알고 살아갑니다. 똥이 곧 하느님입니다. 인간이 보면 더럽다 하는데 파리는 자기들한테 신과 같은 존재라고 하는 것이죠. 그것을 에워싸 가지고 먹고 살려고 합니다.
 美醜라고 하는 관념은 간밤에 내가 그토록 갈망했던 음식이었다는 거죠. '배고파 죽겠다' 하면서, 하루가 지나니까 내 몸을 떠난 추한 것이 되었다는 거죠.

미추라고 하는 것도 구별이 안 되고 단지 선후관계만 있습니다. 선후관계에 의해서 결국 진가(眞假)라는 것이 오고 가는 것입니다. 진실이 거짓되고 거짓이 진실되고 그다음에 선이 악이 되고 악이 선이 됩니다. 이것이 수시로 오고 가는 것인데 운동에 의하여 수렴하고 발산하고 이것이 진가, 선악을 왔다 갔다 하는 것이죠.

어떻게 보면 유용의 세계에 있는 것이 반대에 있다는 것을 머릿속에 전제해 두어야 됩니다. 그래서 선입견이라고 하는 것이 자연의 운동을 관찰하는데 굉장히 방해가 되는 것이죠. 자연의 운동을 이해하는 데 의식이 고착화되어 있다는 것이죠.

문자를 떠나서 대자연을 운동으로 관찰할 때 陰陽 운동이라는 것밖에 없습니다. 미래를 분석하는 수단이라고 하는 것이 지금 이 사람이 잠 안자고 설치고 까분다, 陽운동이죠. 이내 자빠지는 세월이 올 것이다. 계속 활동을 쉬지 않고 운동을 한다면 생명력을 잃고 그것이 살아 있는 나무냐, 운동성을 잃어버린 나무냐? 이것이 陽의 극단으로 갔다가 陰의 극단으로 갔다가 하는 것인데 도덕경에 보면 반자도지동(反者道之動)이다. 돌이킨다고 하는 것은 도의 보편적인 운동입니다. 도의 보편적인 운동을 陰陽운동으로 표현할 수 있습니다. 陰陽의 운동이라고 하는 것이 극단에서 반드시 회귀한다는 것이죠. 그럼으로써 음양운동의 극단으로 치우치지 않도록 하여 생명력을 그대로 유지하고 있다는 겁니다. 그걸 배우면 다 배운 것이에요.

팔자를 보는 원리도 결국 처음에 큰 대전제를 찾는 것이에요. 그 사람 팔자에 일주가 辛일주다. 부자가 되는 세월이라고 하는 인자를 가지고 있다는 것이에요. 즉 보석 옆에 서 있는 놈은 언젠가 보석의 주인이 됩니다. 칼 옆에 서 있는 놈은 언젠가 그 칼의 유용성을 얻을 때 성공을 한다는 겁니다.

　그런데 풀밭에 있는 놈은 무성함이 이루어졌다 하더라도 유용성을, 금전 환경의 기회를 세상살이의 일반적인 기회로 잘 잡지 않는다 하는 것을 기본적으로 글자 하나만 가지고도 해석을 할 수 있어야 됩니다. 그런 것들이 이제 보편적으로 陰陽이라고 하는 것이 됩니다.

　'사주명리학'이라고 하는 것은 五行이 필요 없습니다. 이미 10行, 12行을 써 놓았는데 五行이 뭐가 필요해요? 더 정밀하게 이미 10行, 10干이라고 하는 자체가 천지만물은 10行한다. 12行 한다는 겁니다. 천지만물을 바보같이 다시 五行으로 가져다 집어넣음으로써 눈을 하나 잃어버리는 것이에요.

　干支로 돌아와서 이제 五行을 조금 더 확장해 실전에서 쓸 수 있도록 빨리 적용하는 방법을 쓰려다 보니까 五行에서 干支까지 빨리 나가 버렸죠.

　干支라고 하는 것이 내가 앞에서 말씀드린 것처럼 十干이라고 하는 것이 이미 十行을 적어 놓은 것이라는 것이죠. 열 가지로 천지만물은 다닙니다.

　十二支라고 하는 것이 마찬가지로 이미 12行을 적어 놓은 것이죠. 그래서 五行의 진행양상이라고 하는 것은 보편적으로 천지만물의 운동을 구간 지우면 木운동을 이룬 다음에는 火운동이 오고, 火운동 이후에는 金운동 넘어가기 전에 멈추어서 제대로 펼쳐지지 않는 즉 火운동의 극단에서 머물러 있는 구간이 있더라는 것이 土운동이죠. 그다음에 金 운동을 한 다음 水 운동으로 되돌아가는 그런 양상을 갖는다는 아주 포괄적이고 큰 의미의 단위에서 五行

운동이죠. 그런데 十干 地支는 더 친절하게 10行과 12行의 양상을 써 놓았다는 것입니다.

　十干이라고 하는 것은 甲부터 癸까지 가장 보편적인 사물 운동을 10단계로 적어 놓은 것입니다. 그렇다면 이때에 甲과 乙이라는 것이 五行的으로 木운동이라고 하는 것을 가지기는 하지만 甲과 乙의 운동 속성이나 양상이 다르니까 그렇게 써 놓았을 것이라고 하는 것이죠.
　甲木이 압력에 의해서 찢고 올라온다면 乙은 옆으로 벌어지기 시작하는 단계로까지 넘어간 단계죠. 똑같이 상향을 운동방향으로 삼는 것은 동일하지만 甲木이 대체로 압력이 남아 있어서 그대로 쭉 밀고 나가는 양상하고 乙木은 어느 정도 밀고 나온 힘이 이제 서서히 해체되어 가는 과정에 있어서 굴신의 성질이 많이 강화 되어 있는 것이죠.

1. 甲

　그러니까 인간이 甲운을 만났을 때 누구든지 사명감이라든지 인생 방향에 대해서 투철한 자기 믿는 바에 대한 행동력 이런 것들이 주로 잘 발생한다는 것입니다.
　甲운의 길흉을 논할 때는 甲운의 시작이나 중반이나 끝 부분이 비슷하다고 생각하면 됩니다. 그러니까 甲운에 이르러서 소년에 글공부를 이룬다면 처음부터 열심히 해서 막판까지 열심히 하는 일관성이 그대로 유지된다는 것이죠. 甲운의 속성이 그렇습니다.
　보통 공직에 이르거나 글공부를 통해서 명예 성취를 이룰 때 즉

甲의 보편적인 五行的 속성자체가 젊은 사람의 길, 청년이죠. 색상으로 푸를 靑이죠. 청년의 모양이 甲과 乙인데 이 甲운이 가장 일관성을 가지고 유지하는 것이죠.

보통 대학을 가서 어떤 전공분야를 한다든지 또 고시성 시험을 구해 가지고 그대로 쭉 밀고 나가는 이런 운동 작용이 대체로 甲운이고 장사나 사업을 구하더라도 자기가 추구하는 일관성 이런 것에 의해서 잘 굽히지 않는 그런 운동속성을 가지고 사회활동을 추구하게 된다는 것이죠.

甲의 글자 속성 자체가 무엇을 추구합니까? 순서로 볼 때 시작이죠. 대장을 추구한다, 첫째를 추구한다, 자기가 제일 앞서기를 항상 추구하는 인자로서도 甲木 운의 해석이 필요하다는 것이죠. 보통 이런 시기에 고시 등과라든지 그 사업적인 성취라든지 이런 것이 일관성을 가지고 그대로 잘 이루어지는 것이 甲운이라고 보면 됩니다.

그런데 '망이 가려면' 망할 때도 일관성을 가지고 쭉 망하는 것이죠. 甲의 속성이 '갈 때까지 간다'는 것입니다. 그리고 그것이 정신적으로 무장되어 있다하는 뜻이거든요. '갑옷을 입고'잖아요. 갑옷을 입고는 뭔가 외부적인 환경에 굴하지 않고 내가 원하는 방향으로 밀고 나가는 것이잖아요. 그래서 甲운의 일반적인 해석의 전제를 그렇게 해두고 팔자 해석을 해 나가라는 것입니다. 대체로 五行의 일반 속성을 따라서 무엇을 벌리는 행위, 새로운 일, 신규의 일에 다 가담한다는 거죠.

예를 들어 올해가 甲申년입니다. 甲운에 이르면 누구든지 새로운 일에 대한 가담, 자기 나름대로 정신적인 변신을 자꾸 구하게 되는 것이죠. 큰 天干에 있어서 癸까지의 한 주기 운동을 마치고

甲이 왔는데 땅바닥에는 申이 놓고 있으니까 甲의 뜻이 현실에 빨리 드러나지는 않겠죠.
　그러나 뜻을 세워 여러 가지 변신을 추구하게 되는 것이죠. 그래서 올해는 현실은 안 되어 있고 天干은 甲이고 그러니까 결심을 하거나 꿈을 꿉니다. 뜻은 있으나 현실은 따라오지 않는 것이 이게 꿈이거든요. 몽의 상태가 된다는 것이죠. 그래서 그런 결심의 단계가 굳건해 지는 시기가 이런 시기이니까 甲운이니까 운을 해석할 때 그대로 참작해 두시라는 것이죠.

2. 乙

　乙이라고 하는 것이 그 글자 자체의 속성에서 왔다 갔다 하면서 오르는데 木운동이 甲木처럼 치열하게 어떤 방향에서 오르는 것이라면 乙은 그 운동성이 서서히 해체가 됩니다. 옆으로 쌍방향을 가지고 있더라도 그 운동성이 서서히 해체된다는 겁니다. 그럼으로써 그 성질이 굴신의 성질입니다. 乙木은 屈伸, 曲直의 인자가 있음으로써 결국 '乙이 풍파'라는 거죠.
　풍파라고 하는 인자로도 보고 乙木에 의해서 안에 있던 壬水나 癸水의 압력이, 물 기운의 압력이 한 방향으로 주던 압력이 약화가 되죠. 그래서 이때에 乙이라고 하는 것이 집을 떠나서 뭔가 새로운 일을 추구하는 것으로 본다는 것이죠. 그래서 乙 자체를 여행으로 본다는 것입니다.
　텍스트에는 이것이 기본적으로 새를 의미합니다. 여러 가지 의미가 나옵니다.

뜻을 세우고, 행동적인 양식으로 보았을 때, 나는 '구호나 말'을 할 것입니다. 甲木이 정신적인 뜻이고, 결심이라면 乙木은 말입니다. 그래서 그것을 乙일주 이거나 乙이 天干에 어디에 드러나 있어도 말로 먹고 사는 세월이 있습니다. 말로 먹고사는 세월의 직업이 '선생 직업 가져 본다.' 는 것입니다.

첩경(捷徑)에는 '木火傷官을 이룬 자, 印綬格을 이루어서 교육에 가담한다'고 나오지만 그것에 상관없이 팔자에 '乙' 한 글자만 있으면 입으로 먹고사는 세월을 어떤 형태로든 겪어 보는데 格의 왜곡이 거기와 가장 멀리 있는 사람들은 반드시 부모가 말로 먹고사는 직업이었다고 보면 됩니다.

근접한 六親환경이 乙의 동작을 할 것입니다. 여행을 떠났다는 것은 타향, 객지, 이향이라는 것이죠. 乙이 乙년이거나 乙月이거나 이런 것이 있다는 것만으로도 부모나 근접한 조상에 여행을 멀리 떠난 놈이 있습니다. 새를 타고 갔다는 것은 여행을 멀리 떠난 가족이 있다고 해석을 하라는 것이죠.

이런 원리를 조금 더 확장하면 무(巫)의 운명적인 해석을 봤을 때 乙자 하나만 가지고도 乙이 있으면 '여행하다 죽은 놈 있지?' 라고 하는데 그것이 '객사한 놈 있지?', '객사귀신 붙었구나!' 하는 말입니다.

여행을 하면 결국 내 터를 돌아오지 못하니까 거기서 죽기 쉬운 환경이 되죠. 죽기 쉬운 환경인데 乙에서 기본적으로 庚, 辛이 죽어요. 庚, 辛이 甲, 乙에서 죽는 것은 庚, 辛을 秋霜이나 서리의 기운이라고 봐도 좋고 '庚, 辛이 寅, 卯에 絶하여 부러지니,,,' 가 됩니다.

봄에 땅 바닥에 있던 저 딱딱한 열매들이 乙운동이 이루어지면서 껍질이 '쫙쫙 깨어진다' 는 겁니다. 그래서 庚, 辛이 죽는데 객지에 나가 죽은 놈 있구나! 壬, 癸가 해체된다는 것은 病地, 死地가 되죠. 그래서 '정신이상자' 이렇게 본다는 것이죠.

그렇게 乙에서 이런 것이 많이 발생을 하게 되는 것이죠. 甲운동은 껍질을 찢고 나오는 金의 기운을 해체 시키는 작용이 중심이었다면 乙은 구체적으로 현실성 있게 확 드러나는 것입니다.

항상 陰干의 운동이 가장 현실속에서 두드러진 운동의 결과라고 보라는 것입니다. 乙이 구체적인 인간관계나 사물에서의 운동 결과, 이렇게 보면 되는데 이때 항상 陰干에서 변화가 많다고 보면 됩니다.

陽干은 그 속성상 그 운동 방향이 일관되게 움직이고 陰干은 그것이 현실 속에 드러난 것이라고 봐서 乙이라는 글자가 팔자 안에 어디에 있든 간에 이런 어떤 운동이나 속성을 자기가 경험하여 삼거나 아니면 근접한 六親에 그런 존재가 있다고 보라는 것이죠. 乙木은 말 그대로 춘풍입니다.

여기에 설명하는 운동성이나 답은 여러 가지 성질을 취한 것 중에서 두드러진 것 한두 가지를 제가 언급한 것입니다.

3. 丙

丙은 사람 동작으로 생각해 봅시다. '甲은 뜻이 있었고 乙은 말이 있었다.'라면 그다음은 行이 있습니다. 움직임이 치열해져서 오는 것은, 丙이 말과 행동의 중간 통로쯤 되니까 이제 구체적으로 행위에 가담하기 시작하는 상태입니다. 보통 인체로 본다면 甲, 乙은 높이 치솟아서 올라오는 것이니까 대체로 甲, 乙이 頭, 머리에 해당하는 것입니다.

丙은 어깨, 그래서 우리가 행위를 시작할 때는 어깨에 힘을 줍니다. 그렇죠. "♬자 이제 젊은 날의 생의 시작이다. 어깨를 딱 펴고.,,♬" "사노라면 언젠가는 가슴을 쫙 펴라.,,♬"라는 노래도 있죠.

丙, 丁이라고 하는 동작은 옆으로 벌어지게 하고, 펼쳐지게 합니다. 인체 성장과정도 마찬가지죠. 어렸을 때는 木운동의 성장과정을 마치고 火氣가 위로 뜨면서 벌어지기 시작을 하죠.

그래서 그것이 丙이라고 하는 것이죠. 구체적인 행동인데 行하고 動사이에 소극적이고 초기적인 것을 行이라고 한다면 정신적인 면하고, 丁이 또 구체적인 움직임이 가장 두드러지는 것이죠.

그래서 丙은 乙木이 말이라면 말과 행동이 동시에 동반한다는 겁니다. 말과 행동이 동시에 동반하니까, 말과 행동이 연결되어 성질이 급하다는 것이죠. 물론 丙일주도 말과도 연결 선상에 있으니까 말로 먹고사는 세월이 반드시 있겠죠.

그다음에 행위적으로 굉장히 빠릅니다. 불의 성질이라고 하는 것은 펼치는 것이죠. 솟아오르다가 펼치는 작용이 이루어지기 시작하는 것이죠. 앞뒤로 꽃이 꽃망울을 터트리고 나오는 동작, 그래서 참을성이 약하고 사회생활 측면에서 자기가 뜻한 것을 제대로 빨리빨리 옮기려고 하는 운동성을 그대로 가집니다.

천지만물의 시간으로 볼 때 丙이라고 하는 시간은 훤합니다. 훤한 시간이니까 대체로 판단, 시비의 인자가 강합니다. 보통 이 시기 판단할 인자가 많다는 것은 최고 좋은 기회를 잡기도 한다라는 뜻입니다. 천지만물이 명별(明別), 환해져서 구별되었다는 것은 사회적인 성공이나 번영이 크게 이루어질 수 있는 인자를 가지고 있다고 보면 됩니다.

4. 丁

丁에 이르면 꽃이 흐드러지도록 펴서 가장 때깔이 아름답습니다. 치장에 신경을 쓰겠죠. 그래서 '폼생폼사' 입니다. 라면을 먹더라도 옷은 단정하게 하는 식의 인자가 그대로 간섭을 하게 된다는 것이죠.

丁은 壬을 부릅니다. 壬을 부른다는 것은 壬이라고 하는 것이 생명 수태의 인자, 임신(姙娠)이라고 했는데 생명 수태의 인자가 올 수 있음은 요염입니다. 꾸미고 치장하여서 밖으로 폼이 나게 한다는 것이죠.

그다음에 행동적으로 남들의 눈에 드러난 공간에서 움직임이 많다는 것은 가장 행동력이 강해지는 시기가 된다는 것이죠. 그래서 대운 자체를 볼 때 명조를 보지 말고 명조를 딱 덮어 놓고 그것부터 먼저 훈련을 하세요.

팔자를 볼 때 天干에 어느 글자가 드러나더라도 이런 작용이나 六親, 가족 이렇게 보면 돼요. 팔자를 볼 때 첫 번째 훈련을 해야 되는 것이 地支만 먼저 보는 것이에요.

그래서 天干을 가리고 이 사람이 가져온 地支인자가 子다, 丑이다, 寅이다. 그것을 가지고 이 사람은 어떤 직업을 가지겠구나! 부터 자꾸 연습을 하라는 것입니다. 그다음에 이 사람이 이것을 한다더라 하면 "아! 어떤 글자 때문이다." 하고 연습하다 보면 저절로 직업론이 깨쳐진다는 것입니다.

두 번째 天干을 보는 순간에 그 地支로서 올 수 있는 여러 가지 직업 환경이 天干을 보는 순간에 바로 보입니다.

天干을 보는 순간에 월에 의한 格이 형성이 되고 기타 六親에 관한 것이 드러남으로써 이 사람의 직업이 여러 가지로 올 수 있는데 이 중에서 이런 관계이기 때문에 연결이 되는 것이죠.

여기에 쥐 子자가 하나있어요. 쥐만 가지고 이 사람이 가질 수 있는 직업을 봅시다. 子象을 가지고 있는 모양이 굉장히 많겠죠. 子는 어린이죠, 어린이를 다루느냐? 子는 어둡고, 어두운 곳이라는 것은 야중(夜中), 밤에 이루어지는 것이 되고 子는 밖으로 드러나지 않고 갇히어 있으니 음성소득입니다. 子는 五行的으로 水의 속성을 취함으로 바다 밖, 해외냐? 그다음에 다섯 번째 눈에 보이지 않는 세계를 말함으로 육신을 말하는 것이 아니라 주로 정신을 말함이라. 인간이 구부러져 있으면 정신적인 측면이면서 엎드려 있는 모양은 연구다. 그다음에 활동력이 초기에 어떤 모양을 가지고 있다고 하는 것이 계발이다. 그다음에 종교도 되겠고 교육적인 측면으로 쭉 의미를 확장할 수 있겠죠.

그렇게 해석하고 나서 일주를 보니까 이 팔자에 이것을 正印으로 쓰더라는 거죠. 월에 있는 格으로 쳐서 印綬 속성으로 그것을 쓰고 있다는 말이잖아요. 그러니까 바로 연구나 개발, 교육, 종교, 자격 이런 속성이 가장 먼저 확 잡혀 버리는 것이죠.

이 子로서 올 수 있는 여러 가지 인자들을 먼저 쭉 가능성을 열어두고 날과 달하고 비교를 해서 그 팔자를 해석하면 됩니다. 그다음에 子라고 하는 것이 말 그대로 아이 만드는 동작이나 운동에 속하므로 그것이 주로 애정적인 인자와 많이 관련된다는 것입니다.

애정적인 인자에 쥐 子자가 태어난 달에 있다는 것만으로도 애정의 왜곡이나 고달픔, 애정의 동작이 가하여 누군가가 피해자가 있을 것이다. 희생자가 있을 것이다. 그것이 본인이냐 가족이냐 이것을 놓고 그대로 해석을 해 준다는 것이죠.

　이것을 어리다거나 아이 같은 짓을 하는 놈, "누가 그 집에 아이 같은 짓을 하고 다니는고?" 하면 되는 거예요. 그러면 필시 거기에 걸려 있다 이거죠. 그런 식으로 하나의 글자에서 확장을 해서 地支에서 올 수 있는 인자, 그다음에 天干에서 올 수 있는 인자 이것을 그대로 탁 비유를 해 보면 답은 저절로 나오는 것이죠.

　그다음에 대운에서의 해석입니다. 天干을 볼 때 地支, 天干을 다 열어 보라는 것이 아니에요. 그러니까 첫 번째는 天干을 지우고 보고 두 번째는 地支를 지우고 天干을 보고 그다음에 대운을 볼 때는 天干, 地支 다 지우고 대운만 보라는 것이죠.
　이 사람이 어떤 대운을 지나간다면 이 사람은 뭐를 할 것인가? 하는 것을 보세요. 그것을 볼 때 여러 가지 동작이나 운동으로 참작해서 볼 수 있는 것이 天干의 진행단계가 됩니다.

　학생질문 - 庚, 辛일주가 寅, 卯 대운을 지나가면 안 좋겠네요?

　선생님 답변 - 아니죠. 그건 五行 강약의 문제고, 甲, 乙이라고 하는 글자가 강화되었을 때(庚, 辛일주가 寅, 卯가 오면 안 좋은 것이 아니죠. 財 대운인데…) 내 팔자에 타고난 인자가 財星을 쓰는 그런 흐름 말고 그런 개념이 항상 六親을 비교하는 습관이 되어 있어서 그런 것이죠.

　'인간은' 이렇게 생각하세요. 인간은 누구나 봄에 등산을 하니 껍질이 뜯어져 나간 모양을 산에서든 어디선가 볼 것이라는 것이죠.

우리가 사는 도시 환경도 마찬가지죠. 봄이 되면 그 건물의 틈 사이로 얼음이 얼었다가 빠져나가죠. 얼음이 얼면서 틈 사이를 팽창시키죠. 봄에 산사태가 나는 원리가 그렇잖아요. 바위나 균열된 틈 사이에 물이 들어가 있는데 그것이 얼었다가 팽창하면서 얼어붙어 있잖아요. 그렇게 있다가 봄이 되면 녹아서 확 빠져 나가잖아요.

그것을 자기 일주와 관계에서 살피는 개념이 아니고 어떤 사람이 산에 가니까 산사태가 나서 허물어져 있더라, 이것은 죽은 놈을 볼 일이 있다는 말이잖아요.

어느 때나 五行강약에 따라서 죽은 놈을 볼 일이 있는데 甲, 乙 운동이 가장 처참하게 죽은 시신을 많이 본다는 것이죠.

자기 일주와의 五行강약에 의한 것 말고, 그런 개념에서의 죽음이 아니라 인간은 누구나 봄에 등산을 하면 도토리 다 파먹고 남은 껍질, 다람쥐가 먹다 버린 껍질이 있다는 겁니다. 그다음에 밤송이 껍질 벌어져 있는 모양, 자꾸 깨지고 흩어진 이런 모양을 자꾸 만나게 됩니다.

그것이 인간사에서는 제대로 수명을 못 채우고 가 버린 시체로 본다는 것이죠. 그래서 乙木을 그 글자 자체로 시체로도 봐요. 시체와 인연이 있다고 보면 됩니다.

5. 戊

말 그대로 戊라고 하는 것이 陰陽교역을 하는 것입니다.

첫째로 행동의 결과가 다 이루어져 일차적으로 완성이 되는 것이죠. 陽운동의 결과가 완성이 되는 것. 그다음에 陰陽교역이 본격화 되는 것이죠. 戊에 이르러서 陰陽이 서로 교역을 시작해 이때

흐드러지게 꽃피고 새 우는 동작이 강화되고 丁처럼 戊도 화려함을 주관한다고 했죠.

그래서 戊운이 오면 누구든지 다 폼생폼사를 많이 한다는 것입니다. 어떤 곳에 가더라도 "뭐 그런 것을 신경을 쓰느냐?" 추리하게 가는 사람들이 있습니다. 이것이 戊의 반대편쯤에 가린 것이 되겠죠. 戊 반대편은 어디를 가도 신경 안 쓰고 대충 해서 가고 하는 것이 폼생폼사의 인자 노출이 안 되어 있으니까 그렇습니다.

상대적으로 戊는 뭔가 규격을 맞추어야 되고, 보수적인 예절이나 전통적인 예절 이런 것에 대한 강조, 집착이 굉장히 강해 사업을 추구하더라도 외형에 많은 집착을 함으로써 폼은 나지만 이익은 박한 양상을 많이 가지고 있는 것이죠.

그리고 陰陽 교역의 과정이 있다는 것은 완전하게 어떤 결실이나 보상을 이룬 것이 아니죠. 그래서 내외분리, 겉으로는 열매가 맺었는데 안으로는 아직도 풋사과가 되었다는 것입니다. 사과가 맺히기는 맺혔는데 풋사과가 맺힌 것입니다.

6. 己

己운동은 陽운동을 마치고 陰 운동이 시작되는 것입니다. 일종의 내면적 활동의 시작이고 침묵의 인자가 되니까 자기 표현을 여러 가지를 '간직한다', '지킨다' 라고 하는 것이 되죠.

그래서 己土일주가 갖는 속성은 무엇을 '지키고 닫는다' 라고 하는 작용이죠. 지키고 닫는 동작이 금융, 금융이 지키는 작용이죠.

그다음에 밖으로 활동력을 두드러지게 하는 것이 주로 정신적인 측면이죠. 이런 종류의 운동, 직업들이 크게 강화된다는 것이죠. 그다음에 己土는 甲운동을 닫아 버립니다. 陽 운동의 시초를 가진다는 것은 웬만한 것은 덮어 버린다는 것이죠. 밖으로 안 나가게 하는 작용이 많으니까 웬만한 것은 말 안하죠. 그래서 남들은 비밀이 많다 생각할 수도 있는데 원래 천성이 그렇습니다. 甲木 운동을 자꾸 닫아 버리니까 할까 말까 망설이다가 안 해 버린다는 것이죠. 그런데 그것이 남들에게는 비밀이 많은 것으로 보여 질 수 있죠.

그래서 己土 운동의 속성을 알 수 있습니다. 그다음에 甲己合이 중정지합(中正之合) 이죠.

여인의 상을 가장 대표하여 드러내는 것이 己土고 남자의 속성을 가장 두드러지게 나타낸 것이 甲이에요. 그래서 甲己合이라고 하는 것이 중정(中正), 陰陽운동의 가장 자연스러운 모습을 보여주는 것입니다. 그래서 중정(中正)이 되는 것이죠.

이제 己土의 운동이나 속성을 그러한 존재, 성향, 운동, 기질이 되고 대운도 마찬가지입니다. 여기서 名(명)이죠. 甲, 乙, 丙, 丁, 戊가 명(名)이죠. 그다음에 실(實)로 넘어오죠. 그러니까 己土 이후부터는 대체로 실속 위주로 가고 밖으로의 폼이라든지 모양에 크게 집착하지 않는다는 것입니다.

7. 庚

庚에 이르면 만물이 乙庚이 결실작용을 시작합니다. 결실을 가지면 의리, 견강 그다음에 己土까지 완전해지지 않았다는 것은 확실하게 종혁(從革)이죠. 변화를 확실하게 일으키는 운동성, 그다음에 실력, 실력 행사입니다.

보통 丙, 丁, 戊가 확 펼치는 작용 이런 것이 강하다면 庚은 잡아 가두는 것이죠. 위로 뛰어 올라가는 놈을 거둡니다. 그래서 실력행사라고 하는 것이 많기 때문에 대체로 약간 무식하게 보여요. 무식한데 실력으로 커버한다. '한다면 한다'는 속성으로 가는 것입니다.

그래서 그것을 직업적 속성으로도 많이 연결합니다. 대운 자체에도 대체로 실질적인 활동이나 운동이 가장 두드러진 어떤 공간으로서 庚金이죠.

庚에 이르러서 甲木의 작용을 최대한 억제합니다. 우리가 둔갑(遁甲)이라고 하는 것이 甲, 乙, 丙, 丁, 戊, 己, 庚, 辛, 壬, 癸 중에 결국 庚이 출현하여 '甲이 숨었다' 하여 遁甲이죠. 나머지 아홉 놈이 모양을 감추고 드러내고 하더라 하는 것이죠. 그래서 庚이라고 하는 것이 지상의 주인공, 지상의 실력자로도 봅니다.

천지초목이 陽운동, 陰운동을 일으킬 때 그것을 결국 결정지어 주는, 승부를 결정지어 주는, 시비, 판단의 결론, 판단이라는 명변(明辯)이 丙이라고 했죠.

庚도 실질적인 결과입니다. 판단의 결과, 재판결과, 최후 법정에서 최고 언도를 해 주는 것이 庚과 같다는 것이죠. 그래서 이것이 '돌도끼'란 말이에요.

地支로 바꾸면 申이단 말이에요. 올해가 甲申년이잖아요. 己丑, 甲申의 陽운동, 陰운동을 크게 정화시켜 가는 과정이 되는데 정변의 인자로서 '甲木이 깃발아래서' 인 것입니다. 정신적인 측면에서 뜻으로 사는 집단이죠. 깃발 아래서 정변을 구하는데 그것이 탄핵입니다. 그다음에 도끼를 든 사람이 정변을 구하는데 도끼가 庚이라는 것이죠. 그래서 군복도 될 수 있고 헌법재판소도 될 수 있는데 헌법재판소가 돌도끼를 들고 찍어 버렸습니다.

그래서 甲이나 申의 상을 그대로 취해서 드러내는 것이죠. 이것이 주는 것은 땅바닥에서 주는 것입니다. 그러니까 경제적인 문제, 실제적인 문제죠. 甲木은 추상적인 문제, 명예적인 문제, 정신적인 문제 그렇게 해서 이제 전반기, 하반기 이렇게 무기로 써서 변화의 인자를 만들더라는 겁니다.

8. 辛

보통 庚, 辛이라고 하는 것 자체가 그 속성이 金이니까 庚일주나 辛일주는 열매와 인연이 많습니다. 가장 부피가 큰 것을 가장 작은 곳에 담아 놓은 곳이란 말입니다.

성경책에 겨자씨 이야기가 나오죠. 겨자씨 하나에 천지만물을 다 담아 놓은 것입니다. 겨자씨를 수백 개 담아 놓은 것이잖아요. 그러니까 그 씨앗 하나에 작은 부피 속에 가두어 놓은 것이 금전입니다.

庚이나 辛일주라는 그 자체만으로도 금전과 인연이 많다고 보면 됩니다. 은행 옆집이면 아무래도 금전융통의 속도가 빠르고 경제적인 실력행사가 빠르다고 보면 되는 것이죠.

그것을 甲, 乙처럼 달아 가지고 하려면 뭡니까? 쌀 한 가마니하고 볏단 몇 개예요? 쌀을 탈곡 안 한 상태가 甲, 乙의 상태잖아요. 볏단을 수없이 짊어져야 庚, 辛 쌀 한가마니에요. 쌀 한가마니 상태는 庚, 辛의 모양이죠. 甲, 乙 상태라는 것은 무성하게 있는 것이죠.

辛일주라는 것은 말 그대로 베어내는 작용입니다. 그래서 수술, 이별, 판단, 눈금자라는 겁니다. 辛일주는 눈금자의 능력을 가지고 있어서 분배를 하는 원리니까 눈금을 재서 정확해야 됩니다. 정확성으로 인해서 승(勝)하기도 하고 패(敗)하기도 합니다. 그러나 정확하다는 것은 항상 사회적인 문제에서, 실질적인 문제에서 실력자가 됩니다. 그래서 辛일주 하나만 가지고 실력자 인자로 보면 됩니다.

그다음에 그 자체로서 보석이라, 보석은 감정서가 붙어야 됩니다. 감정서가 있다는 말은 자기 인생이 경제적인 실력이나 사회적인 측면에서 뭔가 명함이 뚜렷한 세월, 프로라는 것이죠. 辛일주 하나가 있다는 것만으로도 실력자로 보면 된다는 것이죠.

그것이 년에 있어도 되고 월에 있어도 됩니다. 감정서를 가지고 있다. 자격증을 가지고 있다는 말이거든요. 그다음에 베어내는 아픔이니까 수술의 인자로도 보는 것이죠. 자꾸 찔러서 구명을 내는 인자로도 봐서 천공(天空), 구멍이 나는 질병인자로도 이것을 본다는 것이죠.

그다음에 여인이 재물을 가까이 한다 함은 官의 보살핌이 필요 없죠. 남편의 보살핌이 필요 없는 세월이라 금전을 이루되 부득이 배필덕을 멀리 하는 세월도 바로 辛이라고 하는 것이죠.

실제로 甲, 乙 일주가 辛을 쓰고 있는 正官格이라고 했을 때 正官을 그대로 잘 쓰고 있는 모양이 있죠. 正官을 잘 쓰고 있는데도 대운이 남편의 운세가 불안해질 때는 대체로 상속이나 증여 재산을 받으면서 이 辛金을 正官으로만 쓰는 것이 아니라 재물로만 쓰더라는 것이죠.

그래서 남편에게 상속을 받아 재물은 있는데 남편은 가고 없다는거죠. 이런 것들도 辛의 속성에서 잘 가려 두어야 됩니다.

9. 壬

壬의 속성은 분리, 이탈이 된 최초의 모양이 되었죠. 즉 창고로 들어갈 놈, 땔감으로 땔 놈 창고로 다 들어갔죠. 壬에 이르러서 '별도로 논다'는 것이죠. 그래서 별도, 별종 이렇게 보면 됩니다.

주로 일주에 해당될 때 壬일주는 수의 숫자에서 수는 1이 됩니다. 하나다, 유일이다, 가문에 없는 별종이라는 것이죠.

壬일주는 10에 8~9은 다 그렇습니다. 가족들 다 교직에 있는데 자기 혼자 사업하고, 가족들 다 시집장가 가서 잘살고 있는데 자기 혼자서 먼데 가서 따로 살고 있고 이런 식으로 독단이나 별종의 속성을 가지는 것이죠.

재물 인연이라고 하는 것에서 壬이라고 하는 것이 다 끌어모으려고 하는 것입니다. 붙든다는 것이죠. 애들은 붙드는 작용입니다. 이것저것 다 끌어 모으는 작용이 강하므로 대체로 금전 인연이 강하고 壬자가 어디 하나만 있더라도 부자 성공세월의 인자로 보시라는 것이죠.

그래서 대운이 壬대운이라 이것이 비록 比肩, 劫財라 하더라도 주위 모으는 동작을 가세함으로 무엇을 끌어 모아도 끌어 모을 것입니다. 그래서 比肩, 劫財라 하더라도 대체로 금전적으로 벌기는 벌되 많이 쓰거나 희생당하는 인자, 벌어 가지고 쓰는 것입니다.

그러면 대체로 陽운동이 강화되어 있을 때는 무엇인가 밖으로 커지는 것 같은데 실속이 약하고 상대적으로 辛, 壬, 癸 이런 작용은 지상에서 확실하게 엉기어 붙고 한쪽으로 모여드는 것이죠.

그러니까 폼은 안 나지만 실속은 있다는 거죠. 이런 대운에는 희생은 있더라도 일단 밖에서 벌고 들어온다고 무조건 보세요.

10. 癸

癸는 陰운동의 극단에서 이제 陽운동으로 전환되려는 상태입니다.

그러나 이때는 陰陽의 어떤 중간자리 즉 陰운동과 陽운동의 극단에 있기 때문에 밖으로 가장 위축되어 있어서 편집성이에요. 물이라고 하는 것이 얼어 딱딱하게 굳어 있을 때는 맑고 깨끗하죠. 깨끗함을 주로 주장한다는 것이죠.

그것이 성공의 인자도 되고 도리어 사회성이나 활동성에 저해를 줍니다. 주로 정신적인 측면에서는 소극적인 측면으로 드러나는 것이죠.

대체로 壬일주는 적극적으로 주워담는 운동성이 중심이라면 약간 음험합니다. 음험하다고 하는 동작의 인자로 잘 보인다는 것이죠.

그런데 庚일주는 이미 그 동작이 완료된 상태죠. 그래서 외부와 본의 아니게 차단이 되어 있다는 것이죠.

내가 먹을 것 내가 챙기고, 남 줄 것 남 안 준다는 식의 운동이나 동작으로 넘어간다는 것입니다.

그래서 그런 어떤 天干의 동작이나 운동을 가지고 그 사람의 일주로서 먼저 해석을 가해보고 그다음에 "이런 놈 있제?" 해 보세요.

 이미 天干에 드러나 있다고 하면 "너희 집 별종(別種) 하나 있제?" 그러면 그 六親의 속성을 봐 가지고 그것이 比肩이면 "형제 중에 별종(別種)하나 끼여 있지?" 라고 봐도 됩니다.

 안 그러면 比肩 같으면 자기 일주가 壬일주 같으면 어떻게 됩니까? 癸일주에 壬이 있으면 형제 중에 壬이 되겠죠? 그런데 壬 일주일 때는 壬이 그대로 壬이니까 "네가 집안에 별종(別種)이가? 아니면 너의 형제가 집안에 별종이가?" 이러면 둘 다 그런 경우가 있거나 둘 중에 하나는 무조건 걸립니다.

 '별도로 따로 노는' 그런 뜻으로서 글자를 확장을 그대로 확장해 주면 되는 것입니다. 여인이 丁일주에 壬을 쓰고 있다면 壬의 속성은 별종이죠. "별종 인간하고 살고 있지?" 그렇게 물어보면 "예!" 그럽니다.

 자기 형제 하는 일 놔 놓고 자기 혼자 따로 뭐를 하든지 안 그러면 해외에서 수입되어 왔든지 따로 별도로 들어온 인간관계라고 보면 되겠죠.

 그래서 육친으로 확장해서 써도 좋다는 것입니다. 이게 그냥 명조 안에만 쓰이는 것이 아니라 대운에서도 그런 동작이나 행위로 잘 보라는 것이죠. 그래서 壬일주는 항상 지갑이 두 개에요. 술값을 낼 때 일부로 빈 지갑을 들고 "아나! 내 이것밖에 없다"며 빈 지갑 던지면서, 안주머니에 따른 지갑이 있는 것이지요.

 그런 식으로 어떤 동작이나 속성을 가지고 왜 저 친구는 저런 속성이 있느냐를 일주 인자로 관찰해 보든지 대운 인자로서 관찰해 보든지 해 보세요. 그것이 하나의 뚜렷한 운동으로서 그 사람의 전 생애에 오랫동안 간섭합니다.

예를 들어 대운이 乙, 丙, 丁 운으로 가잖아요. 넘어가면 이전까지 추리하게 옷을 입고 다니다가 그때부터 갑자기 옷도 닦고, 새 乙자가 되지요. 새가 틈만 나면 자기 털을 털고 부리도 닦고 하잖아요.

그런 것처럼 자꾸 화려함을 주장하는 동작이 대운에 의해서도 그대로 간섭을 받는다는 것입니다.

庚, 辛, 壬, 癸, 甲 이런 글자들이 오면 돈 많은 양반 중에도 보면 잠바 허름한 것 입고 와서 제일 없어 보이는 것만 먹고 하는데 그런 것들이 이런 동작 때문에 그렇습니다. 이런 글자 때문에 있어지는 것이고 있으니까 이런 동작 하는 것이라고 보면 됩니다.

地支는 너무 중요해서 오늘 진도를 못 나갈 것 같고 다음 강좌에서 다시 한번 개괄해 地支요소를 설명하겠습니다.

제5강

제14강 地支에 의한 직업론 (1)
대자연은 거짓과 진실, 선과 악의 구별이 없다

지난 시간에 陰陽, 그다음에 두 번째 五行, 세 번째 地支를 다루었습니다.

지난 시간에 다루어 봤던 것이 天干이고 이제 地支를 다룰 차례입니다. 사실 地支 공부를 많이 해야 돼요. 地支 공부만 많이 해도 '통밥'으로 70%는 압니다.

일주를 가지고 공부를 하는 것이 위험한 일입니다. 일주 때문에 공부 다 버린단 말이에요. 일주를 보지 말고 항상 地支를 먼저 봐야 합니다. 地支를 가지고 팔자를 분석하는 것에 가장 역점을 두어야 합니다.

時	日	月	年	命
申	辰	丑	子	

예를 들어 地支 모양에서 子, 丑, 辰, 申 이런 글자의 모양이 있

을 때에 이것을 보는 순간에 "아! 이 사람이 무엇을 하는 사람이겠구나!"로 바로 점을 칠 수 있어야 된다는 겁니다.

이것을 많이 훈련해야 그 사람이 가질 수 있는 직업의 분야나 한계가 저절로 드러납니다. 이것을 가지고 훈련을 해 보세요. 이런 地支를 가지고 있는 사람이 가지고 있는 직업은 무엇일까요?

申子辰 合, 子丑 合의 地支와 地支끼리의 神殺입니다. 합이라는 특성이 보이고 합이나 이런 것이 보이기 전에 地支를 구성하고 있는 모양을 먼저 보자는 거죠. 子, 丑이라고 하는 것이 그 활동성이 당연히 약하죠.

子, 丑이라는 글자만으로도 천지만물이 움직이는 동작이 둔화되어 있는데 그것을 다시 辰에서 다 열지 못하게 되죠. 辰이 三合으로 묶여 버리죠.

그러니까 그다음에 申에 이르면 밝은 동네로 나와요, 안 나와요? 申 자체는 어느 골목에 있어요? 아무튼 젊은 날에 그 사람에게 많이 주는 인자가 子나 丑으로 채워져 있다는 것은 사회활동이든 활동적인 측면에서 소극적이고 정신적일 것입니다.

이 분이 글공부를 이룬다면 교수직이나 연구직으로 갈 것이고 장사를 한다고 하더라도 영업중심보다는 앉아 기다리는 장사겠지요.

공부를 안 하는데 책 가까이 있다면 만화방 주인이겠지요. 그렇게 이제 地支에 차지하는 별들 중에서 어떤 글자들이 구성되어 있느냐 하는 것을 가지고 많이 연습을 해야 됩니다. 이것을 많이 해야만 제대로 해석됩니다.

오늘 강릉에서 온 분이 7년 전에도 왔다 갔는데요.

時	日	月	年	乾命
	辛	戊	丁	
	酉	申	酉	(時不明)

辛	壬	癸	甲	乙	丙	丁	大
丑	寅	卯	辰	巳	午	未	運

　癸卯 대운에 들어와 있어요. 이 양반이 7년 전에 찾아왔을 때 "선생님 우리가 잘 살아야 되겠는데 이때까지 된 것이 없습니다." 고 했습니다.

　여러분 보시기 어떻습니까? 잘 될 것 같다, 안 될 것 같다, 잘 될 것 같다면 어떻게 잘 될 것 같습니까?

　대운이 흘러가는 것을 보세요. 대운이 흘러가는 것이 官星이나 印星이 지켜지는 모양이 들어와 있기는 한데 官이 세력이 없지요. 五行의 대세가 약하죠. 물론 酉金에 의해 훼손되지 않는 모습이지만, 세력이 약하죠. 그래서 조직사회 생활 조금 하다가 자기사업으로 일찍 나온 것이에요.

　형태상으로는 官印 소통이 되겠죠. 官印 소통이 되어 있어 자기사업으로 나왔는데 자기사업에서는 굴곡이 많겠죠? 한눈에 보입니까? 이런 것이 한눈에 보여야 됩니다.

　이 팔자에서 이 양반의 時도 모르는 상태에서 내가 어떻게 하면 잘 먹고 잘 살 것이냐? 하는 것은 대운을 볼 필요 없습니다.

　팔자 내에 닭 酉자가 거듭하여 있다는 것은 이것이 가치 있는 물건과 연관되어 있음을 알 수 있습니다. 누구든지 닭 酉자나 天干에 辛자가 드러나 있다는 것은 보석에 가까운 것 또는 칼에 가까운 것 또는 공증품 이런 것을 가지고 있죠. 이 글자들이 六親상으로 따져보면 比肩, 劫財 투성이죠.

比肩, 劫財 투성인데도 '저게 재물이란 말입니까?' 해도 "네! 재물입니다." 그러니까 우리가 일주를 보면 말이 안 되는 것이죠.

이 명조는 사실 팔자 내에 있는 글자를 쓴다면 '申中의 壬水'입니다. 格用說 중심으로 설명한다면 申中의 壬水를 찾아 가지고 假傷官格으로 처리가 되죠. 그런데 財星을 제대로 못 보고 있죠. 저런 경우는 壬水 傷官만을 그대로 써 주면 돼요. 壬水 傷官이 튀어 나와 있지 않고 숨어 있는데 長生 地支에 앉아 있죠.

그러니까 壬水를 그대로 써 주되 '폼이 안 나는 모양으로 傷官을 쓰게 만들어라' 는 것이죠. 그래서 내준 숙제가 두 개예요. 절대로 번화한 골목에 가서는 안 된다. 그래서 폼이 덜 나는 형태로 먹는 장사를 하되 傷官이니까 밥장사? 요리 장사다? 주식류다? 기호식품이다? 기호식품 중심으로 손을 대어 보라!

그런데 그 뜻이 水中의 기운을 쫓고 있으니, 먹는 것 중에서 생선류는 신분상승을 위해 다루는 물건이기는 한데, 자기가 아는 것은 그것밖에 없으니까 횟집을 해 그 동안 쭉 돈을 많이 번 것이지요. 이제 경기도 진출을 앞두고 찾아 와서 "그 때 7년 전에 찾아 왔을 때 그것을 하라고 해서,,,자기를 기억하겠느냐"는데 나는 기억을 못하죠.

지나간 유년을 한 번 봐 보세요. 庚辰, 辛巳, 壬午, 癸未 이런 유년을 볼 때 壬水가 어떻게 됩니까? 壬水가 辰에 入庫하고 巳에 絶地하고 胎地에 들어가고 養地에 들어가고 전부 다 세력이 없잖아요. 그런데도 불구하고 장사는 '와글와글' 한 까닭은 分을 따랐기 때문입니다. 절대로 넓은 것을 하지 마라, 절대로 폼 나는 형태를 갖추지 말라는 분(分)을 따른 것이지요.

그다음에 申中에 壬水라는 것은 사실은 또 다른 의미가 있는데 팔자에 원숭이 한 마리가 출현해 있다는 것 하나만으로도 다른 사람이 가질 수 없는 재능이나 능력이나 특기를 가질 수 있습니다.

신통력 동물 寅, 巳, 申, 戌 신통력 동물이 팔자에 하나만 들어와 있어도 어디에 빌붙어도 빌붙어 살 수 있는 힘이 있습니다.

이제 地支에 생긴 모양을 가지고 오랫동안 궁리를 해 보세요. 오랫동안 궁리를 해 보면 저절로 그 사람이 사는 것이 보입니다. 그래서 이제 地支의 모양이나 글자가 드러난 것만 가지고도 팔자의 뜻과 의미를 분석해 보자는 겁니다.

1. 子

팔자에 쥐 子자가 출현을 했다. 쥐 子자의 운동이 어디에 있죠? 三合운동에서 申子辰으로 가는 것이죠. 子라는 글자의 뜻이 시간적으로 밤이니까 애정사, 그 다음에 子 상을 취하는 것은 '웅크려 있다'는 뜻이 되죠.

그다음에 쥐처럼 기어 다닌다 함은 비밀 인자다. 그다음에 숨어서 하는 동작, 그다음에 밤중이 되면 어두워서 더듬는다. 그다음에 잘 안 보이니까 차라리 동작으로 움직인다? 눈을 감고 생각을 한다? '생각을 한다'입니다. 기본적으로 동작과 멈추어 있는 것을 비교하여 본다면 생각을 하는 것이 될 것이고, 팔자에 쥐 子자의 영향을 받는 어떤 인자가 드러나 있다는 것은 그 사람이 본인 자신이거나 근접한 가족관계에 있어서 애정의 왜곡이 됩니다.

간단하게 보는 방법은 "아따! 누가 그렇게 복잡하게 사는고?"이죠.

자기 팔자에 있다는 것은 그것이 가족의 코드라고 했죠. 가족의 코드가 쥐 子자로서 형성이 되어 있으니까 그것이 부모든 아니면 근접한 육친이든 형제든 거기에 이 글자의 작용력에 영향을 받고 있다는 것이죠.

그다음에 子라고 하는 것을 사람의 삶으로 비교해 보면 자라다가 만 놈, 크다가 만 놈이 있다는 것은 실패했거나 감추어진 존재가 있다는 말이죠. 실패했거나 내 버린다는 뜻이 있죠.

子라고 하는 것이 어린 것이 되고 성장을 방해하는 것이니까 그렇습니다. 씨앗도 되고 그래서 팔자를 해석을 할 때 子라고 하는 것이 드러나면 무조건 머리에다가 염두에 두고 팔자 해석을 시작해야 된다는 것이죠. 그래서 쥐 子자를 보면 이 말을 머릿속에 던져 놓고 항상 해석의 기초로 삼아야 됩니다.

직업환경에서 쥐 子자를 쓴다면 소극적이다? 적극적이다? 숨어 있다? 드러나 있다? 그러니까 연구직이 맞을 것이다? 영업직이 맞을 것이다? 이것을 먼저 쫙 깔아 놓아야 되는 것이에요. 그것을 안 깔고 직업론을 추측해 들어가면 어려워지는 것이죠. 일단 기본적인 뜻만 개괄해 놓고 뒤에 해석해서 따져 봅시다.

2. 丑

소 丑자를 봅시다. 소라고 하는 자리는 음력으로 섣달, 그다음에 金의 기운이 入墓하는 자리죠. 金 入庫를 유도해서 丑을 발판으로 寅이 열리죠. 그래서 봄을 열어 줄 수 있는 인자가 되고 발판이 된다는 것은 寅이 활동력 인자입니다. 만물이 밖으로 삐죽삐죽 올라

오는 운동을 시작하는 것이 범 寅이라면 범 寅의 운동을 열어주는 발판이 된다는 것은 소처럼 산 사람이 있다는 것이죠.

소 같은 인생은 '열심히' 입니다. 열심히 해도 밖으로 안 드러나죠. '소 같이 산 인생이 있다' 라고 보고 전제를 하세요. 그다음에 소라고 하는 속에는 金이 入墓하여 있겠죠. 그래서 丑이라고 하는 땅에는 金을 밟겠죠.

간간이 얼어 죽은 놈, 찢겨 죽은 놈, 얼어 죽는다, 찢겨 죽는다, 이것을 하나의 동작으로 두고 보라는 것이죠. 그다음에 소는 밥을 먹을 때 되새김을 하죠. 껌을 씹듯이 '되새김' 합니다. 그래서 되새김을 하는 사람이라는 것은 반복된 생활이라는 것이죠. '반복 요소' 라고 보면 됩니다.

이것을 항상 하나의 동작으로 보라는 것이죠. 소는 쉴 때 엎드려 쉰다? 서서 잔다? 소가 엎드려 잡니다. 엎드려 쉬는 동작으로 소를 기억을 해 두라는 거죠. 이 정도 동작만 염두에 두어도 됩니다.

그러니까 꾸물렁거리는 이런 것들도 다 하나의 동작으로 생각을 해 두면 되겠죠. 그래서 소도 밖으로 드러난 동작이 느리다, '꾸물렁' 거린다 하는 속성을 가지고 있는 것이죠.

그다음에 성나면 무서워요? 안 무서워요? 성나면 무서움, 이런 동작으로 일단 머릿속에 정리해 두세요.

3. 寅

팔자 내에 범 寅자가 출현을 했다. 드디어 신통력 동물이 출현을 했죠. 문지기가 되어도 중앙청 문지기하고 촌 동네 초가집 문지기

하고는 직업은 똑같이 문지기죠. 같은 문지기인데 중앙청 문지기가 더 잘 나가죠. 그러니까 신통력 동물이 출현을 했다는 것은 그 사람의 유능, 유능의 인자로서 가는 것이니까 사람이 똑똑한 것이 아니라 벼슬이 똑똑한 것이에요.

군대를 가면 장군 지나갈 때 '충성' 경례를 하죠. 사람을 보고해요? 계급장을 보고해요? 사람은 팔자 안에 계급장을 잘 타고나야 된다는 거죠. 범이 있으면 일단 범의 출현, 장교로 보면 됩니다.

이것을 財星으로, 官星으로, 印星으로, 무엇으로 쓰든지 간에 신통력을 가진 동물을 쓰고 있습니다. 그래서 글공부를 하더라도 호랑이가 출현하듯 쓰여 지는 학문입니다. 그다음에 말 그대로 寅, 申, 巳, 亥에 접어들죠. 대체로 驛馬殺 속성입니다.

丑까지가 엉기어서 떨어지지 않습니다. 소는 말뚝에다가 매달죠. 그래서 말뚝에 수시로 매여 있어 잘 떠나지 못하죠. 그런데 범은 길 떠나는 은장도입니다. 칼까지 들고 있잖아요.

범은 동작이 민첩하다, 날쌔다. 쾌속성을 가집니다. 팔자 안에 범이 있다는 것은 산 속에 호랑이가 사는 것을 인정을 해요 안해요? 초능력을 믿어요, 안 믿어요? 산신령을 믿어요, 안 믿어요?

학생 질문 – 믿습니다.

선생님 답변 – 그렇죠. 팔자 안에 있으니까 믿죠.

팔자안에 있다는 것은 자기가 근접하여 사는 동네에 호랑이가 한 마리 존재하므로 호랑이와 친한 놈은 권 '權' 이라 합니다. 權이라고 하는 것은 호랑이가 있어서 내가 피곤하여 못 사는 것이 아닙니다. 그것이 있음으로써 권력을 잡는 것이고 그다음에 호랑이에 물려 죽으면 그것이 화의 근원입니다. 그래서 쾌속성 때문에 번영과 쇠퇴의 폭이 큰 것을 전제로 해야 됩니다. 팔자 안에 범이 있다는 것은 인생 자체에 번영과 기복이 있다는 것이죠.

화의 근원으로 연결될 때는 할퀴거나 깨물리거나 함으로 수술인자로 봅니다. 그다음에 범을 만나면 동작이 굳어진다, 빨라진다? 마비성 인자로도 봅니다. 그래서 팔자 안에 범이 있는 사람은 성공 동기나 욕구가 강할까요? 그러니까 호랑이 살던 동네에 있던 놈이 도시에 나온 것하고 호랑이 없는 동네에 있던 촌놈이 도시에 나온 것하고 서로 '엔벤 시리즈'를 하는 것이에요.

"우리 동네에는 개가 이만한 것이 있는데 물면 큰일난다." 그때 호랑이가 있던 동네의 촌놈은 뭐라고 해요. 호랑이 이야기를 하겠죠. 그래서 마비성 인자면서 권력성 인자입니다. 팔자에 범이 하나만 출현해도 어디 가서 빌붙을 때가 있겠고 '빽줄'이 당연히 있다는 것이죠.

대부분 부자나 사회적 활동성이 많은 팔자들을 보면 格이 유별난 팔자들이 아니에요. 格이 반듯한 사람들은 직업이 반듯한 형태로 그 사람의 직업이 구성되고 범의 출현 없이 格이 반듯해 봐야 그냥 지방에 똑똑한 직업을 가지고 사는 것이에요. 그러나 '범이 산다' 함은 범을 잡을 기회가 있다는 거죠. 범 잡은 포수는 전국구 포수지 지역포수가 아니에요. 그다음에 범이 오면 호흡이상, 호흡의 왜곡이 오죠.

지금 메모해서 외우라고 하는 것이 아니에요. 내가 왜 '지리부리' 하게 하는가 하면 가만히 이치를 생각해 보라는 겁니다.

범을 만나니까 사람이 숨을 제대로 못 쉬잖아요. 범이 있으면 그 사람의 호흡이 왜곡이 되겠구나! 호흡이 왜곡되면 질병인자가 생기는구나! 그래서 범이 있는 놈은 성공의 기회도 많이 가지지만 질병이나 여러 가지 마비성 질환이나 인자에 놓이는구나! 그럼 형무소도 구경하겠다는 이치이지요.

무골호인은 시골에서 호랑이 본 적이 없고 무시무시한 동물 본 적이 없습니다. 평생을 감자나 캐고 농사짓고 살던 사람에게 형무소는 의미가 없죠. 그래서 일단 신통력 동물이라는 것은 항상 권력성이면서 신통력이면서 화의 근원이라고 보세요. '희기동소'는 내가 수없이 강조하고 강조한 것입니다.

'희기동소(喜忌同所)'란 무엇입니까? 어부가 바다를 떠나면 또 죽습니다. 어부에게 바다는 喜神입니까 忌神입니까? 호랑이 있는 것이 낫습니다. 바다에 빠져 죽더라도 고기가 있는 바다가 좋다는 거예요. 이게 인생입니다. 한때는 잘 삽니다.

4. 卯

토끼는 陽氣가 四陽之妻 입니다. 陽氣가 陰氣를 밀고 터져 나와서 이제 스프링처럼 역동적으로 움직이는 시간과 운동을 말합니다. 그래서 만물이 오므라들지 않고 벌어진 모양, 펼쳐진 모양이죠. 펼쳐지면 옛날에 묵었던 물건을 팔아 치웁니다. 토끼는 집이 있고 여우는 굴이 있습니다.

그래서 사람이 누구든지 토끼 대운을 만나면 이사할 일이 많아요. 대운이 10년이잖아요. 보통 5번 이상씩 다녀요. 10년 안에 최하 4~5번 정도 이사합니다.

토끼라고 하는 것의 동작이라고 하는 것은 '팔아 치운다', '옮겨 다닌다' 이죠. 팔자 안에 토끼가 있으면 부동산을 잘 팝니다. 부동산 업자에게 토끼 卯자가 있으면 돼요. 잘 팝니다.

토끼가 있는 사람은 경기가 안 좋아 "싸게 팔아라!" 하면 싸게 파는 것이에요. 토끼가 있는 사람은 말 잘 들어요. 싸게 잘 팔아요.

그런데 소 이런 것이 있는 사람들은 "어떻게 할꼬?" 하죠. 소는 사러 오면 마음이 흔들리는 것이라 '꾸물렁 꾸물렁' 하니 토끼가 잘 팔게 되지요.

그렇다고 해서 부귀빈천의 결과가 토끼가 잘 사는 것은 아니에요. 부귀빈천의 결과는 소처럼 은근히 기다려 '대박'이 난단 말입니다.

토끼는 깡충깡충 뛰어 가지고 작은 이익은 나는데 나쁜 운에는 한 방에 날아가는 것이에요. 소는 몇 번 기회를 놓쳤다가 한 방에 잡는 것이고, 그래서 '소발에 쥐잡기'죠.

토끼는 옮겨 다닙니다. 실제로 팔자에 토끼가 많이 들어 있는 사람들이 이사를 많이 다녀요. 대운에서도 토끼를 만나면 옮깁니다. 그다음에 아침7시에서 9시, 토끼 시간이 되면 개나 소나 단장을 한다는 거죠.

범은 3~5시니까 꺼뭇꺼뭇하게 잘 안 보이잖아요. 그러니까 장식하고 꾸밀 이유가 없다는 거죠. 그래서 범까지는 陽氣가 밖으로 덜 펼쳐진 것이고 토끼는 단장을 하고 장식을 하죠. 천지만물이 卯時에 이르면 예뻐집니다. 그래서 팔자에 토끼가 출현을 하면 상모가 대체로 미려하거나 적어도 자기 관리의 동작이 있습니다.

깊은 산 속 옹달샘 누가 와서 먹어요? 새벽에 토끼가 눈 비비며 일어나는게 그냥 나오는 노래가 아니죠. 사람들은 이 시간이 되면 기획을 하죠. 그렇다면 이 사람은 장식하고 세워 올리고 남자들은 건축, 건설 이런 것에 인연하여 조직을 삼거나 자기사업의 분야로 삼거나 하면 맞겠지요.

　子, 丑, 寅은 천지만물이 어두워서 잘 안 보이니까 예언을 합니다. 예지력으로 간다는 것이죠. 子, 丑, 寅까지가 예지력으로 간다면 토끼는 예지를 할 필요가 없으니까 세워 올리고 만들고 하는 것을 사회생활의 일반적인 분야에서 더 쉽게 이룩해 내더라는 것이죠. 토끼 모양과 닮은꼴은 무엇입니까?

　이렇게 깃발 두 개 꽂혀 가지고 있죠? 하나는 태극기고 하나는 관공서 마크이든지 조직사회 마크든지. 토끼가 있음은 출근할 곳이 있습니다. 그다음에 주로 공조직과 인연이 있습니다. 그다음에 장식, 디자인, 설계 그다음에 건축, 섬유, 의류입니다. 천지만물이 유색으로 옵니다. 사람들이 옷을 입는 것과 같다는 것이죠.

時	日	月	年	命
	丁			
	卯	卯		

이것은 印星이죠. 印星인데도 불구하고 이 사람이 장사나 사업을 하니까 옷 장사를 합니다. 입히고 꾸미고 장식하는 동작이 가세하여 있기 때문입니다.

그다음에 卯는 먹는 동작도 가담이 되죠. 아침 7~9시 사이에도 먹어야 되죠. 동요에 나옵니다. 제일 먼저 이를 닦고 웃니 아랫니 닦고, 세수할 때는 깨끗이 하는 이것이 卯의 동작이나 행위로 보면 됩니다.

제 15강좌 : 地支에 의한 직업론(2)

1. 辰

용은 이것저것 다 모아 놓은 놈, 다 모아 놨다는 것은 항상 종합이라는 글자를 가지는 것이죠. 이 사람은 이것저것 다 모아 놓은 것이니까 취직을 해도 '종합' 붙은 회사에 취직합니다.

辰이라고 하는 자체도 아침 7~9시 辰時가 누구나 다 넥타이도 똑바로 맵니다. 卯時까지는 꾸미고 붙이고 입히고 하는데 辰時가 되면 넥타이도 똑바로 매고 밖에 나가면 똑바로 걷습니다. 그래서 건축, 장식 이런 것이 卯하고 辰에서 가장 활발하게 이루어지죠.

그다음에 사회적인 활동성에서 사회성이 밖으로 두드러집니다. 그래서 사회성은 '폼생폼사'의 인자입니다. 팔자에 용이 출현해 있으면 어찌 되었든 간에 남들에게 커피를 한잔 주더라도 잔을 받쳐서 주려고 합니다. 子나 丑은 안 보이는 공간이니까 "맛있다 먹어봐라!" 하지만 卯나 辰은 다 보는 동작이 드러나니까 깨끗하게 광을 내는 것이죠.

밖으로 화려하게 옷을 입고 나왔다는 것은 안으로 집구석이 어질러서 이미 바꿀 수 없는 과거라는 뜻이에요. 이미 떠나 버렸죠. 떠났으니까 바꿀 수 없는 과거의 아픔이 있습니다.

용이 출현했다는 것은 水의 入墓 작용입니다. 水의 동작이라는 것이 재물을 가장 작은 규모로 가두어 놓는 동작이 辰의 동작이죠. 水운동이 멈추어 버렸다는 것은 잘 나가다가 바보 된 놈이 있다는 것이거든요. 한참 떴다가 '맛이 간' 놈이 있다는 뜻이고 아니면 집안에 자랑하기 싫은 놈 있다, 부끄러운 놈 있다, 내 인생에 지워버리고 싶은 부분도 있다. '그렇지만 남들에게는 말할 수 없다.'는 것이지요.

다섯 번째 용에 이르면 여러가지 사람이 다 모입니다. 많은 사람이 다 모여서 공공의 성격, 공공적인 성격의 일에 가담하거나 활용하게 됩니다. 용이 있다는 것은 만인이 모여서 중심으로 삼는 것이란 뜻이거든요.

그러니까 임금님의 얼굴을 용안, 벼슬에 오르는 것을 등용문, 용문에 오른다는 것은 공공의 성격이 있는 곳으로 내가 입신했다는 것이죠. 그래서 보통 용 辰자가 팔자에 드러나 있으면 만물박사입니다. 모르는 것 빼고 전부 다 알아요. 아는 것과 모르는 것의 경계선 없이 많이 모여 있는 것이 용의 습성입니다.

보통 학문을 이루는 사람은 대부분 다 잡학다식이 돼요. 세상살이 관심이 많고 하늘을 날죠. 하늘을 나는 동작이 강한 것이 용입니다. 그래서 폼생폼사입니다.

그러다가 한번씩 여의주도 뭅니다. 여의주를 물었다 함은 용이 신통력 동물이기는 하지만 지상에서 권력을 잘 행사하지 못합니다. 용이 내려와 사람을 물어 죽였다는 것은 못 들어 봤죠. 그래서 정신적인 뜻으로 용이라고 하는 것이 가장 공공의 성질을 가집니다. 자타가 공인해 주는 그런 뜻입니다.

이것을 일일이 다 항목을 안 붙였느냐 하면 이런 것을 가지고 사고의 확장을 그대로 해 보면 반드시 그 사람 팔자에 직업이 정확히 드러나 있습니다. 즉 용은 옷을 야무지게 입는데 옷을 야무지게 입어야 되는 직업이란 넥타이맨 직업입니다.

2. 巳

성질이 급해서 발도 없이 다니는 놈입니다. 陽氣가 충천했잖아요. 그다음에 뱀은 독이 있습니다. 그다음에 始와 終이 달라 처음에는 펼쳐졌다가 뒤에는 구부러지고, 입에는 이빨이 있고 꼬리는 없죠. 그렇게 시종(始終)의 차이가 납니다.

성질이 급하여 발도 없이 다니는 게 무엇입니까? 지상의 물건 중에 다리가 없이 다니는 놈은 비행기, 통신이며 전기, 전자입니다. 팔자에 뱀이 있다는 것은 항공, 통신, 전기, 전자 이런 것에 관련하여 직업구성을 하고 불을 다 밝혀 놓았습니다.

六陽之處에 이르렀으면 천지만물이 陰氣를 용납하지 않는다는 것이죠. 이런 것은 감정, 감별, 심판이며 정확하게 똑바로 봐야 심판을 할 수 있습니다. 그리고 누구든지 뱀 巳자 운에 오면 부귀빈천이 뚜렷해져요. 뱀운에 뜨는 사람은 이때 '팍' 뜨고, 거꾸러지는 사람은 뱀운에 거꾸러집니다. 감정을 제대로 보니까 뱀운을 만나가지고 이것은 가짜다 아니다 크게 가려지는 분기점이 이 巳 대운이 됩니다. 다루는 물건 중에 직업이나 동작은 비행기, 전기, 전자, 통신 이런 것이 될 것이고 빨리 다니는 물건들이 다 뱀 巳자에 속하죠. 그래서 똑같이 직장생활을 하더라도 항공기 만드는 회사다. 전기, 전자를 날리는 회사인 통신회사입니다.

3. 午

陽이 六陽을 거두고 一陰이 시작합니다. 천지만물은 훤하죠. 정오에 이르면 천지만물이 훤하니 午時에 약속을 하면 지켜야 됩니다. 다 보고 있으니까 午時에 맹세를 하면 약속을 지켜야 됩니다. 그래서 모두가 다 알고 있습니다. 일종의 뱀 巳자가 판별의 별이라면 午는 전체적으로 모양이 다 드러나 있는 것이죠.

그다음에 밖으로 陽氣가 드러나 있어 밖으로 陽氣가 더 강한 놈이죠. 말은 마구간에 가면 말이 뛰어넘을 수 없는 정도의 나무만 걸쳐놓아도 절대로 기어서 나가는 법이 없어요. 자기가 뛰어넘을 수 없는 정도로 울타리를 쳐 놓으면 밑으로 기어서 나가지 않습니다.

말 그대로 만인이 다 알고, 약속을 지킨다 함은 대체로 그 활동 요소가 공공성이고 계절적으로 午月이 되면 동작이 늦어지고 둔화가 되죠. 오뉴월 염천의 기운과 같아서 천지만물이 느려지고 활동성이 둔화의 인자로도 봅니다. 기본적으로는 활동성이 많은 영역이죠. 그 속에서 대체로 지루함으로 연결되는 것이죠.

그래서 말이 드러나 있다는 것은 자타공인도 됩니다. 뱀 巳자가 원래 가장 세계 공인이에요. 말은 자타공인으로 조명을 많이 받는다고 하는 것은 카메라 언론, 방송과 인연이 있습니다.

4. 未

글자 그대로는 아닐 未자입니다. '아니다' 함은 무엇인가 채워지지 않는 모양, 덜 채워졌다는 말이죠. 유월 염천에 아직은 맛이 들지 않아 미숙, 익혀지지 않았습니다. 일종의 미숙, 맛이 들지 않았다는 말이죠. 미숙이라는 뜻입니다.

두 번째 아닐 未자라고 하는 것은 陽氣가 네 개, 陰氣가 두 개로서 이제 陽氣가 점점 쇠퇴하고 있는 것이죠. 기본적으로 다른 地支에 비해서는 동작이 빠른데 동작이 둔화됩니다. 그다음에 未는 수정한다, 고친다는 뜻이에요. 그래서 토끼하고 양하고 무리 짓죠. 토끼와 양은 돌아다니면서 풀을 뜯는데 돌아다니는 동작 속에 일이 이루어진다는 뜻은 '수정한다' 입니다. 고친다는 뜻과 통한다는 것이죠.

그다음에 더 이상 성장하지 않는다는 것에서 반복성이라는 것을 알 수 있고 밖으로 더 이상 펼쳐지지 않는다는 것은 안으로 지켜야 할 동작이 반복된다는 것이죠.

그래서 오월 염천이 지루해요. 陽氣가 펼쳐졌다가 陰氣의 영역으로 들어오지도 않고 그대로 머물러 있는 상태가 지속되는 것이죠. 대체로 반복성이며 그다음에 몰락, 쇠몰의 흔적이 있습니다.

천지만물이 甲에서 열리죠? 甲木이 숨어 버렸다 함은, '둔갑(遁甲)'이라고 하잖아요. 遁甲이라고 하는 것은 지상에 庚이 출현하여 甲木이 숨어 버렸으니 遁甲이라고 하는데 甲木이 未에 숨었다는 것이죠. 그래서 쇠몰 흔적이라는 것이 이 양 未자에 있다는 것이죠.

그다음에 음력 6월에 논과 밭과 들에 나가보면 먹을 것이 있죠.

맛이 들어 먹을 만합니까? '아쉬운 대로'라는 것이죠.

그래서 소 丑자의 동작이 대체로 동작이 갇혀있어 펼쳐내지 못하는 것이라면 양 未자라고 하는 것은 陰氣의 상태로 빨리 들어가지 못하여 어정쩡한 상태라는 것이죠.

그래서 '아쉬운 대로'라는 것이죠. 그래서 팔자 안에 양 未자가 있다면 그 집에 크다 만 놈, 살다가 말은 놈 전부 다 걸려요. 무당 점보는 것이 아닙니다.

5. 申

원숭이에 이르러서 3陰 3陽, 陰氣가 세 개 진도나갔죠? 천지만물에 열매와 결실이 맺히기 시작합니다. 이것은 분명히 새로운 파워가 생긴 것이죠.

뱀도 신통력이겠죠? 원숭이도 신통력이 있습니다. 그다음에 열매와 결실이죠. 그래서 열매와 결실이 지상에 펼쳐진 것은 인간활동의 영역에서는 금융, 금전입니다.

거지도 가을 거지가 좋고 놈팽이도 가을 놈팽이가 먹을 것 걱정이 없습니다. 그래서 금전 인연입니다. 그다음에 세 번째 생긴 모양이 절구처럼 생겼습니다. 도끼처럼도 생겨 절구, 도끼입니다. 절구, 도끼는 세상을 바꾸는 문명의 이기입니다.

그다음에 권력성입니다. 팔자에 원숭이 申이 있는 사람은 문명의 이기를 다루는데 권력성 조직사회와 인연하여 봅니다.

실제 사물을 다루는 것은 사람을 살릴 수 있고 죽일 수도 있는 문명의 이기인 자동차, 항공, 조선, 기타 등등입니다.

그다음에 五行的으로 금속에 속합니다. 단단하게 굳어져서 식품입니다. 원숭이 申자가 굉장히 좋아요.
네 번째 申子辰의 출발입니다. 申子辰은 운동을 만드는 행위에 속하면서 그것이 시작된다면 애정의 왜곡, 비밀사이죠. 여인이 팔자 안에 원숭이 申, 쥐 子자가 있으면 전부 애정의 왜곡이 옵니다. 아니라고 우기면 때려 버리세요.

辰은 왜 떼 줬나요? 사실 水 운동을 펼치고 가두는 작용을 하기는 하는데 왜 떼 줬느냐 하면 辰이라고 하는 자체는 陽 권역으로 넘어와 버린 것이죠.
申하고 子가 陰권역을 열어줘서 水운동을 활발하게 쓰고 辰은 그것을 감춘 것이죠. 부끄러운 것을 감추었고, 그것을 감추려고 애쓴 것입니다.
그래서 申子라고 하는 것이 애정, 다산, 비밀 인자로서 보라는 것이죠. 원숭이 申자가 있으면 좋겠죠. 애정의 왜곡이 오더라도 한 놈보다는 두 놈이 낫죠.

제16강과 : 地支에 의한 직업론 (3)

1. 酉

닭은 토끼의 반대편입니다. 토끼가 4陽之處, 닭이 4陰之處 陰氣가 이제는 더 펼쳐지지 못하고 땅으로 떨어지기 시작합니다.

그래서 추상의 기운, 가을 서리의 기운과 같아서 천지만물이 펼쳐지지 못하고 떨어져서 내려오는 것이죠. 천지만물이 떨어지는 것 중에서 가치있는 상태에 있는 것이 무겁죠. 무겁다는 것은 가치있는 것이란 뜻이에요.

똑같은 공간에 잎도 안 벌어지고 모여 있는 것, 돈과 금덩어리는 값어치가 있으니까 책상 밑에 숨깁니다. 가치 있는 것은 밑으로 내려가는 동작이 되겠죠.

實이라고 하는 것, 실질적인 것이라고 하는 것은 그것이 濁이 되어 밑으로 가리어지니 돈이라고 하는 것은 가장 작은 공간 안에다 그 가치를 넣어 두는 것이죠. 가치 있는 것을 숨기는 것입니다.

名은 밖으로 드러나서 멀리 펼쳐질수록 좋죠? 그러니까 名은 위로 들려야 좋고 實은 밑으로 떨어져야 좋죠.

이것이 보석, 공증품입니다. 추상은 쫙 끊어내는 힘이죠. 추상살초(秋霜殺草), 가을 서리에 잎이 집니다. 끊어내는 힘은 커팅이 좋아야 되고 공증품은 눈금이 정확해야 되죠.

그래서 닭 酉자가 출현한 사람은 눈금이 정확해야 되는 비즈니스나 환경에 살아가야 되겠고 돈 계산은 정확해야 되죠. 이런 것에 관련된 것들입니다. 보석, 금융, 공증품 그다음에 눈금 정확, 심판, 저울처럼 정확해야 되는 것은 심판입니다.

그다음에 떨어져 버린 것이 있다는 것은 일종의 살상으로 봅니다. 낙엽, 잎은 다 따도 감은 매달려 있으니 실속입니다. 닭 酉자 있는 사람은 언제든지 부자가 될 수 있는 인자가 있는 것으로 보세요. 그다음에 닭 酉자 옆에 삼 水를 붙이니까 술(酒)이 되죠.

술이 된다 함은 사람을 '뿅' 보낼 수 있는 약물로도 보고 닭은 쪼죠. '빵구 낸다'는 거죠. 실제로 몸에 구멍 나는 天空 질환들은 이 닭 酉자에서 시작된다고 봐요.

여러 가지로 머릿속에 염두에 두시는 것이 좋습니다. 그러니까 닭 酉자라고 하는 것이 팔자내에 하나만 있어도 부자가 될 수 있는 인자나 힘을 가지고 있다고 무조건 보고 해석에 들어가라는 것입니다.

보석 옆집에 있다는 것은, 보석과 가까운 동네에 있다는 것은 자기가 재물을 빨리 취할 수 있는 기회나 인자가 드러나 있다고 보세요. 대신에 보석을 훔치면 한 번씩 얻어맞는 일도 생기죠. 그래서 닭 酉자라는 것이 그런 동작이 숨어 있는 인자로 보라는 겁니다.

2. 戌

개 戌자라는 글자의 동작은 戌시가 되면 전부 어떻게 됩니까? 동작을 멈춥니다. 동작 둔화가 들어오죠. 그다음에 입었던 옷을 해체하죠. 7~9시 사이 수면에 들기 전에 모든 것을 정리하고 해체하는 동작이니까 옷을 입히는 것이 아니라 벗는다는 것이죠. 개는 웅크리고 지킨다는 뜻이죠.

그다음에 불기운을 가두죠. 지키는 동작 속에 들어가는 것이, 원래 불이라는 것의 성질이 밖으로 펼쳐지는 것이죠. 그놈을 붙들고 있다는 것은 생활의 이중성, 누구든지 개 戌자 운을 만나면 생활자체가 일종의 이중성이 발생한다는 것입니다.

그래서 이 동네 가면 이 말 해주면서 살아야 되고 저 동네 가면 저 말 하면서 살아야 되는 식으로 이중성 인자로서 살아야 된다는 것이죠. 이것을 자기가 안고 살아야 된다 하는 동작으로 들어가야 된다는 것이죠.

여담으로서 상담을 해 줄 때 항상 이런 인자들을 '이중적이다' 라고 하는 동작을 테스트 해 보세요. 그때가 되면 밤낮으로 하는 일이 달라지든지 주경야독을 하게 되든지 이런 식으로 자꾸 이중성이 발생한다는 것이죠.

그다음에 개 戌자는 활동이 멈추어 버린 동작이죠. 활동을 멈추어 버림으로써 활동이 멈춘다는 것은 일종의 쇠퇴의 흔적입니다.

그다음에 불을 가지고 있었다는 것은 한때 번영했던 인자나 힘이 있다고 보는 것이죠. '한때 번영 했다'는 것은 잘 나갔던 흔적, 쇠퇴의 흔적이 있다 함으로서 활동이 둔화되며 오는 것입니다.

그다음에 용이 물고 있는 것은 여의주인데 개는 개뼈다귀를 물고 있습니다. 개뼈다귀라는 것이, 가치 있는 것을 뭔가 지키고 있습니다. 그래서 개도 신통력 동물에 들어가고 팔자 안에 개가 있다는 것은 신통력 가진 놈과 친하다, 권력성이다, 그다음에 능력을 가진 형태입니다. 유능의 인자로서 활동력을 가질 수 있습니다. 권력성도 되서 대문 앞에 '개조심'이라고 써 놓습니다.

팔자 안에 개 술자 하나만 있어도 뭔가 유능의 힘을 가지고 있구나! 이렇게 이해를 하면 됩니다.

3. 亥

돼지 亥자는 말 그대로 陽氣가 다 가려지고 陰氣가 6陰之處에 있어 陰氣가 다 쌓여져 있는 것입니다.

陰氣에 쌓여져 있다는 것은 '검다'죠. 그러니까 남들 눈에 잘 안 띄죠. 잘 띄지 않는 곳에 있는 것이란 대체로 먹을 것, 가치 있는 것입니다. 그런데 어두운 곳에 두고 있으니까 뒤죽박죽입니다.

그다음에 이것저것 다 먹으니 그래서 '꿀꿀이 죽'입니다. 짬뽕, 잡탕인 것이죠. 뒤죽박죽 섞여 있다는 동작입니다. 그래도 먹을 것은 많아 머리면 머리, 족발 등 먹을 것 투성이죠.

초겨울쯤 되면 농사를 지어서 창고에 다 못 재니 벽장에도 두고 마루 밑에도 두고 하죠. 시골집 살아 보신 분들은 알죠? 이것저것 섞여 있고 먹을 것 많고, 자다가 고구마 까먹고 하는 식으로 여러 가지 영양가 있는 것들이 가득 모여 있다는 뜻이에요.

그런데 이것이 앞으로 어디에 쓰일지는 정해지지 않습니다. 고구마가 있는데 씨 고구마도 있을 것이고 우리 양식용으로 쓰일 것도 있을 것이어서 미정이라는 뜻이 동반하는 것입니다.

亥 대운에 이르면 무엇인가 이것저것 돌아가고, 재산도 이곳저곳 흩어져 있고 보험도 들어 있고 곗돈도 탈것 있고 이렇게 뒤죽박죽 섞여 있는데 부귀빈천의 정도가 미정이라는 것이죠. 부귀빈천의 정도가 정해지지 않는 것입니다.

대운을 볼 때 돼지, 토끼, 양 이라는 것 자체가 亥卯未가 가지는 운동이 木운동이죠. 그래서 木 운동이라고 하는 것은 자꾸 옛터를 정착하지 않고 헤쳐 버린다는 뜻이죠. 헤쳐 버리는 운동을 하는 것이 이 木운동이기 때문에 부귀빈천의 정도가 명확하지 않다는 것이에요.

이것을 財星으로 쓰든, 官星으로 쓰든, 印星으로 쓰든 아무 상관이 없다는 겁니다.

인간은 누구나 亥卯未 운에 들어가면 이것인지 저것인지, 내가 잘살고 있는 것인지, 내가 돈은 벌고 있는데 모이는 것인지, 아닌지 이것이 구별되지 않는다고 하는 것이죠.

이렇게 地支 자체에 팔자에 있는 것을 가지고 여러 가지 동작으로서, 정황으로서 형태로서 이렇게 머릿속에 전제를 해 두고 팔자분석을 해 들어가야 됩니다. 地支에 드러난 글자를 가지고 이놈이 영양가 있겠군, 영양가 없겠군, 권력성이 있군, 이것부터 해부해 나가야 된다는 거예요.

예를 들어서 팔자에 戌, 申, 寅이 있고 時는 모르겠다고 합시다.

時	日	月	年	命
	寅	申	戌	

이 팔자는 이 地支 구성을 하는 순간에 이놈은 센놈이다. 바로 나오잖아요. 이놈은 빌어먹어도 아주 고급으로 빌어먹을 놈이구나!
우리가 格用에 의해서 格이 반듯하고 못하고 이런 것까지 가리는 사이에서도 높낮이가 발생을 하지만 촌에서 자기가 아무리 땅많이 가져봐야 강남에서 땅 넓게 가진 사람을 비교하면 소위 말해서 '쨉'이 안 되는 것이잖아요?
사기꾼도 몇천억씩 사기 처먹는 놈이 있습니다. 格用이라는 것은 이것을 정확하게 봤을 때 '이놈이 사기꾼이다!' 라는 것을 알 수 있죠. 현실은 이놈이 얼마를 들고 사기를 치는지는 알 수 없다는 거에요.
사기꾼 옆집쯤에 있는데 장사라고 하는 것이 유통업이잖아요. 상(商)이라고 하는 자체가 잘하면 장사로 성공하는 것이 되는 것이고 잘못하면 사기꾼이 되는 것이에요.
그러니까 사기꾼하고 옆집으로 왔다 갔다 하는 것인데 도대체 이놈이 뭐를 파는 장사인지 모르겠고 분명히 장사는 장사인데 큰 아파트를 지어 파는 사람과 군밤을 구워 팔아 열심히 사는 사람이에요. 그런데 "사장님! 장사 하시지요?", "네! 장사 합니다.", "맞췄지요?" 이러는 겁니다.
그러면 고객들이 스스로들 알아서 해석해 가는 것이에요. 아파트 장사 하는 사람은 수천억이 머릿속에서 '아! 운 좋으면 조 단위

공사다, 운 없으면 천억 짜리 공사다' 왔다 갔다 하는 것이고, 군밤 장사는 오늘은 '25만원 팔고 다음해는 얼마 팔고' 이런 식이 된다는 것이에요.

그러니까 地支인자에서 결국은 근본적으로 단위나 환경 이런 것을 크게 왜곡한다는 것이죠. 그것부터 먼저 보고 이 양반은 빌어먹어도 어디에서 빌어먹는가를 알아야지요.

그러니까 개로 태어나도 '아메리카'에 태어나야 됩니다. '아메리카' 개하고, 똑같은 개격(犬格)인데 '쫑쫑' 하면 뛰어가야 되는 처지인데 '아메리카'에 태어난 개하고 '코리아'의 촌 동네 촌집 개하고 똑같은 개끼리 犬格인데 그 삶이 같을 수 있습니까.

무엇이 이것을 이렇게 다르게 했습니까? 바로 자기가 태어난 땅이고 환경이라는 겁니다. 땅이나 환경의 모양이 내용을 규정한다는 것이에요.

일주를 가지고 공부하는 것이 가장 어리석은 짓입니다. 똑같은 甲을 보면 '甲木' '陽木' '뻣뻣하다'. 우리가 알고 있는 기질적인 말, 이 甲木이라고 하는 것이 그 사람의 신분이나 환경을 결정하는 인자가 아니라는 것이에요.

아무리 시골에서 농사짓다가 멍청하게 살다가 와도 군대에 가서 작대기 4개 달면 어떻게 돼요? 의젓하게 50명, 100명 다 끌고 다니잖아요. 그런데 아무리 똑똑한 친구도 군대 보내가지고 작대기 하나 그어 놓으면 생각하는 것도 이등병이고 하는 것도 이등병이고, 건빵 먹는 것까지 이등병이지요.

다시 말해 환경과 조건이 내용이나 조건을 규정한다는 것이에요. 그래서 이런 개념에서 地支를 봐 나가야된다는 것이죠.

일주를 중심으로 '月에 무엇이 있으니 어떻다' 하는 식이 되는 것이죠. 특히 月이라고 하는 것이 근접하여 항상 오랫동안 영향을 줄 수 있는 환경, 동작, 인자 이런 것이 되는 것이죠.

①

時	日	月	年	命
	甲			
		酉		

②

時	日	月	年	命
	辛			
		巳		

③

時	日	月	年	命
	戊			
		卯		

그러면 ①-甲木이 酉 正官을 쓰는 사람하고 ②-辛金이 巳 正官을 쓰는 사람하고 그다음에 ③-戊가 卯 正官을 쓰는 사람하고 이게 급수가 같습니까? 이것이 똑같은 正官 格이라고 해서 똑같이 처리하면 애꿎가 된다는 것이죠.

이 중에 제일 독종은 어느 놈이에요? 그러니까 2번 명조가 제일 급수 높은 사람이라는 것을 알 수 있잖아요. 뱀을 올라타서 모자에 뱀 마크가 그려져 있는 것이에요. 그래서 모자 뒤에 '물면 죽음!' 써 놨어요. 그래서 권력성 正官입니다.

그러면 토끼는 공격성이 약해 똑같이 깃발은 올려놓았는데 깃발 자체가 사람을 물어 죽이는 조직은 아닙니다. 그런데 세상의 힘은 그냥 폼만 나는 곳으로 가지 않고 권력성으로 갑니다.

공직을 구분하는 것이 중요한 것이 아니고 이 사람이 공직이라도 권력성 인자를 가지고 있는 곳에 있는 것인지를 봐야지요.

1번 명조는 권력성 인자는 아니지만 영양가가 많은 곳이고 잘못 다루면 죽는 곳이구나, "아! ②번 명조는 금융쯤 되겠구나!" 하는 것을 알 수 있겠죠.

학생 질문 – 12運星으로 볼 때는 正官에서 死地가 되더라도 뱀의 특성은 그대로 쓰는 것이네요?

선생님 답변 – 그렇죠. 내가 누워 있는 옆에 巳의 모양이잖아요. 巳의 모양이라도 '뱀을 취하였으니' 라는 뜻이잖아요.

그러니까 타이타닉을 탄 놈은 타이타닉의 손님이 되는 것이고 나룻배 탄 사람은 나룻배 손님이 되는 것이에요.

강나루에 띄우면 나룻배가 되고 태평양에 띄우면 태평양 배가 됩니다. "♬어젯밤에 놀다가 두고 온 나뭇잎 배는…♬" 나뭇잎 배라 이거죠. "♬엄마 곁에 누워도 생각이 난다.♬" 이것도 배니까 맞추었다 이거예요. 대부분의 사람들이 봐 주는 방식이 나뭇잎 배도 "당신은 배입니다. 배로 살아야 됩니다" 이렇게 해석을 한다는 것이죠.

이런 것은 그 사람들에게 실질적 분석의 도움이 안돼요. 자기들 피부로 안 와 닿는 이유가 되는 것이에요. 자기 현실은 이미 저 태평양 바다에 만금을 캐러 다니는 그런 큰 배를 가지고 있는데 그냥 '배' 이렇게 해 놓고 배의 속성만 그대로 이야기만 한다는 거예요.

그렇게 팔자 분석을 하는 것이 결국 格에 의한 왜곡입니다.

格을 보지 말라는 것이 아니라 어스름하게 그 구성이나 형태를 분석하는 수단은 되는데 실질적인 내용은 바로 이런 地支인자가 어떻게 채워져 있는지 하는 것을 잘 봐야 됩니다.

옛날에 청와대 청소부 사건 알죠? 보통 억대씩 받아 먹었죠. 그러니까 청소를 하더라도 청와대 청소를 해야 된다는 거죠.

그 사람이 놓여 있는 기본적인 환경과 형식이 어디에 있느냐를 보는 수단이 바로 地支를 가지고 잘 연구하는 것입니다. 내가 일반적으로 많이 쓰일 수 있는 논리들을 해 주죠. 뒤에 刑, 冲, 破, 害 이런 것은 뒤에 다루어 보도록 합시다.

팔자에 寅, 申, 巳, 戌이 출현을 하면 삼촌이 본부장이든 형님이 본부장이든 어찌되었던 권력이나 힘이 있는 존재와 근접한 삶을 누리고 있다는 것이죠. 월에 있는 것이 오랫동안 영향을 주겠죠. 신통력 동물을 먼저 구별해 두어야 합니다.

두 번째로 봐야 될 것이 羅網이에요. 天羅地網에 걸려 있는가? 신통력 동물도 맥을 못 추게 되는 것이 뱀 巳가 있는데 辰 출현하면 뱀이 독을 못 뿜는 거에요.

그다음에 개가 있는데 돼지가 사이에 끼이면 신통력이 무력화됩니다. 그래서 이 辰, 巳나 戌, 亥가 팔자 내에 이미 드러나 버리면 이 팔자에 직업적인 특색을 옛날 책에는 '남의 집 머슴살이를 하거나 活人救命을 하는, 즉 사람의 목숨을 살리고 구명을 하는 교육, 의약, 종교, 철학 등에 인연을 하여 자기사업을 삼음으로써 성공의 수단으로 삼았다.' 라고 나오죠. 그래서 현대사회로 치면 별로 변화가 많지 않는 활동분야가 되죠. 그러니까 권력성이 天羅地網의 형성으로서 확 죽어 버립니다.

그다음에 陽貴, 陰貴의 출현이에요. 陽貴, 陰貴는 天乙貴人에서 甲이 丑하고 未에 있죠. 乙은 申子죠. 丙은 酉亥, 丁은 똑 같고, 壬, 癸는 巳와 卯 그다음에 辛은 寅, 午가 되죠.

이렇게 陽貴, 陰貴가 모두 드러나 버리면 이것이 하늘에 陽이 있고 땅에 陰이 있어야 역동성이 생기죠. 그런데 땅에 陰貴, 陽貴가 다 드러났다는 것은 땅에서 스스로 陰陽의 뜻을 채워 버려서 일종의 왕족별로 봅니다. 왕족은 부지런히 일하지 않지요.

물어보면 세상사 모르는 것이 없습니다. 다 아는 것 같은데 돈 받을 것 받아 오라고 하면 왕족이니까 못 받아 와요.

그런 식으로 무엇인가 陰陽의 뜻이 다 채워짐으로써 사회적인 활동성이나 운동성을 가지지 못한다고 하는 것이죠. 결국은 陰陽이 채워지는 바람에 모든 것이 늦어지는 것이 바로 이 陰貴, 陽貴의 출현입니다.

時	日	月	年	坤命
甲	己	辛	乙	
戌	未	巳	卯	

오늘 서울에서 왔던 분 같은 경우 상기의 명조입니다.

결혼 운이 언제 열렸느냐 하면 99~2000년 그리고 작년 癸未년에 벼락 결혼 운이거든요. 작년에 왜 벼락 결혼 운입니까?

卯가 未를 따르죠? 未를 따르는데 未가 羊刃이 올라붙었죠? 칼날의 쾌속성이란 말이에요. 그래서 작년에 벼락 결혼운을 무조건 넘기는 것이 좋다고 하니까 "했는데요." 대답하는 거예요. "그럼 안녕!"이 됩니다. 4개월 만인가 5개월 만에 이혼했습니다.

그건 그렇고, 팔자에 토끼가 뱀 달에 태어났죠. 토끼가 뱀 달에 태어나서 陽貴, 陰貴의 출현이[17) 채워져 버려서 이런 팔자는 결국 왕족 의식을 가지고 살아갑니다. 밥을 먹으면 좋은 것 먹어야 되고 옷을 사면 때깔 나야 되며 뭐든지 가장 좋은 것 아니면 '깽판' 칩니다.

그다음에 내가 공부를 조금 더 하기 위해 돈을 쓰는 것은 무엇을 하기 위함입니까? 이 나라에 내가 훌륭한 일을 하기 위한 과정이므로 부모님이 나를 위하여 회비를 대어 주는 것은 당연한 것입니다.

그런데 실제로 왕족들은 부지런히 안 움직이므로 실제로 그런 능력을 가지고도 활동력을 잘 발휘하지 못하는 경우가 많아요.

왕족이니까 "큰 전쟁을 할 때나 나를 쓰시옵소서! 그러나 이런 잔잔한 일에 나를 집어넣지 마소서!"가 되죠.

돈을 떼먹어도 받으러 안 와요. 왜냐하면 왕족의 돈은 이미 세금으로 걷어간 것이니까 왕족 의식이라는 별이 가세함으로써 이런 식이 된다는 것이죠.

팔자에 뱀이 있잖아요. 신통력 인자가 출현했는데 토끼가 끼여서 무력화되었습니다. 신통력을 무력화하게 되는 인자들은 天羅地網, 陽貴, 陰貴 이런 것으로 봐서 신통력이 있어도 이것은 무조건 삭감입니다.

---

17) - 壬. 癸일주를 중심으로 卯와 巳가 갖추어지면 天乙貴人이 陰貴, 陽貴가 다 채워진 것으로 보는데 박청화 선생 이론에는 天干을 무시하고 卯와 巳만 갖추어도 陰貴, 陽貴를 다 갖춘 것으로 본다.

그다음에 亥, 子, 丑이라고 하는 계절적인 개념이 있습니다. 寅, 卯, 辰 / 巳, 午, 未 / 申, 酉, 戌이라고 하는 계절적인 方合은 전생으로부터 던져진 정서란 말이에요.

팔자에 地支내에 개수를 살려 보는 것이 무엇입니까? 팔자에 寅, 卯, 丑, 巳 이렇게 던져져 있다면 무엇이 제일 많아요? 寅, 卯라고 하는 木 운동이 가장 충실하게 있죠. 그러니까 方合이라고 하는 것은 그 사람이 죽는 날까지 바뀌지 않는, 바꿀 수 없는 기본적인 정서가 된다는 것이에요.

그래서 무엇이 일단 강화 되어있으므로 일을 벌이기를 좋아합니까? 오므리기를 좋아합니까? 아니면 자기가 金날 태어났다면 오므리기를 좋아하는데 벌리는 동네에 가서 사는 겁니다.

벌리는데 가서 논다는 것은 까마귀 노는 곳에 백로가 가니까 결국 까마귀처럼 살더라는 거예요. 그러니까 웬만한 놈 나이트클럽 집어넣으면 원래 춤추는 동작이 많지 않은 놈도 뒤에는 슬그머니 나가서 "블루스 한 판 출까요?" 합니다. 블루스 춰가지고 뒤에는 광란의 밤으로 가니까…

팔자에 강화되어 있는 인자가 결국 그 사람에게 오랫동안 지배하는 동작이나 환경이라는 겁니다 이 부분 연습 많이 했습니다. 내가 하도 많이 강조해서 일주를 먼저 보는 습관을 잊어버렸죠?

그다음에 다섯 번째 다음부터 이렇게 분석해 두고 나서 刑, 冲, 破, 害, 空亡이라고 하는 각종 神殺이 怨嗔까지 들어간다는 겁니다.

팔자 내에 쥐 子자와 양 未자가 출현을 했다고 칩시다. 이 사람이 팔자에는 무기가 출현했어요? 안 했어요? 신통력이 출현했어요? 안 했어요? 출현 안 했습니다.

그래서 피를 보거나 사람을 구속하거나 강압하는 동작이 있을 것인가, 없을 것인가? 그런 동작이 있는 분야가 아닙니다.

그런데 뭔가 怨嗔이라는 별이 들어와 있습니다. 怨嗔이라는 것이 원천적으로 조화를 얻을 수 없어서 한탄하고 원망하는 것이죠. 그래서 뭔가 꼴, 모양새를 바꾸고자 하는 동작이 들어가는데 冲처럼 잡아 패지 않죠.

그다음에 권력성 인자처럼 힘을 많이 안 주고 뭔가 사회활동을 구한다면 사람을 계도하고 계몽하는 운동이 분명한데 칼도 없고 채찍도 없으며 잡아 패는 冲도 없습니다. 그러면 교육이라는 것을 알겠죠.

그러니까 이 두 글자만 가지고도 이 사람이 하고 있는 동작은 바로 '교육이다'는 답을 낼 수 있어야 됩니다. 己未 일주도 그렇고 乙未 일주도 그렇고 일주에 상관이 없습니다. 丁未는 羊刃이 올라섰으니까 약간 양상이 달라지지만 怨嗔이 들어가 있어서 쥐 子자가 자기 모양을 다 못 쓰고 그다음에 양 未자가 자기 모양을 다 못 지킨다는 거에요.

그런데 분명히 怨嗔의 동작이나 행위가 있을 것입니다. 怨嗔은 정확하게 말 해서 못마땅한 눈초리로 흘겨보는 것입니다.

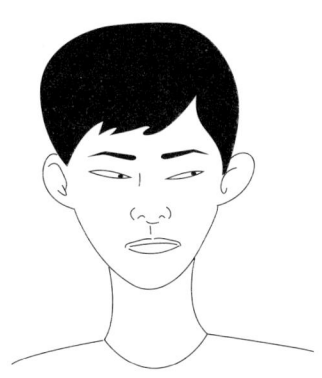

선생님들이 이렇게 하죠. 이것이 눈을 흘겨보는 동작이거든요. 그런 동작이 있는 직업이 선생이라는 것입니다.

이것을 들은 사람중에 도(道) 터진 사람은 "나는 다 알았다" 하면서 다음 시간에 안 들어옵니다.

제17강좌 : 地支에 의한 직업론(4)

팔자 地支 구성을 하고 있는 글자가 巳, 寅, 巳이면 이것은 볼 것도 없습니다. 時까지 볼 것도 없다니까요. 天干은 없고 時도 모르는데 巳, 寅, 巳에서 여러분이 직접 이 팔자를 해석해 보세요. 地支 구성은 巳, 寅, 巳로 구성되어 있다. 이 사람의 직업과 삶의 양상을 논하고 봐 보세요. 팔자도 아니고 글자 석자를 가지고 해석하느냐는 것이에요.

이것을 財星으로 쓰든, 食傷으로 쓰든 印星으로 쓰든 상관없이 팔자에 두드러져 있는 것은 신통력 물건 출현입니다. 그러면 뭔가 권력이나 압력이 실상 세계를 바꿀 수 있는 행위 동작에 들어가는데 무엇으로 발생되어 있어요?

刑이죠. 형벌권이죠. 그다음에 인체에 형벌을 가하거나 자르고 붙이는 동작은 수술, 그다음에 실질적인 사물, 이것들은 전부 다 독성이 있든지 유용한 것들인데 이 유용한 것들을 자르고 붙인다 함은 제조입니다. 제조로서 이 사람의 직업은 제한이 되는데 이렇게 天干을 지워 놓고 天干을 보는 순간에 "이 사람은 판사네! 검사네! 의사네!" 이렇게 이 훈련을 많이 하라는 것이에요. 그런데 중복하여 있으니 그 부모도 법무, 의료, 제조라는 것을 알겠죠.

중복하여 형벌이 있으면, 형벌의 인자가 되는데 이것과 비슷한 논리가 四柱捷徑에 나옵니다. 그렇잖아요?

'三刑殺을 띄웠으니 그 자신이 의업이나 경찰관 아니하면 그 부모가 경찰관, 의약업하여 보네'

이게 무슨 논리입니까? 여기에 나와 있는 地支와 地支끼리의 관계에서 오는 神殺 논리입니다. 神殺에 부모나 본인이 걸려들어 간다는 것이죠.

刑, 冲, 破, 害, 空亡이라고 하는 인자를, 물론 空亡은 天干을 봐야 되지만, 地支를 보는 순간에 '앗차!' 하면서 天干을 보면 '앗싸!' 하면서 바로 답이 나와야 되는 것이에요.

時	日	月	年	命
	未	午	子	

子, 午, 未 이런 것이 왔습니다. 여러분들이 이런 모양을 봤을 때는 冲 보이고 合 보이고 하는 것은 알겠고 여기까지는 봐 놨는데 그다음부터는 말문이 안 나오는 것이죠. '冲 있고요 合 있는데 이것을 가지고 어떻게 직업을 압니까?'

신통력 물건이 있어요? 없어요? 없죠. 그런데 午라고 하는 것이 子하고 冲을 맞아 있는 모양이죠. 冲은 驛馬로도 쓰고 冲 자체의 동작으로도 쓰죠. 子午相冲이라고 하는 것은 기운적으로 천지만물이 확 펼쳐졌다가 다시 오므라들고 하는 동작이거나 아니면 멀리 가고 오고하는 驛馬로 쓰게 되죠?

그런데 말 午자라고 하는 것은 만인이 공증하는 물건이라, 만인이 공증하여 모두가 믿고 따라야 되는 공공의 조직에 또는 공공성을 가진 물건을 '冲 맞은 형태로'라는 뜻이 되는 것이죠. 冲 맞은 형태로 수행을 한다는 것은 외교라는 말이죠.

그다음에 무역입니다. 물건을 다룬다면 무역이고 그다음에 食傷으로 쓴다면 冲 맞은 것이니까 가공, 그다음에 볼을 차고 받고 하는 스포츠입니다. 그다음에 연예, 연기라든지 방송 이런 것이 있죠? 그다음에 교육인데 한 자리 앉아서 하는 교육이다? 돌아다니면서 하는 교육이다? 그러니까 학원사업입니다. 이렇게 地支에 모양을 그대로 무리지어 놓고 그 사람이 올 수 있는 직업의 한계와 환경을 따져 보라는 거죠.

이게 다 정답이라는 뜻이 아니에요. 이런 논리로 접근하라는 말이죠.

내가 수업 중에 몇 번, 몇 가지를 가르쳐 준 것 있잖아요? 팔자 내에 辰, 戌 이런 글자가 드러나 있습니다. 辰, 戌이 뭐예요? '입고 벗고' 입니다. 戌은 단단하게 옷을 입고 있는 것이고 辰은 확실하게 벗기는 것이죠.

옷을 입히고 벗기고, 끼우고 빼고, 심고 뽑고 하는 것입니다. 심고 뽑고, 입고 벗고, 끼고 빼고의 동작이 가해지는 분야의 조직, 일 그러면 이것을 食傷으로 쓰든지 財星으로서 활동무대로 쓴다면 침을 심고 뽑고, 이빨을 심고 뽑고, 입히고 벗기고 해서 의료, 그다음에 건물을 심고 뽑고 건축입니다. 그다음에 옷을 입히고 벗기는 것은 장식, 인테리어입니다.

이것을 印星으로 써서 시설 임대사업을 한다면 사람들의 옷을 입고 벗는 목욕탕, 숙박업, 스포츠센타 전부 다 옷을 입고 벗고 하는 동작이 들어가는 것입니다.

그런 동작이 들어가는 분야의 일로 삼는데, 이렇게 해 놓고 이 두 글자를 가지고 한참 고민을 하는 것이에요. 고민하다가 일주를 보라는 거에요. 그러면 2초안에 답이 다 나옵니다.

2초안에 답을 못 내면 그때부터는 계속 보면 볼수록 더 헷갈려요. '알송달쏭' 무엇인 것 같은데, 아닌 것 같은데 이런 식이 된다는 것이죠.

그 사람의 삶의 양상이나 패턴을 분석하는데 있어서 유능한 포수는 똥만 봐도 사자가 다니는 길인지 사슴이 다니는 길인지 알 수 있습니다.

그리고 '꼬랑지' 깃털 조금만 봐도 이놈은 쪽제비 아니면 토끼다. 이게 부분이잖아요. 부분이 가지는 특성에서 그 사람의 직업을 바로 크게 제한해 놓고 그다음부터 일주를 드러내어서 그 사람이 가지는 팔자 특성을 분석하면 2초 안에 끝납니다.

어떤 명조를 놓고 무조건 天干을 가리란 말입니다. 天干을 가려 놓고 혼자서 훈련을 해 보세요.

답은 내가 아는 사람이라 해 놓고 누구인지 모르지만 이 자료를 가지고 한참을 해 보라 이거죠. 그러면 地支에 그 사람이 이 업을 하는 이유가 있습니다.

時	日	月	年	命
		午	子	

아까 같이 子午相冲이 있을 때 이 양반이 뭔가 장사를 한다면 독성이 없는 것이잖아요. 유통업을 한다면 식품유통이잖아요. 독이 들어가면 안 되잖아요.

그러니까 地支를 가지고 이 사람이 무역이 아니면 유통이 아니면 승강, 오르고 내리고 하는 동작이 있는 일이든 이런 것 속에서 직업이 이루어지는데 독이 없다는 거죠. 독이 없으니 이것은 쉽게 물고 빨아도 되는 것고 애들이 가지고 놀아도 안 다치는 것입니다. 그러면 먹는 것이고 둥근 것으로 휘어졌다 펴졌다 하는 속성을 바로 알 수 있는 것이잖아요.

時	日	月	年	命
		酉	辰	

예를 들어 辰 하고 酉하고 合이 있다고 칩시다. 직업은 뭘까요? 용은 종합이죠? 이것저것 다 모아 놓아서 밖으로 화려하게 꾸며 놓은 물건이고 그다음에 酉는 가치 있는 것이고 그러면 돈을 밖에서 포장해 놓은 것도 될 것이고 그다음에 보석을 밖에서 예쁘게 싸 놓은 모양도 될 것입니다.

아무튼 가치 있는 것을 포장해 놓은 동작이나 행위가 들어가는 것이라는 겁니다. 그러니까 말 그대로 辰이라고 하는 것이 밖으로 붙어 있잖아요.

아까는 冲은 입혔다가 벗겼다가 올랐다가 내렸다가 하는 것이고 辰酉는 안아 주는 것이잖아요.

合은 끌어당기고 견인하는 작용이죠. 그러니까 껴안은 물건입니다. 포장한 물건인데 酉나 辰이 合을 하면 五行的으로 金을 따라가든 水의 속성을 가지는 것이죠. 金의 속성을 가지든 水의 속성을 가지든 본래 속성을 잃어버려서 이 물성이 한 번씩 바뀌므로 화학제품이지요.

여러분 또 메모 하지요? 메모해서 외우라는 것이 아니라 이런 식으로 스스로 생각을 해 보라는 것이에요.

화학 즉 화(化)되었다는 것은 숙성되거나 그 본성이 뭔가 변질되어 버렸다는 것이죠. 그러면 예를 들어 이게 식품이라면 술이나 장류(醬類)이거나 젓갈이거나 발효식품입니다.

그리고 天干을 열어 보니까 이게 바로 食神이라 이것은 발효식품 장사고 술이라는 겁니다. 그런데 생긴 모양으로 食神이면 매일 먹는 술이니까 이것은 소주 장사라는 거죠. 많이 팔리고 매일 먹는 것이죠.

이것이 傷官이라면 막 무늬가 들어간 양주라는 것이죠. 그리고 값이 비싸요. 소주는 食神으로 쓰면 조금 싸게 쓰고, 酉의 성질은 취해 있잖아요. 술병이 요롷게 생겼죠.

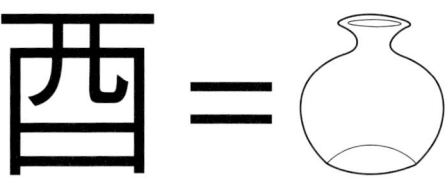

 이게 닭 酉자 아닙니까? 닭 酉자 모양이 가치 있는 것을 담아 놓았다는 말이죠. 그래서 이것을 가지고 이렇게 자꾸 외우려고 하지 말고 논리적으로 자꾸 확장해 보라는 것입니다.

時	日	月	年	命
	未	卯		

 예를 들어서 팔자에 토끼 卯, 양 未자가 있습니다. 토끼 卯, 양 未자가 있다함은 깡충깡충 뛰는 놈하고 그다음에 유월 염천에 더운 기운이 활짝 펼쳐진 동네이니까 토끼가 이쪽저쪽 풀 뜯으면서 다니고 있음이니 그 결과물이 木을 만들어 내고 이곳저곳 다니면서 뭔가 자꾸 세우니 건축입니다.
 그다음에 베어서 자빠진 나무를 세워 올리니 식목(植木)이고 자꾸 자빠진 물건을 세우니까 가구를 만드는 것이죠. 그다음에 어린 놈을 자꾸 무럭무럭 자라도록 키우게 하니 이것이 교육이라는 것이죠.
 이것을 많이 훈련하다 보면 地支를 적는 순간에 바로 '직독직해' 합니다.

영어만 직독직해가 있는 것이 아니에요. 'I am a boy' 할 때 영어 잘하는 분은 바로 직독직해 하죠? "나는 보이 입니다"가 아니고 바로 직독직해를 하죠.

명리도 마찬가지입니다. 연월을 바로 적으면서 떠드는데 간간이 그런 분이 몇 분 계시더라는 것이죠. 역학 한 30년 한 분들 중에 년의 干支 적으면서 한마디하고 월에 간지 적으면서 한마디하고 그 순간에 "선생님" 소리한다는 거예요.

그것이 정말로 몸부림치면서 공부해서 직독직해의 논리를 터득한 것이라는 것이죠. 고급영어로 가려면 직독직해를 해야 되듯 고급명리도 직독직해를 해야 합니다.

전에도 설명했지만 여인이 년월에 원숭이나 쥐를 가지고 왔다면 사주를 적는 순간에 "이것 야! 큰일 났구나!" 애정의 왜곡, "결혼 잘해야 돼!" 그 말 한마디 하면 거기서부터 벌써 반쯤 꺾여 가지고 있다니까요. 날 적기 전부터 날개가 꺾여 있어요. 그다음 날 적으면서 드러난 것을 이야기하면 끝이 나는 것이에요. 이게 훈련이 많이 되어 있으면 바로 한방에 다 끝나요.

그런데 영어공부 해 보신 분들은 아는데 직독직해에 너무 익숙하면 너무 빠르기 때문에 한국말로 옮기려면 어렵습니다.

직독직해는 단어만 알면 뉴스 같은 것은 아주 쉽죠. 직독직해를 했는데 한국말로 옮기기가 힘들잖아요. 명리도 마찬가지로 직독직해에 익숙해지면 차라리 한국말로 옮기기가 힘이 듭니다.

그러니까 토끼 있고 양 봤으니 이 사람은 이것 아니면 이것, 이것, 이것이다 딱 머릿속에 정해져 있는 것이에요.

일주를 보니까 이 사람은 교육이 1번, 이것이 2번이라고 적어주지요. 1번과 어긋나 있는 것도 무조건 적어 주어야 돼요. 자기가 뛰어노는 골목이 결국 거기서 뛰어놀거든요. 그러니까 이것을 印星으로 써도 교육이고 財星으로 써도 교육이고 食傷으로 써도 결국은 교육이란 말이에요.

바닷가에 가니까 바다에 떠다니는 요트도 배고 잠수함도 배잖아요? 물에 띄우는 군함도 배고, 고깃배도 배인데 공통은 이놈들이 다 큰물에서 노는 놈이고 파란 물에서 노는 놈이죠. 이 특성만큼은 바뀌지 않는다는 것이죠. 그래서 이놈은 바닷물에 노는 바다 어류입니다. 바다 어류를 바로 地支의 모양으로서 그대로 규정, 제한하라는 것이죠.

실관을 할 때 잘 보세요. 신통력 출현하는 것들이 어떤 것들이 있는지 바로 보여드릴게요.

여기서 刑, 冲, 破, 害를 가지고 논리를 쭉 더 확장할 수 있으면 그 사람의 직업적인 환경이나 이런 것은 바로 다 드러납니다.

時	日	月	年	命
寅	子	申	寅	

地支 구성이 이렇게 되어 있어요. 팔자가 어떨 것 같습니까? 寅, 申, 子, 寅 이런 글자가 드러나 있는데 일단 신통력이 드러나 있죠. 신통력 출현, 다음에 冲 출현, 冲이 있어야 역동성이 생기죠. 그다음에 申, 子 陰貴, 陽貴의 출현이죠. 귀족출현이죠.

지난번 팔자는 움직이는 별이 없었죠. 冲이나 合에 의해서 역동성을 안 줬죠? 이 팔자는 陰貴, 陽貴의 출현에 역동성을 줬고 이런 팔자들이 좋은 팔자란 말입니다.

그다음에 범 寅을 중심으로 보아서 쥐 子자를 보았으니 이것이 12神殺로 災殺입니다. 災殺이 '꾀돌이' 별입니다.

驛馬殺, 寅申 相冲이라고 하는 것이 세상에 가장 유용한 놈들이 동시에 출현하는 것이에요. 이것과 비슷한 팔자 하나 적어 볼까요?

時	日	月	年
戊	庚	辛	丁
寅	申	亥	巳

命

눈치 빠른 사람은 이 양반이 누구라는 것을 압니다. 巳, 亥, 申, 寅 이렇게 되어 있죠? 이게 좋은 팔자라는 것이 보여요?

누군지 아십니까? 寅, 申, 子, 寅의 이 양반도 뱀 巳자가 하나 더 있었으면 좋았는데 뱀이 없어서 그렇기는 한데 이 분도 어느 시에 시장을 지낸 분이죠. 그래서 한가닥하는 팔자는 전부 저렇게 신통력 동물로 뭉쳐져 있습니다.

時	日	月	年
卯	子	子	亥

坤命

신통력 동물이 다 빠진 팔자 한번 봅시다. 이 경우에는 여자 팔자인데 팔자를 가지고 이 사람의 직업은 무엇일 것이라는 것을 추측해 봅시다.

학생 질문 – 교육, 유아교육인가요?

선생님 답변 – 아! 어린놈이 많으니까, 좋아요. 일단 추측이 좋았고, 변화가 많은 조직일까요, 없는 조직일까요?

여기서 형벌이라고 하는 별은 어디에 있어요? 刑의 역량이라는 것이 빨리 있는 것이에요? 늦게 있는 것이에요? 늦게 있죠.
그다음에 亥도 五行的으로 水에 속하고 子도 水에 속하는데 색깔이 동색일까요 다른 색일까요? 똑같은 水이지만 꼴이나 운동이 다르잖아요. 그러면 이 사람 직업전변의 환경이 있겠어요, 없겠어요?
이것을 예를 들어 財星으로 쓴다고 할 때 正財 쓰다가 偏財를 쓸 수도 있고 偏財 쓰다가 正財 쓸 수도 있고, 官星으로 쓴다면 正官 쓰다가 偏官 쓸 수도 있고 偏官을 쓰다가 正官 쓸 수도 있겠죠?
아! 그러면 이 사람의 직업적인 환경에서 뭔가 속성의 변화 과정이 있겠구나 알 수 있겠죠? 가장 간단한 神殺에 속하는 것이죠.
그다음에 亥를 중심으로 보면 子가 12神殺로 桃花죠. 桃花는 시선을 모아 준다는 말로 桃花가 들어오면 남들이 다 봐 주는, 시선을 집중해 주지요. 그래서 고추 내 놓고 다녀도 되는 어린놈들, 예쁜 놈들이 桃花겠지요.
그래서 어린것을 다루는 것도 될 수 있을 것이고 그다음에 조직으로 쓴다면 변화가 많은 조직인가요, 없는 조직인가요? 직업전변의 과정은 거치더라도 財星인지, 官星으로 쓸지, 食傷으로 쓸지는 모르나 분야가 변화가 있다 하더라도 亥, 子의 동작은 소극적이다? 적극적이다? 고요하다? 화려하다? 고요한데 출퇴근 하고 있는 것은 변화가 적은 직장이다. 그러면 변화가 적은 직장을 가다가 자기가 형벌권을 수행할 수 있는 자리로 가든지, 자식이 형벌에 관련된 직업을 가지든지 할 것이라고 해석하게 됩니다.

실제 이 사람은 일반 공무원이에요. 보통 이런 경우 교직도 많아요. 일주를 볼 필요가 없어요. 교직도 많고, 일반 공직도 많아요.

時	日	月	年	坤命
	丙			
卯	子	子	亥	

일주를 이렇게 적으니까 답이 보입니까?

時	日	月	年	坤命
卯	丑	丑	丑	

자 봅시다. 이 팔자가 가지는 활동성도 동작이 빠를 것이다? 느릴 것이다? 안정적인 것을 좋아한다? 역동적인 것을 좋아한다? 그다음에 神殺에서 丑하고 卯사이에 寅이 하나 숨어 있으니 가

끔 '신통력 부림'이에요.

가끔 트림도 함, 소지만 가끔 물구나무도 선다. 그 정도로 이해하면 됩니다. 卯가 神殺的으로 災殺이죠. 꾀돌이 성향, 두뇌 회전이나 활동성, 역동성이 있는 팔자인데 무엇이 간섭을 합니까?

丑, 丑, 丑이 간섭을 하니 장사나 사업을 구하더라도 안정적일 것이다? 아닐 것이다? 조직생활을 하더라도 연구직일 것이다? 영업직일 것이다? 그러니까 이것이 이렇게 丑에서 卯를 보아서 반대 인자가 오면 어떻게 되었든 변색이나 조건 이런 뜻이거든요. 조직사회 가다가 자기사업으로 나왔는데 아주 안정적인 조직사회(자기사업) 중심으로 갔다는 거죠. 그런데 일주를 보니 乙丑이에요.

時	日	月	年	命
	乙			
卯	丑	丑	丑	

아까 丑, 丑, 丑이 무슨 흔적이라고 했죠? 金 入庫의 흔적이라고 하는 것은 금융이나 재물을 한번 땅속에 묻는다는 뜻이잖아요. 그래서 이런 경우에는 투기성의 금전 활동으로 인해서 한번 재물 손모가 따르게 됩니다.

그래서 주식으로서 상당한 재물을 날린 경우에요. 대신에 陰干, 陰地로 이루어져 있죠? 남자가 陰干 陰地로 이루어져 있으니까 '꾸물렁' 거려도 꾸준하게 재물 실속을 이룩하는 세월이 옵니다.

時	日	月	年	命
巳	申	亥	戌	

한 개만 더 신통력 있는 것을 해 봅시다. 이 팔자는 신통력이 출현했죠. 이것은 뭔가 한 가닥 한다. 아무리 비천하게 되어도 다루는 물건이 무시무시한 물건을 다룬다는 것이지요. 그중에서 대체로 이 巳申이 모여 있다고 하는 것이 亥, 巳, 申이라고 하는 것이 대체로 驛馬인자로 되죠.

그래서 돌아다니는 물건 중에 무시무시한 물건은 항공이나 통신이다, 전기 전자다, 자동차다, 조선이다는 것이죠.

만약에 공직이라면 발령 따라 움직이는 공직이므로 외교나 발령 따라 움직이는 공직이죠. 그다음에 권력성 조직이고 驛馬로 주로 쓰는 것은 일반 조직사회에서는 언론방송이죠.

이렇게 분리되었는데 또 이 팔자에서 하나 드러난 것은 戌, 亥 天羅地網이죠. 天羅地網으로 인해서 일단 좋은 것을 확 삭감해야 되는 것이죠. 일단 남의 집 머슴살이하거나 활인구명(活人救命)하는 직업이 될 것입니다. 그 地支자체로서 직업을 제한을 해 놨죠?

이 양반이 의료라든지 법무조직이 아니면 남의 집 머슴살인데 실제로 자동차 회사에 근무하고 있는 사람이에요. 거기서 아주 핵심적인 일을 하고 있는 팔자에요. 일주를 자꾸 가르쳐 주면 안 되는데, 丙 일주입니다.

時	日	月	年	**命**
	丙			
巳	申	亥	戌	

이렇게 하니까 확 보이죠. 그래서 꼬리만 봐도 이게 호랑이인지 개인지 이미 알았다는 거에요. 그런데 온몸을 확 보려고 이곳저곳 뒤지지 말라는 거에요. 꼬리만 보라 이거에요. 땅 바닥만 봐라!

제6강

제18강좌 : 地支에 의한 직업론 분석 실습 (1)
이 학문은 五行學이 아닌 干支로 배우고 연습해야 한다

　오늘 중요한 것입니다. 지난 시간에 했는데 진도를 쭉 따져 봅시다. 제일 첫 번째 陰陽을 했죠? 두 번째가 五行이죠? 그 다음에 干支 했죠?

　지난 시간에 地支 중심으로 했었고 네 번째가 六親이고 다섯 번째가 神殺했습니다. 그다음에 우리가 명대세론으로 타고난 그릇에 있는 인자하고 대세운의 변화를 봐야 되는데요. 陰陽이라든지 五行에 있어서 접근하는 방법에 있어서도 우리가 단순하게 팔자 해석에 필요한 것들은, 그림자 요소 이런 것 했었습니다.

　참작해서 해석하는 논리라든지 이런 것들을 잊어버리면 안 됩니다. 매우 중요한 논리인데 지금 들어 보면 "우리가 저것 했나?" 하는데 잊어버리면 안 됩니다.

　天干 했었고, 地支에서 우리가 글자 모양새를 가지고 추측을 하는 논리를 했었죠. 地支와 地支끼리의 관계라는 것은 神殺편에서 다시 다루어져야 되는 부분이기는 한데 이 부분 가지고 연습을 많이 해야 됩니다.

時	日	月	年	命
甲	乙	丙	甲	
申	丑	寅	子	

천간을 지워 버리고

時	日	月	年	命
申	丑	寅	子	

이런 모양이 있을 때에 天干을 보지 말고, 天干을 지우고 이것 가지고 이 사람은 '뭐다', 분명히 '이것이 아니면 이것이다' 하는 것을 머릿속에 계속 연습해야 되는 것입니다.

이것을 연습하다 보면 어느 날 적는 순간에 일주를 볼 필요 없이 그 사람의 직업적 환경이 드러날 것이고 그게 보이기 시작 하면 2초 이상이 필요 없습니다.

팔자를 보는 순간에 '아! 이것이다' 답이 들어갈 수 있는 것이죠. 사실은 연습량이 필요하기는 한데 어떤 논법을 가지고 이 地支를 분석할 것이냐를 오늘 조금 더 다루어 보고 시간이 되면 六親을 다루어 보도록 하겠습니다.

時	日	月	年	乾命
甲	甲	甲	己	
戌	子	戌	亥	

오늘 온 사람 중에 샘플을 봅시다. 이 팔자에서 두드러지게 드러난 것은 일단 天干에서 甲이 거듭하여 있죠? 그다음에 땅바닥에 戌, 戌 체크를 하시고, 그다음에 태어난 날짜를 중심으로 空亡이죠. 空亡이 셋이죠?

이런 3空亡, 空亡이 거듭하여 있는 모양에다가 대운이 癸酉, 壬申, 辛未, 庚午, 己巳, 戊辰, 丁酉 이렇게 흘러들어간다는 거죠.

| 丁 | 戊 | 己 | 庚 | 辛 | 壬 | 癸 | 大 |
| 卯 | 辰 | 巳 | 午 | 未 | 申 | 酉 | 運 |

선생님 질문 – 이런 모양에서 이 팔자가 갈 수 있는 길이 五行的으로 火와 金이 드러나지 못했죠? 뭐 하겠습니까? 저런 팔자들이 몇 가지 속성을 잘 공부해 볼 수 있는 자료가 되거든요. 아무것이나 생각나는 대로 불러 보세요.

학생 답변 – 여관, 종교, 철학, 유흥…

선생님 답변 – 甲이 三甲之命이라고 해서 甲木이 세 개 모여 있는 것을 봐서 큰 것을 이룰 수 있는 인자로 봐요.

물론 육친관계에서 二天의 중복으로 보지만 甲木의 세계라는 것은 뭔가 일을 벌이는 힘이 처음부터 싹이 세 개씩 올라온다는 것이죠. 3개씩 올라온다는 것은 어떤 활동성이 생겼을 때 한번 싹이 나면 숲이 됩니다. 그래서 상당히 큰 것을 이룩할 수 있는 인자가 되는 것이죠.

도둑이 되어도 일류 도둑으로 가고 뭐가 되어도 규모가 큰 것을 이루려고 하는 인자로 이해하면 되죠.

그다음에 거기에 空亡이 거듭되어 있죠? 그다음에 '食神없음'이죠. 食神이 있기는 있되 戌중에 入墓되어 있죠. 그다음에 官印소통의 인자가 되는 官星은 戌중의 辛金으로 떠 밀려와 있죠.

이렇게 떠 밀려와 있는데 官印 소통이 잘 안되고 食神 生財가 잘 안 되죠. 그다음에 未, 午, 辰, 巳 이 대운에 이르러서 食傷이 활발하죠?

이럴 때 보통 유년중심으로만 해석하지 말고 '財운이 좋겠다' 이런 정도로만 사주 감정을 한다면 틀린 것은 아니지만 영원히 이류가 됩니다.

팔자에 있는 인자가 뭔가 특성을 가지고 돈을 벌기는 버는데 팔자에 있는 무엇인가를 쓸 것인데 도대체 무엇을 쓸까요? 팔자에 空亡을 다 맞아 버렸고, 空亡 안 맞은 것은 팔자 안에 쥐 子자 하나 있죠?

그런데 개 戌자가 두 개나 드러나 있다는 것은 뭔가 한칼 할 인자가 있을 것 같고 甲이 세 개인 것을 봐서도 뭔가 일을 크게 벌일 것 같죠. 도대체 뭡니까? 아까 대답한 것(여관, 철학, 종교, 유흥…)이 다 맞는데 다 맞는 이유를 써 보이겠습니다.

팔자에 '답이 없음'은 '모두 될 수 있음'이 됩니다. 이렇게 일반적인 수단을 쓰지 않고 뭔가 재물의 용도를 채우고 있다는 것은 도둑이거나 도깨비 운명입니다.

도깨비와 도둑이 가지는 운명의 속성이 무엇입니까? 사람들이 보통 다니는 길로 다니지 않습니다. 사람들이 다니는 길은 고갯마루도 있고 도로도 있겠죠? 도로도 있는데 사람들이 안 다니는 길은 물론 산중도 수시로 도깨비 출몰하는 곳이 되겠고 그러니까 산중하고도 뜻이 통하겠죠? 산중 말고 어딜까요?

도깨비는 한 번씩 신통력을 부린다? 안 부린다? 食傷 없이 먹고 산다 함은 초능력이 있다? 없다? 날아다니거나 헤엄쳐 다닌다. 그렇죠?

그러니까 어디서? 날아다니면 공중이고 그다음에 바다다, 공중전, 수중전이죠? 그래서 일반적인 食傷이 아니므로 사람이 다니지 않는 길을 다닙니다.

단순히 食傷이 入庫해 있는 것이 아니라 入庫해 놓고 또 空亡을 맞았다는 거에요. 그러면 벼랑 끝이 아니라 물입니다.

그다음에 낮에 땅을 짚고 다닌다면, 육지를 짚고 다닌다면 야중(夜中)이다? 주중이다? 도깨비는 밤에 출몰해요? 낮에 출몰해요? 그러니까 야중사업입니다.

도깨비가 다니는 길을 통해서 공중을 날아다니는 일이라고 하는 것은 무역업입니다. 그다음에 바다를 헤집고 다니는 것은 해운 아니면 수산업이죠.

그런데 이것이 財星이 空亡을 안 맞아야 해운업이 돼요. 이것도 잘 가리는 연습을 해야 돼요. 財星이 空亡을 맞아 버리면 '제대로 된 상품이 아니다' 에요. 완제품이 아니라는 말이에요.

완전품이 아니면 바닷길을 다니면서 구멍 난 줄을 던지는 사람입니다. 食傷이 구멍 난 줄, 그물이고 그래서 수산업입니다. 처음에는 배를 타면서 가다가 뒤에는 선박의 사장이 된 것이에요.

선박을 가지고 선박업을 하고 있는데, 물론 수산업 중심은 선박업이죠. 이 사람이 육지로 올라오면 무슨 사업을 할 것인가요? 대운에서 未대운, 午대운에 손발이 굉장히 바쁘면서 살았겠죠.

午, 未 대운의 시기에 이 戌중의 丁火나 巳火가 다시 밖으로 튀어나옴으로써 재산창고에 다시 불을 붙인다는 뜻이죠. 재산창고에 다시 불을 붙임으로써 이때 재산번영이 상당 재산이 이루어졌습니다. 그럼 己巳, 戊辰 대운에 이르면 뭔가 편하고 수월하게 벌려고 하겠죠? 왜 편하고 수월하게 돈을 벌려고 합니까?

학생 질문 – 陰대운이니까…

선생님 답변 – 그러니까 남학생이 申子辰, 巳酉丑을 만나면 陰의 뜻을 얻어서 편하게 돈을 벌려고 한다고 했죠? 편하게 돈을 벌려고 하는 뜻을 서서히 불리기 시작을 할 때 생각해 볼 수 있는 것은 도깨비 장사입니다. 도깨비는 밤 장사죠?

도깨비는 일반적인 물건을 가져다 놓고 판다? 야한 물건을 가져다 놓고 판다? 먹는 것을 판다면 밥을 팔 것이다? 술을 팔 것이다? 그러니까 나이트클럽입니다. 종합적으로 이야기하면 철학, 종교 빼고 나이트클럽인데 철학, 종교는 대낮에 하는 나이트클럽이거든요. 대낮에 하는 나이트클럽이 종교, 철학이란 말이에요.
  그래서 실상의 물건을 다루는 것이 아니고 정신을 다루잖아요. 그래서 정신적인 요소에다가 약물을 놔 주는 것이죠.
  철학, 종교, 유흥 이것이 다 도깨비 사업으로 맞는다는 말이죠. 물론 지금은 수운의 마지막에 있어서 기존 사업에 있는 것을 더 확장을 하려고 하는 흐름에 있는데 이 양반의 팔자를 봤을 때 地支에 무기가 있다는 것만으로도 성공의 인자가 있는 것으로 보라는 것입니다.
  팔자를 펼쳐 봤을 때 이렇게 空亡이 중복해 있어서 제대로 쓰지 못할 때는 도깨비 사업을 하면 됩니다. 그러니까 팔자를 이렇게 놓고 보고 이렇게 대운을 줘도 易學을 많이 한 사람일수록 이런 팔자는 더 보기 어렵단 말이에요.

그냥 어정쩡하게 알면 "선생님 이때 운이 괜찮겠네요?!" 이것이 1단계지요. 身弱, 身强 따져가지고 甲木이 戌 養地에 앉아 있고 亥水 長生地에 앉아 가지고 일단 '身旺하다' 입니다.

財 대운을 만났으니까 '좋겠네요' 이건 안단 말이에요. 여기까지는 아는데 그다음부터는 계속 '설레발이'로 가야 돼요. 좋다, 나쁘다로 계속 팔자를 분석을 하니까 계속 설레발이로 간다는 거에요.

좀 알만 하니까 팔자에 干支생긴 모양을 보고 '이 사람이 뭘 해야 될까?' 고민을 하죠. 고민을 하다 보면 여기서 막히는 것입니다.

돈이 되는 것은 알겠는데 뭐가지고 돈이 될까요? 한 두가지 외에 아무것도 할 것이 없는 사람이 있고 그다음에 전체적으로 어찌되었든 땅 밟고 다니면 안 됩니다. 이 양반보고 강조한 것이 "하여튼 정상 제품이나 정상적인 일을 하면 당신은 운에 상관없이 무조건 큰 굴곡을 거친다."인데 재물이 들어오는 운에 들어와 있으니까 정답만 싹 골라 가는 것이에요.

그런 현상을 팔자를 볼 때 많이 경험하게 될 것인데 팔자에 그릇이 아무리 개 밥그릇이라도 운이 좋은 흐름으로 흘러갈 때는 그 개 밥그릇으로 제일 좋은 자리에 가 있는 것입니다.

그래서 地支의 모양을 가지고 궁리를 해 봐야 돼요. 이 사람 부부궁은 어떻겠어요?

1번 좋았다가 나빴다가 왕래한다?, 2번 巳, 午, 未까지는 좋을 것이다?, 3번 그래도 뭔가 문제가 있는 것 같다?

팔자 안에 근본적으로 財星을 짝지어 쓰는데 있어서 안방에는

印星을 쓰고 있습니다. 그다음에 財星은 偏財로서 空亡을 취하고 있죠? 이런 경우에 멀리 조금 떨어져 보면 개털이 확 멋있어 보이거든요. 개털, 偏財잖아요.

어찌 되었든 멀리서 쳐다보면 개폼을 하고 있다는 거죠. 그래서 모양새는 처의 모양새를 취하고 있는 인자가 있다 하더라도 정말로 隔角을 잘 봐야 돼요. 隔角이라고 하는 것은 반드시 절름발이를 만드는 것이고 외워놓으세요. 冲은 조건부거든요. 조건부, 隔角은 절름발이를 만든단 말이에요. 한쪽을 기울어지게 한단 말이에요.

그래서 개를 쥐 子자의 골목에 끌고 들어오면 어떻게 됩니까? 三合을 머릿속에 공부해 본 사람은 알죠? 개가 쥐 子자에 이르면 어떻게 된다? 벌벌 긴다? 아니면 팔짝팔짝 뛴다?

벌벌 긴다면 왜 벌벌 기어요? 벌벌 긴다는 것은 살금살금 기듯이 자기 역량을 발휘하지 못하는 것이고 뛴다는 것은 설친다는 뜻이고, 벌벌 기는 것이 맞지요?

財星으로서의 속성이지만 처로 쓴다면 食傷으로 무리지어 봐야 되겠죠? 食傷이 위축되니까 안방으로 마누라를 끌고 들어오면 마누라가 빌빌거린단 말이에요.

그래서 동거를 하여 집에 같이 지내면 반드시 병중이거나 아니면 완전히 촌닭처럼 약간 모자란 듯이 서방한테 고개를 숙이는 부인 외에는 안방에 안정을 취할 수 없는 모양이라는 것입니다.

그런데 본인이 도깨비 사업을 거쳤으므로, 도깨비가 육지에 있지 아니하고 물길을 따라다녔으므로 처와 떨어져 살았겠죠? 처와 떨어져 삶으로써 처와의 인연은 지켰으되 육지에 이르러 동거를 오래 하면 반드시 부인이 병이 온다는 것이죠.

그래서 2001년인가 처가 병이 와서 먼 곳에 요양을 간 형태로 살아가고 있거든요. 그래서 이 경우에는 대운이 財星의 꽃을 피워 준다 하더라도, 부인은 반드시 문제가 있습니다.

그러니까 이런 팔자들이 일찍 배우자 인연이 오면 壬戌년이나 癸亥년인데, 20대 중반쯤 子생 배필을 만났어요. 子生 배필을 만났기 때문에 그나마 부부로서의 관계가 오랫동안 유지되고 있단 말이에요.

子라고 하는 것이 印星으로서의 역할을 해주는 인자니까 주로 정신적인 교감이라든지 측면에서 인간관계가 오랫동안 지탱되겠죠?

일지의 무늬가 쥐이니까 버릴 수 있어요? 없어요? 무늬가 쥐라는 것은 바지로 친다면 사이즈가 맞다는 말이거든요. 내 팔자의 사이즈와 설계가 맞잖아요? 그것을 그대로 껴안고 그것을 버릴 수가 없는 것이고 그런데 마누라로서의 역할을 해 보라고 하면 마누라가 '빌빌빌' 하고 있단 말이에요.

어느 사람은 궁합이 좋아서 본인이 성공을 지속하고 있다는 식으로 표현하는데 이게 궁합이 좋아서가 아닙니다. 처자는 '궁합법'이 아니라 처자 '인연법'이에요.

인연에 의해서 이런 쥐띠 인연을 가지고 배우자 인연을 연 것뿐이지 처덕을 이룬 것은 아닙니다. 그 부분에서 "혹시 마누라를 버리면 내가 망하는 것 아닙니까?" 하지만 그럴 일은 절대로 없죠. 그러나 이미 쫄쫄이 타이즈가 되어 있습니다. 쥐가 와서 자기 몸을 두르고 있잖아요? 그러니까 인연이 오래간다고 보는 것이에요.

물론 이 논리가 들어가 있는 것인데요. 地支 중심을 여기 있는 이런 속성을 가지고 종합해 해석하면 됩니다. 地支에 있는 글자들의 조건 이런 것이 매우 중요하고 그것을 가지고 많이 연습해야 됩니다.

  여러분이 해석하면서 格局 用神 생각하신 분이 있습니까? 그 생각한 분 같으면 이 반에서 다시 저 반으로 가야 됩니다. "이 팔자에 格이 뭐지? 雜氣財官格이다." 이렇게 했다 하면 바로 저쪽으로 가야 되는 거죠. 그 습성이 공부를 많이 한 사람일수록 안 바뀝니다. 공부 많이 한 사람일수록 "雜氣財官에 偏財가 놓여 있으니 사업으로 인하여 성쇠부침이 많겠구나!" 여기까지 본 것은 잘 본 것입니다.
  그것을 잘 못 봤다 이야기하는 것이 아닙니다. 그런데 그 사람의 직업적인 구체성을 드러내고 제한적인 삶의 방향성을 부여하는 데는 그것이 오히려 방해물이라는 겁니다.
  더 중요한 것은 삼각형이라고 해도 좋고 그다음에 '巳未空亡格'이라고 해도 좋고 그다음에 '亥戌子戌格' 해도 좋다는 거죠. 이 정도로 가면 거의 득도의 수준으로 가는 것이죠.

  이 논리가 지금은 우스갯소리로 들려도 실제로는 얼마나 많은 부분의 해석에 쓰이느냐를 뒷날에 가면 갈수록 알게 됩니다. 그래서 格用 중심의 해석이 많이 남아 있던 사람들이 뒤에 가서 많은 응용의 문제에서 결국 힘들어지게 되는 이유가 바로 이런 측면으로서 팔자 접근을 안 했기 때문에 그렇습니다.

時	日	月	年	命
寅	寅	寅	子	

샘플을 한 번 더 봅시다. 연습을 안 하면 안 됩니다. 地支 모양을 이렇게 가지고 있다라고 하면 이 사람은 직업이 무엇일까요? 생각나는 대로 해 보세요. 틀려도 좋아요.

일단 驛馬를 떠올린다면 발상이 좋아요. 두 번째 날아다니는 물건이니까 항공, 통신, 자동차, 건설도 됩니다. 寅木이 솟아오르는 동작이 됨으로써 건설, 조선, 외교, 언론방송, 통신 이런 것들이 전부 다 먼 곳에 있는 것이 가지고 오는 것들이죠? 세 번째 법무, 금융, "아! 범 寅자를 봐서, 좋아요!"

공학은 당연히 포함되겠죠? 무시무시한 물건을 다루는 공학, 그다음에 권력성 인자로 봐서 세무도 될 것이고 그중에서 驛馬 인자가 강한 것들을 뒤에 추려내면 되겠죠?

생긴 모양에 너무 집착을 해서 그렇기는 한데 우리가 '4등론' 했었죠? 亥, 子, 丑 道門하고 그다음에 寅, 卯, 辰 孔門인데, 세속적인 분야에 강할 것이다? 아니면 정신적인 분야에 강할 것이다? 교육적인 것이 되겠죠? 그래서 네 번째 교육이죠. 그다음에 기타에 무기를 쓴다, 이 양반이 운동선수라면 발에 발톱이 있겠죠? 이것 연습을 잘하면 선수가 됩니다.

命

時	日	月	年
庚	丙		
寅	寅	寅	子

일주를 써 놓고 보니까 어느 것 같아요? 교육입니다. 다음에 驛馬로서 子를 驛馬 官으로 쓸 수 있죠? 驛馬 官으로 쓴다면 외교, 언론방송이죠.

그다음에 범이 세 마리니까 학위를 많이 따니까 박사죠. 그다음에 법무는 偏官 속성을 더 많이 취함으로 제치는 거죠.

사실 법무는 조건부로 써요. 외교, 언론방송, 전공분야의 속성에서는 이런(驛馬, 항공, 통신, 자동차, 외교, 언론방송…)것들하고 연결될 수 있겠죠? 그다음에 '무기를 쓴다'라고 하는 것에서 상당히 사회적으로 유능한 활동을 할 수 있습니다.

대운이 어디로 가는가 보세요. 寅 다음에 卯, 辰, 巳, 午, 未 이렇게 함으로써 官이 득세하는 방향이에요? 食傷이 득세를 하는 방향이에요? 뭐가 득세해요? 食傷이 득세하잖아요? 食傷이 득세를 하니까 官중심으로 쓰겠다? 교육, 필설중심으로 쓰겠다? 교육, 필설 중심으로 쓴단 말이에요.

그다음에 偏財를 간간이 꿈꾼다? 食傷이 세력을 가지고 가고 庚金이 세력을 가지는 대운이 巳 대운이죠? 午, 未 대운 때문에 일찍 발복이 돼요 안돼요? 巳에 잠시 발복이 되었다가 午, 未 대운에 다시 침체를 하겠죠.

午, 未 운에 침체하는 이유는? 庚金이 沐浴하고 冠帶하고 하더라도 가기는 가잖아요? 그다음에 未대운 다음에는 申대운에 들어오면 庚金이 땅바닥에 내려오잖아요. 그래서 이때 학문을 팔아서 돈을 만듭니다.

그런데 중간에 만들어져는 가는데 陽대운으로서 자기가 중간에 쓰기 힘든 운이죠? 더 쉽게 하면 比肩, 劫財가 六親的으로 무리지어 있음으로죠? 그래서 午, 未 대운에 문점하러 왔다면 이 양반은 직업적인 환경이나 특성은 偏印 속성을 더 많이 취하고 있으니까 교육이나 자격이겠죠.

조직사회란 무엇입니까? 官 대운에 官이 무력해지더라도 官의 속성을 띤다는 것이 중요해요. 官을 그대로 못 써먹을 뿐이지 官의 속성을 그대로 유여하게 가지고 있단 말이죠. 그래서 교수직으로 갔는데 그 교수직으로 이 양반이 몸담고 있는 것은 국립대학일 것이다? 사립대학일 것이다? 국립일 것인데 사립이라면 어떨지 봅시다.

午, 未 대운 자체가 官星의 색을 흐리게 해 놓았죠? 巳, 午 이런 글자에서 官星의 글자는 흐려져 있고 국립이라면 국립 닮은꼴 사립 고려, 성균관, 한양, 조선, 신라, 다 뭐예요? 국가 명이죠. 동녘 東, 나라 國이 됩니다.

자료에 명시되어 있는지 모르겠는데 분명히 그런 속성일 것입니다. 전공이 도시공학 전공이에요. 도시공학이니까 건설 이런 것과 맞먹겠다는 거겠죠? 교수직으로 몸담고 있습니다.

그다음에 기타 인자는 교수직 이전 직장생활 할 때 여러 가지 특허권을 가지고 (특허권이죠, 범 寅자) 송사, 시비를 했는데, 2001~03년에 比劫이 무리 지으면서 官이 불리해지죠? 그때 대기업과 송사나 시비가 발생하는데 2003년에 최종 졌다, 이겼다? 癸未년에 졌죠. 官星이 入墓해 버리고 글자 자체로서 傷官이 되는데 傷官이라는 것은 벼슬이 상하는 것이죠. 그래서 송사에서 졌습니다.

官이 우리 편이 안 되는 이유는? 대운 자체가 午, 未 대운이라는 官星을 불안하게 하는 대운 속에 들어와 있기 때문입니다. 그러나 뒷날 申이나 酉에 이르면 필시 새로운 이권이나 노하우를 가지고 돈벌이를 만드는 과정이 올 것이다. 이때는 친하게 지내야 된다? 멀게 지내야 된다?

이 양반은 그런 스타일이다 아니다? 돈 생기면 친할 사람이다?

아니다? 그러니까 적당하게 상담해 주면 됩니다.

　기본적으로 驛馬殺이라는 인자가 있다면 어떤 '기브엔테이크'의 논리는 발전되어 있지만 외교력이나 친화력은 강하다? 약하다? 외교력이나 친화력은 강하지 않습니다.

　자기 목적을 위해서 가지는 외교력이기 때문에 그것은 주로 조건부 거래 관계가 되는 것이죠. 이 양반과 꿈을 이루고 싶다면 뭔가 옵션을 걸어야 됩니다. 거기까지 알면 여러분 머릿속에 돈벌이까지 다 정리가 된 것입니다.

時	日	月	年	命
亥	丑	辰	戌	

　그다음에 연습을 해 봅시다. 저런 모양을 하고 있다면 地支에 있는 인자들로 볼 때 어떻습니까?

　팔자에 드러나 있는 인자가 戌하고 辰의 인자가 물론 相冲에 의해 제한되어 있고 그다음에 亥, 子, 丑에서 子가 拱挾되어 있고 그다음에 辰, 丑사이에는 神殺的으로 破가 됩니다. 冲도 있고 破도 있고 子가 拱挾되어 있는 모양에 이 사람의 직업은 무엇일까요?

　辰하고 戌이 일단 강화되어 있는 무기죠? 그래서 '심고 뽑고'라고 하는 동작이 들어가는 것은 건물을 심고 뽑고 하는 건축 그다음에 의료적인 일에서는 침을 심고 뽑고, 이빨을 심고 뽑고, 입히고 벗기고 하는 동작이 들어가는 것은 장식, 섬유, 의류 이런 것이 되겠죠. 그다음에 정보를 넣고 빼는 것은 저장, 창고 이런 것이 돼요. 물건을 넣고 빼고죠.

그다음에 사람들이 자빠지고 일어서고 하는 공간은 숙박입니다. 地支자체가 가지고 있는 속성이 이것저것 섞여있어 잡다한 것들이죠.

동작이 두드러지는 것이 辰戌冲에 의해서 넣고 빼고, 심고 뽑고, 입히고 벗기고 하는 동작이 들어가는 분야에 인연이 많을 것입니다.

그다음에 뒤편에 있는 것도 생각을 많이 해 봐야 되겠죠. 丑과 亥라고 하는 것이 무기에 속하지 않죠. 고요하게 돈을 벌어들인다는 것은 亥, 子, 丑이 무리지어서 세속적이다? 정신적이다? 팔짱을 낀다? 팔짱을 벌린다? 주로 교육, 그다음에 임대, 돈을 버는 방법에 있어서 임대겠죠.

종교, 철학 아니면 나이트클럽입니다. 여기서 말하는 나이트클럽은 실제 나이트클럽을 말하는 것이 아니고 남들 눈에 안 뜨이면서 소리 소문없이 돈을 버는 동작이 되겠죠? 그다음에 돈을 빌려주는 업은 금융이죠. 지갑이나 돈을 남들 눈에 뜨이게 한다? 가린다? 가린다는 것이죠. 가려진 곳이라고 하는 것은 돈이 숨어 있는 곳이고 또는 가치 있는 것을 담아 놓은 곳이죠.

地支에 차지하고 있는 글자가 이런 분야가 전반전 후반전으로 대충 쪼갠다면 이런 식으로 해결을 할 수 있겠죠? 그런데 일주가 癸丑일주입니다.

時	日	月	年	命
癸	癸	丙	戊	
亥	丑	辰	戌	

이렇게 놓고 보니까 팔자에 잡것들이 무엇을 했습니까? 官星에 속하죠? 官星에 속하니까 이런 것에 관련된 조직생활을 하겠구나! 印綬소통이 없으니까 일반적인 관리자로 올라가는데 불편함이 있는 자리니까 뭔가 성격이 '별똥대'면 좋겠는데 어떤 자리에 가 있느냐 하면 저장의 속성을 가지고 있는 전산실에 근무한다는 거예요.

전산실에 조직사회 중심 관리자로 어느 정도 올라가다가 어떻게 될 것 같습니까? 官의 색깔이 변색이 됨으로 조직사회 전변이 있겠죠? 그래서 돈을 더 주는 곳으로 직장전변을 한 두 차례 거칠 것입니다.

그다음에 후일 직장과 인연이 멀어지고 나면 교육, 임대, 종교, 철학 등의 분야에 인연이 될 것이라는 것이죠. 그래서 이런 때에 亥하고 丑하고 관련된 일을 하면서 살 것입니다.

이 용 辰자는 뭐예요? 용이 노는 자리라는 것은 화려한 조명을 받았다는 자리이므로 그 조직의 규모는 클 것이다, 장사한다면 종합상사다, 종합상사가 아니다?

여러분은 천재입니다. 그대로 이 용이 놀던 시절은 폼 잡고 살았던 시절이 되는 것이죠.

지금은 무엇을 하고 있어요? 앞으로 한 15년 뒤쯤에 가서는 독서실에 원장을 하고 있든지, 아니면 기원에 원장을 하고 있든지 아니면 임대사업에 가담해 있을 것이죠.

그다음에 丑에서 亥를 보면 뭐가 됩니까? 驛馬죠. 戌에서 보면 劫殺이죠. 劫殺맞은 자리나 驛馬 地支라는 것은 뭔가 부서진 담벼락이든지 뭔가 허물어진 공간이 있는 자리이니까 촌입니까 도시입니까?

그래서 촌에 가서 亥中의 甲木을 長生시키는 동작을 하겠죠? 허물어진 동내, 촌에 가서 甲木을 기르는 동작이란 식물이 될 수도 있고, 동물이 될 수 있고 甲의 속성을 기르는 동작이 되겠죠?

甲木처럼 '팔팔 뛴다' 함은, 자꾸 머리를 쳐든다 함은 동물이라면 수시로 목을 빼는 것은 토끼죠. 고개를 짝 빼가지고 토끼 농사를 짓든지 아니면 돼지 그 자체의 특성을 봐서 돼지농사를 짓든지 그런 식으로 촌동네에 가든지, 활동무대가 아무튼 劫殺이나 驛馬를 띤 형태로 활동을 이룩하게 될 것입니다.

팔자대로 그 사람 꿈도 그런 것 꿈꾸고 있습니다. 그것 아니면 호젓한 곳 있잖아요. 亥時는 조용하다 시끄럽다? 밝다 어둡다? 적막하다 어둡다죠. 적막한 공간에 앉아서 뭔가 고요하게 쉬는 것을 추구하게 되므로 산중에 호젓한 집을 짓든지 하면서 말년의 시간이나 모양을 꿈꾼다는 거죠.

格局 用神 필요가 없습니다. 이런 닮은꼴의 모양의 직장생활을 하고 있는데 "감투는 높이 가려고 하느냐 하지 않느냐?"에 "높은 감투를 하려고 하는데요"하면 "야~ 그러면 고생하겠는데!"가 되죠. 그다음에 감투를 어느 정도 이룬 다음에 직장을 옮기게 되고 그다음에 직업전변도 꿈꿀 것이죠.

직업전변하여 사업을 구하기에는 사업 속성이 약하잖아요. 그래서 소극적으로 밤새 연구해 봐야 여기서 놀고 있을 것이라는 것이죠.

학생 질문 - 만약에 농사를 짓는다면 亥 중의 甲을 쓰면 돈이 됩니까?

선생님 답변 – 돈은 傷官으로서 무대로 바로 연결되는 것이 아닙니다. 물론 운에서 대운이 未하고 무리지어서, 未가 偏官이 되거든요. 이것이 손님이라도 많다. 팔아먹을 데라도 많다 뜻이거든요.

그러니까 亥 중에서 솟아오르는 甲木의 속성이란 뛰고 있는 토끼와 같고 물속에 자라는 미나리와 같다는 거에요. 물속에서 쭉 솟아오르는 놈입니다. 미나리 장사를 하는데 도시에 납품할 곳이 있을 때는 팔아먹을 데 있는 장사가 되겠죠? 그런데 그 외 다른 글자에 의해서 재미를 볼 수 있는 인자가 없는 것이죠.
  원래 팔자에 미나리 장사에 성공하려면 이 글자 옆에 바로 현찰이 될 수 있는 글자가 있어야 돼요.

時	日	月	年	命
癸	癸	丙	戊	
亥	未	午	戌	

未가 있든지 이렇게 午가 있든지 이렇게 되었을 때 亥未, 亥午가 다 合이 되거든요. 亥 중에 있는 壬水가 그다음에 午중의 丁火가 서로 合을 하여 식목을 펼쳐지게 하죠? 이럴 때는 食傷을 쫓는 행위를 할 때 바로 옆에서 수시로 合의 작용이 이루어짐으로써 자꾸 넓혀지는 과정이 되고 현금화되는 과정이 되겠죠?
  이런 경우에는 아예 미나리 장사가 주업이 되는 것이에요. 그러니까 이 두 개만(午,未) 가지고 하는 사람은 유통하는 사람이니까 그냥 유통업이고 財의 속성만 취하면 되죠. 그다음에 亥가 있는 사람은 '농장직영유통'이란 말이에요.

"계란이 왔습니다. 똥씰똥씰한 계란이…" 그것이 직영유통입니다. 財星과 食傷이 무리 지어 있으면 직영유통이죠.

그다음에 또 봅시다.

時	日	月	年	命
卯	卯	未	戌	

이 팔자에서 두드러지는 것은 개 戌자 입니다. 未하고 戌사이에 刑이 비치죠?

그다음에 卯하고 未사이에는 땅바닥에 무리지어서 合을 하고 있죠.

땅바닥에 무리지은 것을 그대로 볼 때에는 주로 亥卯未 동작이라는 것이 木운동이 펼쳐졌다가 닫혔다가 하는 것이니까 주로 건축이겠죠? 그다음에 未는 대체로 세속적으로 종합적입니다. 그러면 이것저것 다 만질 것이고 이놈 저놈 다 만날 것이다, 이것저것 다 취급할 수 있겠구나! 하는 것이죠.

그런데 그것이 형벌과 관련되어 있으니 권력성이고 건축은 그냥 '깍고 끼우고' 이죠? '깎는다' '끼운다'는 동작으로 건축이 되고 기술사업이 다 포함이 됩니다.

그다음에 형벌권이라고 하는 것은 법무, 의료, 세무죠? 그다음에 뒷날에 戌에서 보면 桃火殺이 되죠. '桃花를 쓴다' 함은 桃花를 어떤 식으로 해소할 것인데 이것을 돈벌이로 쓸 것이냐? 인간관계로 쓸 것이냐? 이것은 선택적이라는 것을 알 수 있죠? 이 정도로서 기본적으로 刑과 이 글자들의 속성으로서 해석할 수 있겠죠. 이 개 戌자는 그 자체로서 권력성이니까 권력성, 압력입니다. 이렇게 놓고 글자를 봐야 돼요.

時	日	月	年	命
辛	辛	乙	丙	
卯	卯	未	戌	

이렇게 놓고 보니까 팔자에 官星과 소통되는 印綬로서 이것(戌, 未)을 쓰고 있죠? 印綬인자로 쓰는데 印綬에 형벌이 붙었고 이 양반은 법무, 세무 등 어디에 있을 것입니다.

食傷하고 쓰거나 官하고 쓸 때는 이 의료도 포함이 되는데 세무죠. 그런데 官星이 어디에 있어요? 땅에 있다? 위에 있다? 지방청이다? 국가공직이다? 국가공직이니 국세청이란 것을 알겠죠.

그다음에 戌은 뭐예요? 戌 중에 丁火, 未 중에 있는 丁火는 뭐예요? 官은 官이죠? 그래서 국세청과 지방청을 왕래할 수 있는 인자가 있고 안 그러면 지방 출신이면서 중앙으로 넘어갔거나 뭔가 이런 중앙이나 지방을 왕래하는 흔적이 보입니다.

그리고 月에 乙이 空亡이 되죠? 空亡이란 함은 뭔가 구멍이 난 세월이 있으니 더더욱 신빙할 만하다는 것입니다.

법무나 세무 중에서 주로 다루는 요소인 乙木이나 卯木이라는 인자가 이것이 財星이죠. 財星을 무리 지어 쓴다는 것은 주로 금융이나 재무죠. 금융이나 재무인데 법무, 세무 중에서 세무라는 것을 알겠죠?

토끼날 토끼시를 자체 글자의 속성을 조금 더 비약해서 볼 때는 언론방송으로도 봐요. 그래서 대체로 이런 글자 속에서 축약한다면 요런 글자의 언론방송이나 세무에 축약이 된다는 말입니다.

안 그러면 정부 금융기관이나 의료보험 공제조합처럼 정부기관인데 상당히 많은 재화를 다룬다는 것이죠. 많은 돈을 집행하는 정부조직 그런 쪽에도 충분히 인연이 될 수 있구나 추측할 수 있고 그다음에 乙이나 丙은 財와 官이 떠벌리는 놈, 훤히 밝히는 놈입니다. 丁이 잃어버린 물건을 찾을 만큼 아주 조사를 깊이 하는 것이고 그다음에 丙은 일단 큰 조명을 넣는 것이잖아요. 그래서 조사권이 있겠죠? 판단 시비가 있겠죠?

그러니까 언론방송이라든지 이런 분야처럼 뭔가 어두운 곳에 있는 것을 자꾸 환하게 밝혀서 하는 동작이고 세무도 밝히는 동작이 있는 분야의 조직사회입니다.

그 처는 활동력이 강하죠. 일단 五行 대세적으로 木이 水에 의한 五行的 대세를 가지고 있는 것은 아니지만 木자체가 旺하죠? 그래서 처가 활동력이 당연히 강할 것이란 거죠.

그다음에 시에 있는 桃花를 해소를 해야 될 것인데 時에 있는 桃花를 해소한다 함은 偏財가 桃花에 앉았으니 대문 밖의 여인이 한 번씩 따를 것이다 안 따를 것이다? 알아서 판단하세요.

이 양반이 만약에 파관낙직의 인자가 온다면 언제 올 것이다? 이 안에서 대운을 적지 말고 먼저 팔자의 흐름을 보세요. 이 사람이 언제쯤이면 자리가 불안해질까요? 地支로서 표현해 보세요. 地支로서 표현을 한다면 언제부터 벼슬의 색깔이 흐려질 것입니까?

卯戌은 무엇의 흐름으로 봅니까? 戌년의 말이나, 亥년에 이르면 지방근무를 나가거나 해외근무를 나가지 않으면 반드시 벼슬의 불안함이 오게 되어 있다는 것이죠. 그래서 대운이 희미하게 갈 때 이 글자가 오면 더 정확하게 해당이 되는 것이죠.

논리를 만들어 나가는 과정 알겠죠. 절대로 格用으로 보는 연습을 하지 말라는 것이에요. 地支에 있는 글자와 나의 글자를 조건으로 보세요. 뒤에 다루어 보겠지만 地支의 글자와 글자의 조건을 따져서 해석의 자료를 만들면 됩니다.

제 19강좌 : 地支에 의한 직업론 분석 실습 (2)

해석의 중심으로 물론 天干도 기본 속성을 취해야 되겠지만 地支의 글자를 가지고 자꾸 연습해서 자기 것으로 만드는 것이 중요합니다. 그래서 우리가 干支的인 습성보다는 六親的인 습성이 훨씬 많거든요.

팔자 해석을 하는데 있어서 甲이 戌을 보는 것도 偏財로 취하고, 辰을 보는 것도 偏財로 취하고, 丑을 보는 것도, 財星을 취하는데 이것을 취하는 논리나 논법이 전부 다 다릅니다.

甲木을 관찰하기 이전에 戌, 辰, 丑, 未 무엇을 취하느냐에 따라서 그 사람의 금전활동 환경이라든지 배우자 환경이 전부다 '달라진다'라고 하는 것이죠.

기억나십니까? 실제로 많이 써먹어요? 안 써먹어요? 업을 하는 사람에게는 반드시 알아야 되는 것이고, 교양적으로 하는 사람에게는 이것을 '正財라 한다, 偏財라 한다'며 '어버버버~~' 설명하면 돼요.

용 辰자를 하나 봤을 때, 개 戌자를 하나 봤을 때, 프로로서 능력을 가지고 일을 하려고 하면 그 글자가 어떻게 움직이느냐 하는 것도 한눈에 확 펼쳐져 있어야 돼요.

甲戌일주라고 합시다. 甲이 戌을 偏財로 쓰고 있고, 甲이 辰으로서 偏財를 쓰고 있다고 할 때 이 개 戌자가 財星으로서 움직이는 모양 이런 것을 한눈에 봐야 된다는 것입니다.

1. 개 戌자의 운동

개 戌자 그 자체 하나를 가만히 생각을 해 보세요. 甲이 戌을 봤다면 개가 엎드린 놈이다? 날아다니는 놈이다? 펼쳐진 놈이다? 엎드린 놈이다?

甲戌일주 그 자체에서 보면 戌에서 食神이 戌을 만나면 入庫되죠. 그러니까 이 양반이 개 戌자의 배우자나 財星이라는 무대를 취했을 때 그 모양 자체만으로도 처가 활동력이 강하다? 약하다? 모양새는 근사한데 財星으로 역할이 잘 안 이루어지죠?

그다음에 그런 마누라가 이상하게 내가 食傷을 부려서 마음대로 내가 권위를 행사한다? 못한다? 그 이유는? 食神이 入庫하기 때문이라는 거죠. 그렇기 때문에 그 마누라를 만났을 때 "으이그~!" 하면서도 내 마음대로 고함을 지르지도 못합니다. 그래서 부인으로서의 역할이 부족한 듯한데도 불구하고 하는 수 없이 그 모양새를 유지하고 사는 것이 그렇게 되는 것이죠.

예를 들어서 돼지 亥자가 유년에서 왔다고 할 때 그 개 戌자의 모양은 위축이 되죠? 그 글자를 보세요. 甲木이 亥水를 만나 偏印을 만났으니 처와 무정하든지 갈등이 온다 인데 이때 내용을 잘 구분해야 됩니다.

亥 水를 만났을 때 개 戌자가 가지는 운동을 잘 이해하고 있다면, 그럼에도 불구하고 마누라가 도망을 간다? 안 간다? 이런 것이 연습이 많이 되어야 되거든요. 도망을 갈 것이다? 안 갈 것이다? 딱 찍어 보세요. 그리고 안 가는 이유는 뭡니까?

학생 – 인연이라서!

선생님 답변 – 우리가 格用의 일반적인 강약의 논리로 이해한다면 甲辰 일주가 亥 水를 만난 것이나 또는 甲戌 일주가 亥水를 만난 것이나 다를 바 없이 해석합니다. 이것이 잘 못하면 남의 인생 패 죽이는 것입니다.

寅午戌 할 때 개 戌자의 역할에서 개 戌자가 돼지 亥자, 쥐 子자, 소 丑자를 건너갈 때 三合의 인자에서 일단 寅午戌이라고 하는 운동이 여기서 위축이 되겠죠? 寅午戌의 움직임이 결국은 甲木에게는 食傷이나 財星의 움직임을 보여주는 인자가 되죠?

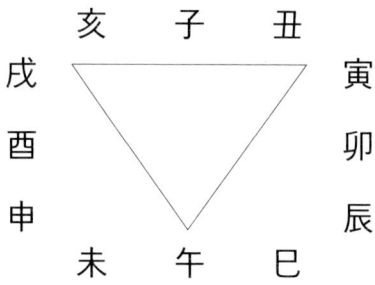

그런데 개 戌자가 亥, 子, 丑으로 갈 때는 三合의 인자가 해체됨

과 동시에 이 개 戌자의 역할이 무엇이냐는 겁니다.

그러면 甲일주를 중심으로 볼 때는 食傷이 훼손되지 않도록 하는데 그 목적이 있잖아요. 그러니까 돼지 亥자를 만나서 활동이 위축된다 하더라도 기본적으로 그 자리를 지키고 안방에 있단 말이에요. 그다음에 子를 만나면 극도로 위축된다고 했잖아요.

寅午戌이 三合운동에서 財星의 활동력을 펼치는 것을 가장 억제하는 놈이니까 가장 위축된 모양이겠죠. 보통 이럴 때는 마누라가 절룩거리면서 다닐 수도 있어요. 그래도 집구석에 들어옵니다. 이것이 華蓋의 위대함입니다.

그다음에 丑년에는 겨울 끝에 얼어 죽는다고 개 戌자가 돼지 亥, 쥐 子자를 지나면서 더운 기운, 불기운을 지켜 왔잖아요? 지켜왔던 것이 추위에 털리고 털려 가지고 피부가 조금 찢어지죠.

刑에 의한 손모가 발생하지만 그래도 등짝은 찢어졌으나 불기운을 지키게 되죠. 결국은 이때 처의 활동력이나 운신의 폭이 위축되고 역할이 극도로 약해진다 하더라도 가정의 모양을 지킨다고 하는 것이죠.

그래서 남편입장에서는 "내가 너 때문에 재수가 없다. 되는 것이 없다" 이렇게 강조를 해도 "나는 애들 때문에 살아야 돼요" 이런단 말이에요.

그다음에 寅에 이르러서 食神이 長生하여 있을 때에 戌 중에 있는 더운 기운이 결국은 펼쳐지기 시작하죠? 그런데 그 글자 자체로는 뭐예요? 寅木이나 卯木 이렇게 넘어오면서 木에 의해서 土의 역할은 굉장히 위축되어 있죠?

이럴 때 亥, 子, 丑때 보다는 덜 위축되어 있지만 寅, 卯에 조금씩 기운이 펼쳐지는데 약하게 펼쳐지겠죠. 長生地를 만나 조금씩 펼쳐지고 있는 것이고 글자 자체로서 財星을 삭감하는 것으로 쓰죠.

그래서 개 戌자는 글자의 운동이 반대방향이죠. 五行대세로 봤을 때 土의 운동이 극도로 위축되는 공간에서도 모양새는 지킵니다. 보통 돈은 안 되는데 둘이 금슬은 유지되든지 "가라! 가라!" 해도 안 가고 끝까지 누룽지처럼 붙어 가지고 있다는 거예요. 이것은 안방에 마누라가 있다는 거예요.

2. 용 辰자의 운동

辰의 운동이라고 하는 것이 土로서의 운동을 지키는 구간이 辰, 巳, 午, 未죠.

辰, 巳, 午, 未 까지는 土의 모양새를 유지시키죠? 申, 酉, 戌에 이르면 변색되죠? 金을 쫓아서 水를 長生시키는 모양을 쫓아서 土가 허물어지고 酉에 의하여 土운동이 더 약화되고 戌에 의하여 자기 모양을 제대로 유지할 수 없는 모양을 가져다주고 亥에 亡身으로서 허물어진단 말이에요.

그래서 甲이 辰을 財星으로 쓰고 있는 경우에 亥에 이르면 辰이 亥를 만나면 허물어지는 모양을 가지기 시작을 함으로써 어떻게 합니까? 처가 처의 모양을 지킬 수 없습니다. 그래서 병중이거나 반드시 사회적인 활동성이 위축되어 있거나 아니면 亡身의 행위에 가담을 한단 말이에요.

그리고 그 결과물이 나타날 때가 언제입니까? 子년이 되면 辰이 어떻게 돼요? 辰이 子의 운을 쫓아서 완전히 허물어져 있죠? 그럼으로써 안방을 못 지키고 기어나간단 말이에요.

辰을 중심으로 볼 때는 子가 財星이 되죠? 그러니까 辰이 亥水를 볼 때 財星으로 쫓아서 가다가 이제는 완전히 돈벌이에 더 몰두해 버림으로써 가정에서 아내로서 처로서 역할이 없습니다.

물론 甲 일주로 볼 때 亥년, 子년에 印星으로 사회적 활동성이 위축된 모양이지만 甲戌일주 모양에서는 부인이 집을 지키고 있으면서 자기가 위축된 모양을 하고 있고 그리고 이 甲辰일주는 마누라라는 여자가 집구석 밖을 기어나감으로써 처의 역할이 없어져 버린다는 거예요.

寅, 卯 이런 운을 만나면 어떻게 돼요? 丑을 만났어도 辰과 丑이 자체도 破에 해당이 되죠? 破로서 辰으로서의 역할을 제대로 지키지 못하게 되어 있는 모양이고 그다음에 寅, 卯운에는 辰이 木을 따르니까 결국은 자기 모양을 훼손해 버리는 것이죠.

반대편 기운을 이미 水에서 이미 돈벌이하러 나간다고 껄떡거렸다는 거예요. 그럴 때부터 부인의 역할을 안 했다 이거예요. 그렇게 하다가 比肩, 劫財가 와서 그 역할을 훼손하니 그 부인이 破財, 재물을 크게 훼손하든지 아니면 다른 남자 손목을 붙들러 간다는 겁니다.

이것은 오히려 五行대세는 근본적으로 辰이 더 강하죠? 子, 丑, 寅, 卯, 辰 陽의 다섯 번째 단계에 이르면서 陽氣가 강하게 펼쳐져 있음으로써 평소에는 무늬라든지 기능이라든지 힘은 개 戌자보다 월등히 강하겠죠?

월등히 강한 모양을 가지고 있는데 변색을 할 때 급속히 변색을 하게 되죠? 그럼으로써 이럴 때 마누라가 도망을 간다는 거예요.

"그렇게 믿었던 이년이 배신을 때릴 줄이야!" 이렇게 되죠.

개 戌자는 끝까지 寅午戌 三合의 火 운동을 조절해 주는 동작이 강하기 때문에 서방님이 괴롭거나 슬프거나 할 때도 나는 안방을 지켰고, 나는 비록 큰 도움은 안 되었지만 여러 가지 고통이나 시련이 왔을 때도 '당신 곁을 지켰다' 이거예요.

운이 왔을 때는 물론 남편의 번영과 맞물리지만 남편의 번영과 개인적 역할이 크게 강화되는 식으로 이루어지는 것이죠. 그래서 이런 경우에는 결국 조강지처 역할이 되는 것이죠.

별로 도움도 안 되는데 뒷날에 세월이 많이 흘러보면 그래도 서방 힘들 때 지켜주는 것은 개 戌자이고 용 辰은 때깔이 날 때는 더 때깔이 나죠. 완벽하게 辰, 巳, 午, 未에서 土 운동을 이룰 때는 더 확실하게 마누라 역할을 이루어 주다가 申, 酉, 戌부터 서서히 변색, 그다음에 亥, 子, 丑, 寅, 卯에서 크게 훼손, 그 글자 자체에서 훼손이 되어 버리니까 그렇게 잘 하던 사람이 어느 날 보따리 싸 가지고 가 버리더라는 것이죠.

학생질문 – 甲辰일주에 巳火가 있다 하더라도 그런 식의 작용이 일어납니까?

時	日	月	年	命
	甲			
	辰	巳		

時	日	月	年	命
己	甲			
巳	辰			

이런 것은 절반씩 삭감을 하죠. 時에 巳가 있을 때에는 이게 己

巳 時가 되거든요. 한번 주기를 거칠 때 한번 튕겨 나가고 뒤에 "예라이 몹쓸 년!" 하면서 나는 己土를 따르는 것이에요. 늦게 偏財를 버리고 正財를 취합니다. 그런 형태로 변색이 돼요.

己土를 배제했을 때 辰, 巳만 무리 지어 있다고 할 때 辰의 역할이 亥, 子, 丑 이럴 때 와서 허물어질 때 巳가 亥水의 작용을 막죠? 子水의 작용도 희석 시키죠? 이런 식으로 해서 위험에 노출되었을때 이 巳가 辰의 土가 허물어지는 작용을 어느 정도 희석 시키는 작용을 하게 되는 것이죠.

辰의 원래 꿈은 土의 운동을 하는 것이다? 아니면 申子辰의 꿈을 이루는 것이다? 申子辰의 꿈을 이루는 것이잖아요? 水의 기운을 자기가 잘 포장을 해 거두어 두었다가 申의 기운이 잘 펼쳐질만 할 때 그 옥쇄를 전달하는 것이잖아요.

그러니까 土운동이 하는 수없이 이루어지고 있는 것이란 말이에요. 甲辰일주의 부인은 뭡니까? 처녀 때 꿈과 결혼한 후의 꿈이 같다? 다르다? 원래 꿈은 申子辰이었단 말이에요. 그래서 당신 부인은 젊은 날의 꿈이 이 모양이 아니었을 것이다. 지금 가서 바로 이야기를 해라, 운동성만 파악해도 알 수 있잖아요.

時	日	月	年	命
己	甲			
巳	辰	午		

이런 운동에는 巳나 午가 팔자 옆에서 강하게 펼쳐졌으면 辰의 역할이 水의 기운이 밖으로 뺏기지 않도록 土로서 에워싸는 것이란 말이에요.

그러니까 자기가 싫지만 주변을 돌아보니까 돼지 亥자의 유혹도 오고 쥐 子자의 유혹도 오는데 이 유혹을 제대로 실현할 수 없겠죠? 이런 경우에는 도망을 못 가서 그냥 辰으로서 살아간단 말이에요.

학생질문 – 그러면 팔자 안에 辰, 戌이 같이 있으면 어떻게 됩니까?

선생님 답변 – 辰도 보고 戌도 봄으로써 "어찌 이렇게 다르노?" 하게 되는 것이죠. '辰 같은 여자도 있고 戌같은 여자도 있구나!' 하면서 결국은 자기가 인생살이를 살아가게 된다는 것이죠.

학생질문 – 辰과 戌이 한 여자가 아닙니까?

선생님 답변 – 辰과 戌이 한 여자가 아닙니다. 분명히 둘이죠. 偏財가 무리 지어 있는 것이 아니라니까요. 辰, 辰이 있는 것은 '여자는 똑 같다'는 이런 철학을 가지게 되겠죠? 앞에 있는 辰과 뒤에 있는 辰은 다른데 만나는 사람마다 辰의 속성을 더 많이 가지고 비슷비슷하니까 "이년이나 저년이나 대충 데리고 살아라!" 그런 식으로 자기 철학이 짜여 있죠.

그런데 예를 들어 골고루 섞여 있다. 각종 財星(辰, 戌, 丑, 未)이 섞여 있다면 이 사람은 이 여자 저 여자 겪어 보니까 어찌 이렇게 똑같은 것이 없느냐? 그러니까 여자는 잘 골라야 된다. 이런 철학이 이 사람에게 만들어지겠죠.

3. 子午의 변화 양상

 팔자라는 것은 근본적으로 환경 또는 조건이 의식을 지배합니다. 그러니까 성질 급한 병아리가 따로 있는 것이 아니라 프라이팬 위에 병아리를 올려놓고 불을 켜면 '팔짝팔짝' 뛴다는 거예요. 이 병아리 자체가 성질이 급한 것이 아니라 환경이나 조건이 행동을 제한했고 그것은 의식도 지배합니다.

 왜 우리가 地支를 가지고 훈련을 많이 해 봐야 되느냐 하면 그 사람의 삶의 양식을 구성하는 데는 결국 地支의 어떤 환경 속에 놓여서 살아가느냐는 것이 바로 그 사람의 삶 내용까지도 그대로 제한한다는 거예요. 아무리 똑똑한 놈도 머리 '빡빡' 깎고 군복 입히고 작대기 하나 '딱' 그어 놓으면 하는 짓도 이등병이고 밥 먹는 것도 이등병입니다.

 그런데 촌에서 농사만 짓다가 '어리버리' 해 가지고 글도 열심히 안 보고 했는데 짝대기 4개 달면 그때부터 100명 줄 딱 세우고 "군가 시작!" 의식 구조가 병장이 됩니다.

 그런 것처럼 환경이나 조건이 결국 그 사람의 행동양식을 제한하고 이 행동양식은 의식도 제한하게 된다는 것이에요. 똑같은 문지기가 되더라도 중앙청 문지기하고 촌구석 문지기하고 다른 것이에요.

① 命

時	日	月	年
	丙		
		子	

② 命

時	日	月	年
	己		
		寅	

③

時	日	月	年	命
	辛			
		巳		

④

時	日	月	年	命
	壬			
		未		

 똑같은 官星인데 이런 모양들이 다 다르단 말이에요. 이것을 '바보' 처럼 다 똑같은 正官格이라고 합니다. ①번이 속해 있는 조직사회는 안정성이 높을 것이다? 안정성이 약할 것이다? 안정의 속성은 어디에서 따 온 것이에요? 子라고 하는 아이처럼, 아기처럼, 고정된 것, 고착화된 것, 변화가 없는 것 이런 것처럼 변화가 적은 속성을 가지고 있는 것이죠. 자타가 눈에 잘 안 뜨이는 공간이란 말이죠. 밖에 드러나 있다면 그 물성은 해양, 외교인데 이 공간에서 보이지 않는 곳 즉 먼 곳, 바깥, 기밀한 곳 그런 곳에서 正官을 쓰고 있으므로 이 양반은 권력의 속성이 약하지요.

 그다음에 寅木을 쓰는 사람은 陽氣가 3陽의 자리에 이르러서 사람들의 활동이 아주 활발한 공간형태에서 이루어지는 것이고 寅木 자체가 봉긋이 솟아 있죠. 범을 닮았다 하는 것은 무늬가 권력성입니다.
 그래서 子月 丙일주하고 寅월 己일주의 모양을 보았을 때 이것을 절대로 正官格으로 같이 보는 그런 우를 범해서는 안 됩니다.
 그래서 甲木이 깃발입니다. 깃발 꽂힌 집에 근무한다 함은, 이것을 훼손하는 글자가 없다면 국가조직에서도 권력성, 중추적 위치의 권력을 말하는 것입니다. 하여튼 이런 모양에서는 국가조직의 중추적 위치에 인연이 된다는 것이죠.

뱀 巳자에 辛金 일주의 팔자는 이때도 마찬가지로 正官요소를 가지고 있는데 뱀은 陽氣 속성이 크게 강화되어 있고, 만인이 쳐다보는 곳이죠.

그다음에 범은 자기가 수시로 출몰하는 것이에요? 상징으로서 의미가 더 강한 것이에요? 범은 수시로 출몰한다? 안 한다? 보통 평상시 숨어 있다? 안 숨어있다? 한 번씩 출몰하죠. 그래서 범이죠.
뱀은 수시로 출몰하는 속성을 가진 것이 陽의 여섯 번째 단계에 있으면서 성질이 급해 발도 없이 다니는 놈이죠. 발도 없이 다닌다 함은 그 속성이 陽氣가 크게 강화되어 있는 것이니까 수시로 출몰해서 물어 죽일 수 있는 속성을 의미하니 대체로 법무, 금융 이라든지 사람을 직접 위해를 가하고 죽일 수 있는 힘을 가질 수 있는 공간이라는 것이죠.

그다음에 未는 뭐예요? 여러 사람이 종합적으로 모여 있는 공간이기는 한데 그 글자가 권력성이 아닙니다. 대체로 종합성을 가지고 있는 조직사회가 될 것입니다. 이런 형태가 여러 가지가 됩니다.
火와 土의 속성을 그대로 가지고 있는 것이니까 보편적으로 만날 수 있는 일반 행정부터 기타 여러 종합성을 가진 조직사회 중심으로 자기가 활동분야를 삼습니다. 권력성은 약합니다.

이것을 자꾸 格으로 처리를 함으로써 귀천(貴賤), 청탁(淸濁) 그다음에 고저 이런 것을 자꾸 잃어버리고 있다는 것이죠. 그것이 팔자 해석을 제대로 하는데 자꾸 저해요인이 됩니다.

사실은 뒷날에 왕창 다 넣어 가지고 설명되어야 될 것이 그런 것인데 辰과 戌 차이를 설명한 것과 마찬가지로 地支도 쥐 子자라고 하는 글자 하나가 있을 때 운에 의해서 어떻게 움직인다고 하는 것을 머릿속에 한눈에 그려 놓아야 됩니다.

운에 의해서 쥐 子자가 子를 만났을 때, 丑을 만났을 때, 寅을 만났을 때, 卯를 만났을 때, 辰을 만났을 때, 이런 모양을 쥐 子자가 놓여 있는 모양을 어떻게 훼손하고 간섭한다고 하는 것을 가려 놓아야 되는 것이죠.

그 사람이 丙일주가 子月에 태어나서 국가 공직이든 조직사회 중심으로 활동을 하고 있다고 합시다.

時	日	月	年	命
	丙			
		子		

寅년을 만났을 때 어떤 일들이 일어날 것이다 하는 것을 子가 寅을 만나서 어떻게 변색되고 훼손되는가를 관찰하게 되면 저절로 자명해집니다.

진급이나 이동 이런 것을 관찰할 경우 午년을 만났다 했을 때 午년을 만나면 진급이 안 되는 것으로 해석을 하죠? 그런데 이놈이 어린놈, 아직 다 완성되지 않은 모양일 때는 午년을 만나 오히려

진급을 한단 말이죠.

　그러니까 子를 충동하여 움직이는 것과 완성되어서 움직이는 것, 子가 다 컸을 때 午가 와서 훼손하는 것과 모양새가 완전히 다르다는 것이에요. 어릴 때는 충동하여 움직이게 하고 즉 감투가 낮을 때는 아직 설계도를 다 채우지 못했죠? 설계도를 다 못 채웠기 때문에 오히려 충동해서 자라게 한다는 것이에요. 자란 놈을 베면 자빠집니다.
　이것이 子~亥에 의해서 올 수 있는 어떤 변화의 모양, 子자가 子를 만났을 때 어떻게 되고, 子가 丑을 만났을 때 어떻게 되고, 子가 寅을 만났을 때 어떻게 되고, 卯를 만났을 때, 辰을 만났을 때 올 수 있는 환경이나 모양새를 머릿속에 그려 놓아야 됩니다.
　그것만 그려놓으면 이 대운이나 실제 이만큼 실현되었을 때는 이렇게 움직이고 하는 구체적인 모양을 다 상황, 상황마다 부여할 수 있습니다.
　대부분 다 해석을 할 때 '午운에 오면 안 좋고' 이런 식으로 접근하니까 안 되는 것이죠.
　申년에 와서 흥하고 申년에 와서 망한다. 이게 단순하게 五行의 왕쇠라든지 그다음에 格用의 喜忌 이런 논리를 가지고 해석하면 결국 이 申년에 흥했으면 다음 申년에 흥해야 되는데 그게 아니고 이 申년에 흥하고 이 申년에 망하더라 이거예요. 그러면 이것이 잘 못된 학문이다. 대부분 다 열심히 공부한 사람은 이런 결론에 이르게 됩니다.
　왜 이 申년에는 일어나고 그 申년에는 자빠지느냐? 똑같은 金의 작용이오고 水長生이 이루어졌는데 왜 이렇게 되었느냐? 그것은 유형, 무형의 分입니다. '꼬라지'가 있고 없고의 分이다. 유형, 무형의 分에 의해서 모양이 달라질 수가 있다고 하는 것입니다.

물론 神殺편에서 구체적으로 여러 가지 변화 양상을 다루게 되겠지만 冲이라고 하는 것은 자연이 陰陽운동이 펼쳐질 때 어떻게 해요?

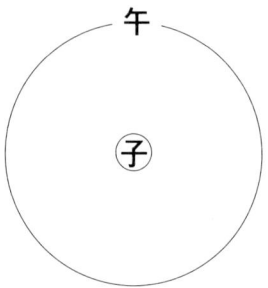

예를 들어 이 안에 있는 점이 子라고 합시다. 밖에 펼쳐진 것이 午라고 하고, 그다음에 子午끼리 서로 기운의 交流를 하는데 丑쯤 되면 어떻게 됩니까?

丑쯤의 흐름이 되었을 때 모양은 子, 丑이 陽氣가 두 개 펼쳐져 있죠? 그다음에 밖에 陰氣가 네 개 펼쳐져 있죠? 안에 陰氣가 있고 밖에 子가 에워싸고 있는 모양이죠?

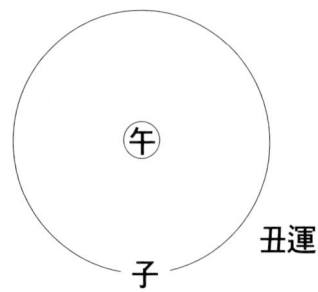

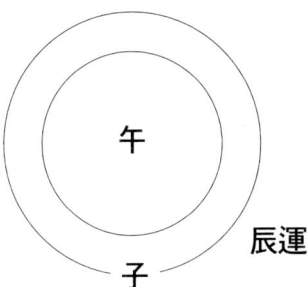

　辰에 이르면 陽氣가 다섯칸 진행되고 5陽이죠. 5陽이니까 午가 이만큼 팽창되어 있죠? 子가 이제 표면에서 겨우 에워싸고 있는 모양이죠?

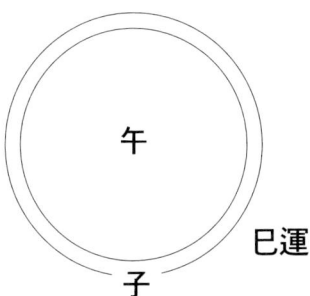

　그다음에 巳에 이르면 午가 거의 다 밀고 나가고 子는 거의 표면에 공간 속에 밀려나 있는 모양이죠? 六陽之處에 이르렀으니까 午에 이르면 이제 허공중에 子午相冲이 이루어진단 말이에요.

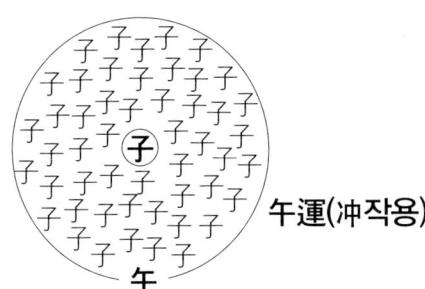

子가 무형의 모양으로 흩어져 있죠? 갈 곳이 없어서 子와 午 사이에서 巳가 午의 역량을 극히 강화시켜 주었잖아요? 子가 완전히 점조직으로 되었잖아요. 점으로 있다면 子가 '영구 없다'로 이루어지잖아요.
　'없다'의 모양으로 이렇게 흩어져 있다가 午가 오면 冲의 작용으로 인해 허공중에서 다시 반발력이 생기잖아요. 이때의 반발력은 子가 무형일 때 午가 冲을 하면 반발력이 생깁니다. 그다음 午 다음에 뭐가 옵니까?

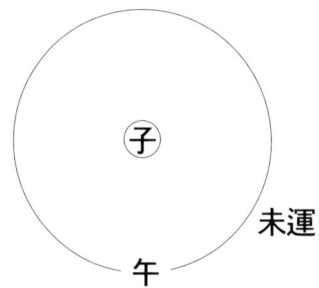

　未가 올 때는 二陰이죠? 그러니까 子가 이 안에서 자라고 있는 것이라, 밖은 午의 기운이 에워싸고 있죠? 무형일 때는 午가 극히 강화될 경우 허공중에 있는 子를 冲하는데 최대한 子가 밀렸다가 반발력이 생겨 커져 나가는 것이에요. 이때는 무형에서 유형으로 돌아서는 동작이 이루어진다는 것이에요.
　시간이 흐르면서 점점 子가 성장성을 거치면서 커져 나가는 것이죠.

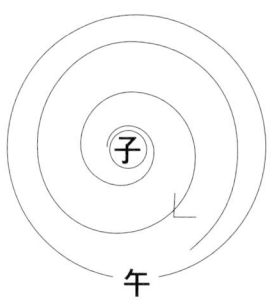

시간이 지남에 따라
子가 계속 자라남.

 다 이루어진 子가 있다고 칩시다. 이때 다시 午가 와서 沖할 때는 큰 운이 올 경우 子를 흩어버린다? 흩어버리지 않는다? 모양이 이렇게 무형으로 子가 조그맣게 있을 때는 沖을 주어서 子의 움직임을 유도해 내어 무형을 유형으로 바꾸어 줬죠.
 天地가 子로 에워싸여져 있을 때는 午가 와서 沖을 하니까 이 모양이 깨지고 흩어집니다. 유형일 때는 무형으로 돌아서는 것이 沖의 작용이고, 그다음에 무형일 때는 유형으로 돌려주는 작용이 沖에 의해서 이루어진다고 하는 것이죠. 그러니까 申년에 일어난 사람이 申년에 망한다고 써 줍니다.

時	日	月	年
辛	壬		
亥	寅	子	

命

 寅木이 팔자 안에 기본적으로 食神으로 중요한 인자로서 있고, 壬水가 亥, 子를 얻어서 기본적으로 세력을 얻고 있는 모양인데 寅木을 만나서 사회적 활동성이라든지 이런 것이 집중되고 있는 모양이 되었죠. 五行的으로 寅木이 굉장히 중요합니다.

집중되고 있는 모양인데 이 사람이 자기 사업을 안 하고 있는데 이 寅木을 만드는 계기가 申년에 생겨요. 이 寅木이라고 하는 것이 甲木으로 보면 絕處逢生의 인자로서 유형의 세계로 들어온다는 것이죠.

실제로 이 사람이 시설이나 수하인을 많이 두는 규모로 사업의 형태를 구축하고 있을 때 申년에 다시 이르면 이때는 寅木이 다시 깨어집니다. 그래서 申년에 일어서서 申년에 망할 것이란 것을 알겠죠?

정확한 주제는 아니지만 글자 하나가 다니는 길이 있죠? 글자 하나가 다니는 길에서 만나는 변화 양상의 개념도를 그리고 있어야 합니다.

원래 주제로 돌아와서 子가 하나 다니는 길에서 子를 만났을 때 모양, 丑을 만났을 때 모양, 寅을 만났을 때 모양, 卯를 만났을 때 모양 이것을 子에서 亥까지 전체적으로 올 수 있는 모양이라든가 환경을 쭉 그려 보세요. 그리고 그것이 그려지는 그대로 설명을 하세요. 그 사람이 살아가고 있는 모양 그대로라는 것이죠.

이것은 자기도 아무리 무슨 格을 타고났든, 어떤 다른 글자 인자의 영향을 받든 근본적으로 자기에게 부여되어 있는 환경이 변하면 자기가 따라서 동반하여 변할 수밖에 없다는 것이죠.

그러니까 子가 財星이라고 할 때 財星의 흐름이 子에서부터 亥까지의 흐름에 의하여 변색되는 모양을 보게 될 것이고 변색되는 모양대로 자기 삶의 모양을 만들게 됩니다.

예를 들어 戊子 일주의 총각이 午년을 만났다 했을 때, 물론 空亡이기는 하지만, 장가를 안 간 사람은 갑자기 인연을 만나서 미래

기약을 꿈꿀 일이 생기는 것이죠.

그다음에 申년을 만나면 마찬가지로 申 食神이 財星을 무리 지어서 새로운 의식주나 살림살이의 변동과정 속에 子가 오히려 申에서는 위축이 되죠? '돈을 넣고'가 이해가 됩니까? 子水를 癸水의 움직임으로 생각을 하면 되죠.

학생질문 – 아까 辛巳를 正官으로 했을 때 辛일주가 子水가 팔자안에 있으면 巳관직으로 따라가 버리는 것입니까? 辛일주가 子, 巳가 팔자 안에 있으면?

時	日	月	年	命
	辛			
子		巳		

이것은 탁색을 만들어 버리는 것이죠. 색깔을 오히려 탁하게 만든다는 것이죠. 官(巳)의 탁색을 보라, 官을 탁색의 모양으로 쓸 것이다. 권력은 권력인데 巳자만을 正官으로 쓰는 사람보다는 약합니다. 탁색이 되는 것이죠.

時	日	月	年	命
	辛			
子	午	巳		

이런 干支는 없지만 상기의 모양이라고 칠 때 子午相冲을 막아 놨죠? 막아 놨는데 누가 巳의 원래 순도 높은 색깔을 또 섞어서 잡탁입니다.

다시 말해 正官을 쓰는데 偏官을 씀으로써 섞여서 혼잡이죠. 官殺 혼잡이라고 하죠? 섞여서 雜해서 濁이고, 그래서 濁의 인자를 많이 보라는 것입니다.

학생질문 - 운에서 오는 것뿐만이 아니고 팔자 내에 있다고 해도 그렇다는 것입니까?

선생님 답변 - 명 안에서도 볼 수 있으면 그것이 이제 득도의 단계로 가는 것입니다. 이 子午相冲을 하나의 官星으로 쓴다고 칩시다. 官星으로 쓴다고 칠 때 이때 冲이 있다는 것은 '왔다 갔다 벼슬' 이란 뜻이죠.

비행기 타고 내리면 거기에 근무지가 있고 본사가 있고 또 비행기 타 버리면 본사는 '굿바이! Good bye!' 인 것이죠. 그렇게 해서 冲에 의해서 유형, 무형이 왕래합니다. 또는 실제로 공간적으로 오고 감으로써 유형, 무형이 생겼다가 사라지는 이런 조건의 조직 사회로 간다는 것입니다.

학생질문 - 결론적으로 三合이나 六合보다는 方合을 이룰 때 변색되지 않는 글자가 된다는 것입니까?

선생님 답변 - 그렇죠. 그래서 方合이라고 하는 것은 양보하지 않는 기운이라는 거죠. 그래서 아까 寅, 寅, 寅도 단순하게 동색이고 같은 地支로서 색깔이 같지만 이것도 일종의 方合이라는 거에요. 早春, 이른 봄이 모여 그 봄을 양보하지 않는다는 것이에요.

이 양반이 고집이 세다, 약하다? 순도가 높습니다. 순도가 높다는 말이 세속적으로 이야기하면 자기 것을 안 굽히니까 고집이 센 것이거든요. 순도 99.9%. 고집이 센 것이잖아요.
하나의 득세해 있는 모양 이것은 양보되지 않는다는 것이죠. 그래서 그것을 취해 쓰느냐, 안 쓰느냐가 결국은 승패의 어떤 중요한 기준이 됩니다.

아까 세 가지 다 꼰亡맞은 사람은 도깨비 사업을 하면 무조건 성공을 한다고 했습니다. 운 없을 때도 그것으로 돈을 벌어요. 운이 없다는 것은 돈을 벌기는 하는데 엉뚱한데 까먹는다는 것이죠.

운이 없다는 것은 몇 가지입니까?
1. 장사나 사업이 안 된다. 2. 사업은 잘 되는데 돈 거래에 망했다. 3. 사업도 시들한데 빚은 엄청 늘었다. 이런 패턴이 있겠죠? 이런 패턴을 다 구분해 주어야 되는데 이것을 다 뭉뚱그려 가지고 운이 없다고 해석하고 치웁니다. 그냥 길흉론에 빠져 팔자를 보는 것이란 말이에요. 그 사람이 구체적인 대안을 제시해 가지고, "선생님 이 사업이 되겠습니까?" 하는데 "글쎄? 운이 없는데…", "그러면 어떻게 하란 말입니까? 빚을 지고 더 하란 말입니까? 접으란 말입니까?", "글쎄, 운이 없어!"에 그치고 맙니다.

분석 자체가 잘못된 것은 아닌데 그 사람은 무엇을 원하느냐? 내가 운이 없어서 찾아왔는데 ①의 모양이냐, ②의 모양이냐, ③의 모양이냐? 이것을 가려 주어야 된다는 것입니다.

①

時	日	月	年	命
庚	壬			
戌	午			

②

時	日	月	年	命
壬	壬			
寅	午			

③

時	日	月	年	命
辛	壬			
亥	午			

예를 들어 이런 팔자를 샘플로 몇 번 썼는데 이런 모양의 팔자가 다 다르단 말이에요.

위 예문의 사람들이 亥년을 지나가고 있어서 사업이 위축되고 있어서 지금 고민 끝에 찾아왔습니다. 기본적으로 財星의 움직임이 장사나 현금 유동성의 환경이라고 합시다.

①

時	日	月	年	命
庚	壬			
戌	午			

이 사람이 왔을 때는 어떻게 말해 주어야 됩니까? 亥년 다음에는 子년, 丑년이 오고 子가 午를 건드려서 이게 뭔가 돈 융통에 문제가 발생한다는 것은 애꾸 아니면 다 알죠? 애꾸도 이 정도는 됩니다.

그다음에 子년이 와서 금전환경이나 활동 무대에 문제가 있다는 것이 보이기 시작하면 이 사람에게 무엇이라고 이야기를 해야 됩니까? "사업을 접으시오!" 라고 이야기를 해야 될 것이냐 아니면 사업 자체를 위축된 모양으로 하고 버티라고 할 것이냐 아니면 빚을 내어서라도 그 모양을 유지하라고 해야 될 것이냐? 어떤 것이 맞아요?

빚을 내어서라도 버티라고 하는 것이 답인 이유는 무엇입니까? 개 戌자가 극단적으로 火氣가 훼손되지 않도록 작용을 하죠? 그런데 위축되니까 사업적으로 규모는 줄이고 빚을 내어서라도 버틴다면 충분히 방법론이 모색된다는 것입니다.

② 命

時	日	月	年
壬	壬		
寅	午		

이 팔자를 봐 보세요. 申, 酉, 戌 운을 지나 오면서 食神의 활동력을 위축하거나 자극하고 酉, 戌년에 이르러서 食神의 활동력이 당연히 위축되고 比肩, 劫財가 세력을 가지는 흐름으로 왔다는 것을 알 수 있죠?

그래서 그동안 나름대로 금융 부담이라든지 현금유동성에 부담을 안고 왔는데 이 亥년에 왔다면 이때는 어떻게 해야 됩니까?

이때는 사업은 그럭저럭 될 것인데 돈거래에 주의해야 합니다. 寅木이라고 하는 것이 활동 무대가 되는데 亥水에 長生의 모양을 취하고 있으니까 싫어도 밥그릇은 자꾸 키워야 될 상황이 발생하는데 현금유동성이나 금전거래에 문제가 오죠?

이런 경우에 子, 丑만 넘어서면 결국 食神이나 財星이 펼쳐지는 흐름으로 넘어갑니다.

그러니까 이때 사업은 줄이려고 하지 말고 오히려 더 키울 일이 있을 것이니까 차근차근 키워나가되 현금 유동성이나 금전거래는 주의하라는 거죠.

이런 사람은 도리어 어디에서 위험한지 아십니까? 寅, 卯, 辰에 가서 문제가 와요. 거기까지 보이면 다음 시간부터 수업 안 들어옵니다. 수업 안 들어오면 오늘 공부 제대로 한 것으로 알겠습니다.

학생 질문 - 뒤에 있는 것도 설명을 해 주시죠.

선생님 답변 - 六親論에서 이 팔자는 亥, 子, 丑에서 고비를 잘 넘기고, 亥운에 사실은 더 잘 돼요. 장사를 해서 오히려 돈이 잘 된단 말이에요. 잘 돌아 가지고 잘 도는 것과 동시에 食神이 長生을 하는 것 때문에 반대로 키울 일이 생긴다는 것이에요.

그래서 재투자가 이루어지는데 子, 丑년에 보통 현금 유동성의 위기에 내몰려도 결국 木이 長生, 沐浴, 冠帶, 祿地에 이름으로써 이 시기 아주 드라마틱하게 사업이 커 나간다는 것이에요. 이럴 때 짜릿짜릿하게 재미가 있는 것이에요. "선생님 진짜로 부도 안 납니까?", "해라! 이 자식아!" 해서 멍이 드는데 이것은 뒤에 六親에 가서 왜 그런 이유가 있는지 따져 보겠습니다.

③

時	日	月	年	命
辛	壬			
亥	午			

③번 명조는 어떻게 돼요? 子년이 오면 기본적으로 比劫에 의하여 무리 짓는데 이때 午가 자독(自獨)하죠. 午가 혼자 있죠?

이런 경우 사업 자체가 위축이 된다는 것이에요. 사업자체가 위축되는 것은 알겠죠? 그러면 亥년에 '싸게라도 접어라'인데, 잘 안 접어져요. 子년 가서 결국 접습니다.

앵무새처럼 "운 없어! 맞다니까! 운이 없다니까!" 이렇게 운이 없다는 말만 해 가지고는 그 사람들에게 가장 구체적인 사업에서 운용방법이라든지 길을 제시할 수 없다는 것이에요.

그래서 비슷한 모양이 있다 하더라도 가장 구체적인 모양으로 접근하려고 하면 五行的인 강약론 이런 것을 제발 좀 버리라는 것이에요.

이 학문은 절대로 五行學이 아니란 말입니다. 五行이 필요 없어요. 이 공부는 五行을 배우면서부터 이미 '눈알' 하나 빼고 시작하는 공부입니다.

그러니까 아예 木, 火, 土, 金, 水를 안 배워야 돼요. 干支를 배워야 됩니다.

干支가 甲에서 癸까지 10行을 써 놓았고 그다음에 子에서 亥까지 12行, 조합해서 60行을 적어 놨잖아요. 이미 60行의 학문을 배우는 사람들이 五行으로 甲, 乙, 寅, 卯를 똑같다고 가르치고 배우고 이러니까 가르치는 선생도 꽝이고 배우는 제자는 더 꽝이고, 그 제자도 뭐 벌이가 안 되니까 또 '개인지도' 이렇게 해서 제자를 모집하는 악순환이 되는 것이죠.

그러니까 60行의 학문을 가르쳐 놓았는데 五行으로 가져다 뭉쳐 묶어 놓았다면 눈을 하나 빼고 전쟁터에 나가는 것과 똑같다는 것이에요.

그래서 단순하게 '운 없다' 해서 두루뭉술하게 넘어갈 수도 있지만 절대로 이런 논리를 가지고 그 사람들의 구체적인 삶의 모양을 리드해 줄 수 없습니다.

이때 리드해 주려면 그 地支의 글자 한 개 한 개 놓인 것의 다른 차이점을 충분히 구체적으로 접근해 주어야 됩니다. 그래서 대가 논법과 中家논법(말은 없지만 그렇다치고)의 차이는 바로 이런 것에 차이가 있습니다.

이때 1번 예문의 사람이 오면 '사업 좀 줄여라, 이것저것 정리 좀 하고 핵심만 남기라, 핵심만 남겨놓고 어렵더라도 무조건 버텨라' 하는 것이고 2번 예문의 사람은 '빚내서라도 밀고 나가라, 어찌 되었든 어느 정도 키울 수밖에 없으니 키워라'고 합니다. "돈은 어떻게 하라고요?" 하면 "어찌되었든 2년 밀고 나가면 더 키워져 있다."라고 하는 것이죠.

3번 예문의 사람은 "싹 다 말아 먹는다"고 미리 겁을 줘야 돼요. 그냥도 아니고 '싹' 다 말아 먹으니까 알아서 해라라고 해야 돼요. 그래야 정말로 사업이 안 되어서 정리를 해야 하는 상황을 만나는 것이구나 하는 것을 알 수 있다는 것이죠.

학생질문 – '絕處逢生'이란?

선생님 답변 – 子가 午를 만나면 뭐가 돼요? 絕處逢生 그렇죠? 絕處逢生으로 넘어가잖아요.

時	日	月	年	命
	戊			
申	子	丑		

戊子일주가 丑에 묶여 있다든지 申에 묶여 있다든지 이럴 때 午가 와서 충동하여 子 고유의 색깔로 확 바뀌었단 말이에요. 그렇게 하면 子水 正財가 눈앞의 현실에 딱 보이는 것이에요. 그렇게 해서 보통 羊刃의 속성을 취해서 벼락 혼을 한다는 것이에요. 보자마자 두세 달 안에 '후다닥' 해 버리는 것이죠. "어디 갔었어?" 하고 볼때기 때리면서요.

우리가 地支를 가지고 사실은, 다 기본적으로 六親법이라든지 神殺의 일반적 속성에서 다 공부했지만 사실은 가장 많은 시간을 할애해야 될 것이 이 干支입니다. 干支를 가지고 계속 연구하다 보면 어느 날 地支를 적으면서 바로 이 사람이 가지는 한계를 알게 됩니다.

時	日	月	年	坤命
巳	戌	丑	申	

오늘 온 사람 중에 이런 地支를 가지고 있는 여인이 있다 이거예요. 이 申자를 보는 순간에 무엇을 생각하라고요? 애정의 아픔이 있다. 그러면 일주를 보세요.

時	日	月	年	坤命
丁	戊	辛	丙	
巳	戌	丑	申	

癸	甲	乙	丙	丁	戊	己	庚	大運
巳	午	未	申	酉	戌	亥	子	

이런 모양으로 갖추고 있으니까 "에이, 애정의 아픔도 시집 못가서 가지고 있는 아픔이네요?" 이게 아니에요. 시집은 멀쩡하게 잘 갔는데 직업이나 활동성, 남편의 사회적 활동성이 어떤 형태로 존재할 것입니까?

대운 자체에서 丁酉 조금 들어와 버렸는데 이 戌, 亥대운에서 기본적으로 陽대운의 효과가 나타나죠. 陽대운의 효과가 나타남으로써 결국 변화가 없는 조직사회 인연하는 남편을 만나 남편이 직장생활을 쭉 하는데 申, 酉 대운에 불안하겠죠.

남편의 덕이 허물어지기 시작하는데 丁酉대운에 접어들면서 陰대운에 가리죠? 陰 대운에 가리면서 결국 남편의 덕이 어느 한쪽으로 기울어 버린단 말이에요.

그러니까 금전이면 금전, 애정이면 애정 어느 한쪽으로 기울어지고 그다음에 이 申자 인자 하나가 陰대운의 속성이 강화될 때 이놈(申)이 움직인단 말이에요. 움직이니까 남자친구를 만나든지 인간관계가 만들어지기 쉬운데 어떤 관계가 됩니까?

금전중심이 되기 쉬운데 그다음에 인간관계, 애정중심입니다. 이 둘 중에 한쪽만 취하는 인간관계만 가진다면 돼요. 그런데 둘 다 취하려고 하면 문제가 옵니다. 대운 때문에 그런 것이지요.

도통 안 쓰나 봐요? 맞나 안 맞나 해 보세요. 해보고 틀리면 따지러 오라는 거예요. 써먹어 보지도 안 하고 '정말 그럴까?' 생각만 하지 말아요.

큰 환경적 내용을 미리 알고 있어야 되는 것입니다. 알고 있다가 상대방의 자존심을 배려해 절대 먼저 꺼내면 안 돼요. 만약에 먼저 꺼내면 그때부터 '좔좔좔좔' 이야기해 주면 됩니다.

다시 말해 이야기를 먼저 꺼내지 말고 상대방이 말이 나오면 '만약에 있다면 이렇게 할 것이다.'고 이야기 하는 것이에요. 그런 것이 '척척척' 보여야 되는데, 그런 것이 한 순간에 되는 것은 아니지만 아무튼 글자 하나하나가 모든 해석이나 비밀의 열쇠를 쥐고 있다는 것을 잘 염두에 두시기 바랍니다.

〈정진반〉 上

초판인쇄	2012. 08. 28
초판발행	2012. 08. 28
2쇄발행	2021. 06. 10

강　　의	박청화
편　　저	홍익TV
펴 낸 곳	청화학술원
주　　소	부산광역시 부산진구 양성로 93-1(양정동, 초암빌딩 3층)
전　　화	051-866-6217 / 팩스 051-866-6218
출판등록	제2013-000004호

| 디 자 인 | 아이샨(AISYAN) |
| 삽　　화 | 김연희 |

값 28,000원
ISBN 978-89-91192-24-9

www.hongiktv.com

* 무단 복제 및 무단 전재를 금합니다.
* 잘못 만들어진 책은 구입처 및 본사에서 교환하여 드립니다.